제3판

민법사례연습 V

[친족상속법]

제3판

민법사례연습 V

[친족상속법]

박희호 · 박진아

세창출판사

제3판 머리말

2020년 제2판이 나온 이후 친족상속법 분야에서는 대법원 전원합의체 결정을 포함한 중요한 판결들이 여러 차례 나왔다. 2022년에는 미성년 자녀가 있는 성전환자의 성별 정정에 관하여 기존 판례를 변경하는 대법원의 전원합의체 결정이 내려졌고, 상속법 분야에서도 유류분과 특별수익에 관하여 종래 학계와 실무에서 활발하게 논의가 있었던 쟁점들에 대한 대법원의 판결들이 내려져 주목을 받았다. 또 올 초에는 피상속인의 배우자와 자녀 중 자녀 전부가 상속을 포기한 경우 배우자와 손자녀가 공동으로 상속인이 된다고 판단한 앞선 2015년 대법원의 판결을 변경하고 소위 '빚의 대물림'을 끊겠다는 대법원의 입장을 밝히기도 하였다. 이에 이번 개정판은 기본적으로 기존의 틀을 유지하되 그간에 나온 최신 판례 가운데 이론적으로나 실무적으로도 매우 중요한 의미를 가지는 사안을 반영한 문제들을 추가하는 것에 그 중점을 두었으며, 그 밖에도 기존의 책에서 가지고 있던 오류 등을 보완하였다.

이 책은 친족상속법에 관한 주요 판례를 소재로 하여 사안을 구성하고, 대법원이 다루고 있는 쟁점들을 중심으로 사례의 해결 방법을 제시하여 민법이 어떻게 적용되는지를 충분히 학습할 수 있도록 하였다. 친족상속법을 공부하는 학생은 물론 일반인에게도 가족법상의 문제 해결을 위한 참고서가 되었으면 하는 바람이다.

끝으로 이번 친족상속법 개정판을 통하여 사례연습책에 공저자로 참여할 수 있는 소중한 기회를 주신 박희호 교수님께 진심으로 감사를 드린다. 아울러 이번 개정판이 출간될 수 있도록 적극적으로 지원해 주시고, 편집의 세세한 부분까지 꼼꼼하게 신경 써 주신 세창출판사 임길남 상무님을 비롯한 관계자분들께도 깊은 감사를 드린다.

2023년 7월 16일

박진아

머 리 말

이 책은 친족상속법 강의를 하면서 틈틈이 정리하여 둔 판례와 사례들을 묶은 강의보조교재로 민법사례 연습 시리즈의 하나이다. 아직 부족한 부분이 많지만 매년 있을 강의를 위하여 사례집이 하나 있어야겠다고 여겨 성급하지만 이번 기회에 책을 내게 되었다.

이 책의 주안점은 추상적인 법규범들이 현실의 분쟁에서 어떻게 적용되고 있는지를 쉽게 이해할 수 있도록 하려는 데에 있다. 따라서 어려운 이론을 설명하기보다는 현실에서 일어났거나 일어날 수 있는 사례들을 일반인의 법감정에 입각하여 서술하려고 노력하였다. 아직 부족한 부분이 많지만 그러한 부분들은 강의를 진행하면서 계속 보완해 나갈 것이다. 조만간 민법 개정작업과 관련하여 필요한 요소들도 추가되어야 할 것이다.

민법사례연습 시리즈 저술에 참여하도록 기회를 제공해 주신 이병준 교수님께 감사를 드린다. 학기가 시작되어 시간이 없는 중에도 직접 교정까지 봐 주시며 많은 도움을 주신 세창출판사의 임길남 상무님께도 깊은 감사를 드린다. 또 모든 사례들을 점검하고 코멘트해 준 대학원 석사과정의 황정훈 조교와 마지막까지 내용 전부를 다시 교정해 준 이지민 조교에게 고마운 마음을 전한다.

2011년 11월 4일
연구실에서
박희호

차 례

제4장 부모(父母)와 자(子)

제5장 친권과 후견

제6장 친족 간의 부양

제2편 상속법

제1장 상속의 개시

제2장 상속인

제3장 상속회복청구권

제4장 상속의 효과

제5장 유언과 유류분

민법사례연습 V

[친족상속법]

사례풀이방법의 기초원리

[민법사례풀이방법에 관한 문헌]

김형배, 민법연습, 2003, 3-34면; 안춘수, 사법시험 2차대비 최종전략: 민법, 고시계 2000년 6월, 25-34면; 이종복, 사례풀이의 기본지침과 방법, 사법관계와 자율, 131-162면(또한 고시계 1989년 11월 · 12월, 1990년 2월 167-178면, 156-164면, 186-196면); 정진명, 민사사례 해결방법론, 고시계 1999년 4월, 204-223면.

Ⅰ. 법률가의 임무와 청구권규범에 의한 사례풀이

법률가의 임무는 이미 발생하였거나 미래에 발생할 수 있는 사안을 법률규정에 적용하는 데에 있다. 따라서 법과대학의 교육에서도 마찬가지로 구체적인 사안을 법률규성에 석용하는 연습을 사례풀이를 통하여 하게 된다. 물론 강의에서 사용되는 사례들은 실제 생활에서와 같이 복잡하지는 않으며, 전형적이고 논점이 드러날 수 있는 형태로 구성되어 있다.

대부분의 사례에서는 당사자들 사이에 무엇을 청구할 수 있는지가 문제된다. 예를 들어 甲이 乙에게 자신의 물건을 파는 매매계약을 체결하였는데, 매도인 甲이 매수인 乙에게 물건의 소유권을 이전해 주지 않으면 매수인 乙은 매도인 甲에게 소유권의 이전을 청구하게 된다. 이를 강제하기 위해서는 재판을 통하여 매수인 乙이 이와 같은 권리가 있음을 확인 받아야 하는데, 이때 판사는 법적인 근거가 있는 경우에만 乙에게 승소판결을 내리게 된다. 이와 같이 한 당사자가 다른 당사자에게 자신의 요구를 강제할 수 있는 법적 근거를 청구권규범이라고 한다. 실무에서는 물론 법학교육에서도 청구권규범이 사례해결의 중심에 있으며 사례풀이의 기초를 형성한다.

청구권규범은 당사자가 원하는 법률효과를 담고 있기 때문에 사안을 해결하는 단서가 된다. 그러나 청구권규범은 법률효과를 담고 있을 뿐만 아니라, 어떤 요건하에서 이와 같은 법률효과가 발생하는지를 규정하고 있다. 즉 청구권규범은 일반적으로 구성요건과 법률효과로 구분될 수 있는 구조를 가지고 있다.

[예] ○ 〈불법행위로 인한 손해배상청구권〉
제750조의 요건: 고의 또는 과실로 인한 위법행위로 타인에게 손해를 가한 자
제750조의 법률효과: 손해를 배상할 책임이 있다.

구성요건은 어떠한 사안에 법률규정이 적용되는지를 정한다(불법행위). 법률효과는 법률규정이 정하고 있는 사안이 발생한 경우에 그 효과를 규정한다(피해자의 손해배상청구권). 이와 같이 요건과 효과로 구분할 수 있는 구조는 모든 청구권규범에서 나타난다. 청구권규범을 검토할 때 이 법적인 기초(청구권규범)를 근거로 어떠한 요건이 충족되어야 하는지를 도출하고 구체적인 사안이 이 요건을 충족하는지를 검토해야 한다(포섭). 따라서 법률의 적용은 다음과 같은 3단논법에 따라 행하여진다.

1단계 대전제: 법률규정

⬇ 적용될 법률규정을 찾고 그 구성요건을 분리해서 각각의 의미를 확정한다.

2단계 소전제: 사실관계

⬇ 포섭: 추상적인 형태로 표현된 구성요건(예: 제750조의 손해)을 구체적인 사안이 충족하는지를 검토해야 한다(예: 甲이 乙을 때려서 乙이 입원하게 되었다. 어떠한 손해가 발생하였는가?).

3단계 결론: 요건의 충족 또는 불충족

민법의 초학자들은 민법의 방대함 때문에 구체적인 사안에 적용될 청구권규범을 어떻게 다 찾아야 하는지 걱정할지도 모른다. 청구권규범을 찾고 그 의미를 아는 것이 민법을 배우는 중요 목적 중의 하나이다. 그러나 채권총론을 배우게 되면서 중요한 청구권규범들이 나오기 때문에 이제는 하나하

나씩 정리해 나아갈 단계가 되었다. 그리고 민법 전반에 청구권규범이 흩어져 있기 때문에 채권총론을 배우면서 법전을 여기저기 왔다갔다하면서 청구권규범을 찾아야 할 때도 있을 것이다. 그런데 점차 사안을 풀다보면 전형적으로 자주 등장하는 청구권이 있음을 알 수 있다(예를 들어 제568조 제1항, 제390조, 제750조, 제741조, 제213조 등).

II. 청구권규범의 검토

일상적인 삶의 분쟁에서는 물론 시험에서도 두 당사자 사이에서 청구권규범 하나만을 검토하는 경우가 있다.

[예] ○ 甲은 乙에게 컴퓨터의 인도를 청구할 수 있는가?
○ 甲이 乙에게 손해배상을 청구하였다. 정당한가?
○ 甲과 乙 사이에 도급계약이 체결되었는가?
○ 甲이 계약을 해제할 수 있는가?

그러나 여러 명의 당사자 사이에서 여러 개의 청구권규범을 검토해야 하는 경우가 이보다 더 많이 나타난다.

[예] ○ 법률관계는 어떠한가?
○ 당사자들 사이에 무엇을 청구할 수 있는가?
○ 법원은 어떻게 결정하겠는가?
○ 甲은 乙에게 무엇을 청구할 수 있는가?
○ 누가 손해를 배상해야 하는가?

구체화를 필요로 하는 문제가 나온 경우에 기본문제를 하나 또는 여러 개의 구체적인 개별문제로 구체화시켜야 한다. 모든 개별문제는 청구권자, 청구권의 상대방 그리고 특정 권리를 담고 있어야 한다. 그러면 양당사자관계로 우선 구분을 하고 "누가 누구로부터 무엇을 요구하는가?"라는 형식으로 각 개별문제에서 묻게 된다.

1단계	사안에서 누가 무엇을 청구하려고 하는지를 찾아냄으로써 청구권자(채권자)를 확정하게 된다.

⬇

2단계	청구권자가 무엇을 원하는지를 확정함으로써 청구내용을 확정하게 된다.

⬇

3단계	청구권의 상대방(채무자)을 확정해야 한다.

[예] ○ 기본문제: 甲은 乙에 대하여 어떠한 권리를 갖는가?
- 구체화된 문제: 甲은 乙에 대하여 이행을 청구할 수 있는가?
  甲은 乙에 대하여 손해배상을 청구할 수 있는가?

○ 기본문제: 甲은 누구로부터 이행을 청구할 수 있는가?
- 구체화된 문제: 甲은 乙로부터 이행을 청구할 수 있는가?
  甲은 丙으로부터 이행을 청구할 수 있는가?

○ 기본문제: 법률관계는 어떠한가?
- 구체화된 문제: 甲은 乙로부터 이행을 청구할 수 있는가?
  甲은 乙로부터 손해배상을 청구할 수 있는가?
  乙은 甲으로부터 매매대금의 지급을 청구할 수 있는가?

그 다음 단계로 청구권이 담겨진 청구권규범을 찾아야 한다. 올바른 청구권규범은 사안에서 문제되는 청구의 목적으로서 당사자가 원한 구체적 법률효과에 해당하는 추상적인 법률효과를 담고 있어야 한다. 따라서 법률효과를 비교해서 구체적으로 요구되는 법률효과와 법률에 규정된 법률효과가 완전히 일치하면, 문제의 해결을 위해서 필요한 청구권규범을 찾은 것이다.

[예] ○ 문제: 甲이 乙로부터 손해의 배상을 청구할 수 있는가?
- 가능한 청구권규범: 제390조 제1항 본문 "… 손해배상을 청구 할 수 있다."
- 가능한 청구권규범: 제750조 "… 손해를 배상할 책임이 있다."

이러한 과정을 거쳐서 최종적으로 사안에서 검토해야 할 문제는 "누가 누구로부터 무엇을 어떠한 근거로 요구하는가?"라는 질문으로 구체화된다.

[예] ○ 甲의 乙에 대한 제750조에 기한 손해배상청구권

사안검토의 기본구조는 이미 3단논법에 의한 검토방식에서 보았듯이 "문제에서 근거제시를 거쳐서 결과로"이다. 이 구조는 "감정서 형식(Gutachten-Stil)"이라고 한다. 감정서 형식의 특징은 결과가 검토단계 뒤에 제시된다는 점에 있다. 이 형식에서는 결과를 아직 제시하지 않은 상태에서 해답을 작성하게 된다. 반면에 먼저 결론을 내리고 그 이유를 설명하는 방식은 판결문에서 사용하고 있다(판결문 형식; Urteil-Stil). 감정서 형식에 의한 사례풀이에서는 항상 물음 또는 가정법으로 표현된 문장으로 검토를 시작해야 한다.

[예] 甲이 乙에게 불법행위로 인한 손해배상을 청구하기 위해서는 제750조의 요건이 충족되어야 한다. 그러기 위해서는 1) 가해자의 고의 또는 과실에 의한 행위, 2) 가해행위에 의한 손해발생, 3) 가해행위의 위법성, 4) 가해자의 책임능력 등의 요건이 충족되어야 한다. 가해자의 고의 또는 과실에 의한 행위가 있기 위해서는 …

구체적인 사안이 청구권규범의 모든 요건들을 충족해야만 당사자가 원하는 법률효과가 발생한다. 제568조 제1항의 경우 "매매계약의 성립"이라는 요건만 검토하면 되지만, 여러 요건을 규정하고 있는 청구권규범도 있다. 청구권규범은 원칙적으로 매우 일반적인 표현으로 어떠한 상황을 설명하고 있다. 입법자는 구체적인 개별사례들을 모두 규정할 수 없고 통일적이고 완성된 체계를 형성하면서 되도록 많은 사례들을 규정하려는 목적을 갖고 있기 때문에 추상적인 용어를 사용하고 있다. 많은 요건들은 법 문외한에게도 쉽게 이해될 수 있다(예: 생명, 신체). 그에 반하여 개념정의가 있어야만, 구체적인 사안에서 그 요건이 충족되었는지를 알 수 있는 요건도 있다(예: 매매계약의 성립, 위법성, 손해, 인과관계). 추상적으로 표현된 요건과 사실관계의 비교를 포섭이라고 한다. 포섭은 순수한 인식의 문제가 아니라, 하나의

판단과정에 속한다. 쉬운 요건에 대해서는 그 의미에 대하여 다툼이 없으나, 많은 요건에 대해서는 그 의미내용에 대하여 논쟁이 벌어지고 있기 때문이다.

검토의 과정을 도표로 요약하면 다음과 같다.

1단계	청구권규범을 기초로 당사자가 원하는 법률효과를 찾고 문제를 구체화한다 (누가 누구에게 무엇을 어떠한 근거로 청구할 수 있는가?).

⬇

2단계	요건의 검토			
	요건 1 →	요건의 개념정의 →	포섭 →	요건의 충족 또는 불충족 (이 경우 요건검토 종결!)
	요건 2 →	요건의 개념정의 →	포섭 →	요건의 충족 또는 불충족 (이 경우 요건검토 종결!)
	요건 3 →	요건의 개념정의 →	포섭 →	요건의 충족 또는 불충족 (이 경우 요건검토 종결!)

⬇

3단계	모든 요건이 충족된 경우에 질문에 대한 대답은 긍정될 수 있고, 반면에 하나의 요건이라도 충족되지 않으면 대답은 부정된다.

Ⅲ. 사례풀이의 구성

대부분의 시험이 단지 청구권규범이 충족되어서 청구권이 존재하는지를 검토하는 것만으로 끝나는 것은 아니다. 원칙적으로 청구권이 성립하였는지의 문제는 1단계에 불과하다. 민법은 청구권이 성립하였다가 후에 다시 소멸하거나 더 이상 행사될 수 없는 많은 사유를 규정하고 있다. 따라서 사안에서 이와 같은 항변권을 발생시킬 수 있는 사정이 존재한다면 항변권을 검토해야 한다. 이것이 끝나야만, 최종적인 결론을 내릴 수 있다.

[청구권규범에 의한 사례 해결]

1. 누가 누구에게 무엇을 어떠한 근거로 청구할 수 있는가?
   1) 청구권규범("청구할 수 있다", "반환해야 한다", "배상할 책임이 있다")
      (1) 요건설정
      (2) 포　섭
   2) 제103조 등의 불성립 또는 무효사유가 존재하는가?

⇨ **결과:** 청구권이 성립하였다 또는 청구권이 성립하지 않았다.

2. 청구권이 소멸하였는가? 소멸사유가 존재하는가?
   예를 들면 이행(변제 제460조, 제461조), 후발적 불능

⇨ **결과:** 청구권은 소멸하였다 또는 청구권은 계속 존속한다.

3. 항변권이 존재하는가?(연기적 또는 영구적 항변권의 존재)
   1) 실체법상 존재해야 함
   2) 행사되어야 함
   예를 들면 동시이행의 항변권(제536조), 해제권(제544조, 제548조 제1항)

⇨ **결과:** 청구권을 실현할 수 있다 또는 실현할 수 없다.

또한 하나의 법률효과에 대하여 여러 개의 청구권규정이 있는 경우가 있다(예를 들어 손해배상청구권과 반환청구권). 이때에는 단지 하나의 청구권규정이 충족되었다고 만족하면 안되고, 원하는 법률효과가 담겨진 모든 청구권규정의 성립을 검토해야 한다. 왜냐하면 소송에서 요건사실을 입증하지 못하는 경우가 발생할 수 있기 때문이다.

문제가 될 수 있는 모든 청구권규범들을 검토해야 하기 때문에 한 사안에 여러 개의 법률규정이 적용될 수 있다. 이 경우 "경합"이 있다고 한다. 경합에 의하여 한 규정이 적용되면 다른 규정의 적용이 배제되는 경우가 있다. 이를 "법조경합"이라고 한다. 또한 경합이 있더라도 청구권이 서로 병존하는 경우가 있는데, 이를 "청구권경합"이라고 한다.

[청구권기초론의 한계]

위에서 살펴본 청구권기초론에 의한 사례풀이는 사안의 문제가 청구권의 행사가 가능한지를 물을 때에만 사용할 수 있다.

(1) 그러나 물권적 권리상태의 확인을 묻는 문제, 예를 들어 "소유권은 누가 취득하였는가?"라는 문제에서는 청구권기초론에 따라 검토할 수 없다. 이러한 문제에서는 청구권규범 대신에 문제된 권리와 연관된 법률규정이 문제된다. 소유권과 관련하여서는 법률행위와 법률을 통한 소유권의 취득 또는 상실에 관한 규정들(제186조 이하)이 문제된다.

(2) 법률관계의 변경을 가져올 규범을 묻는 경우, 예를 들어 "당사자들은 의사표시의 취소를 주장할 수 있는가?"라는 물음에서도 청구권기초론을 사용할 수 없다. 이러한 문제가 제기되면, 원칙적으로 소송상의 관철력은 문제되지 않는다. 여기서는 당사자들이 실체법상의 법률관계를 어떻게 형성할 수 있는가의 여부가 문제된다. 따라서 형성권을 담고 있는 규정들이 적용될 수 있는지를 검토해야 한다. 이때에는 시간 순서에 따라 법률관계를 검토하는 역사적 방법(발생사적 구성방법, historische Aufbaumethode)에 따를 수밖에 없다.

이 책의 학습방법

이 책은 다음과 같은 방식으로 읽었으면 한다.

1. 사례는 기본적으로 각 제도 내지 법조문별로 하나를 만들었다. 먼저 제목에 쓰여져 있는 제도에 해당하는 법조문과 교과서를 충분히 학습한 후, 법조문과 교과서를 기초로 사례해결이 어떻게 될 것인지를 생각해 보기 바란다. 그런 후에 이 책에 나와 있는 사례해설을 읽어보아야 한다. 자신의 고민 속에서만 실력이 늘어날 수 있고 이 책은 자신의 실력을 검증하는 연습교재라는 것을 잊지 말아야 한다.

2. 이 책에 나와 있는 사례해설은 하나의 예시에 불과하다. 다른 해결방식도 가능하니, 너무 그 틀에 구속될 필요는 없다. 그러나 사례를 접근하는 방식은 이 책에 따라 많이 연습하기를 바란다. 이미 언급한 것처럼 적용될 법률규정의 요건을 사실관계에 접목시켜서 차근차근 검토하고 적용하는 연습이 절실히 필요하다고 생각한다. 이론만 나열하고 정작 사례에 적용하는 것을 게을리하는 사례풀이는 좋은 훈련이 되지 못한다. 구체적인 사안이 요건에 해당될 수 있는지, 대립하는 학설에 따라 결론이 어떻게 다르게 나는지에 관한 고민을 하는 과정 속에서 실력이 향상될 것이다.

3. 이 책은 민법의 다섯 번째 강좌인 친족상속법에 해당하지만 사례가 담고 있는 모든 법문제를 되도록 다루어 주려고 노력하였다. 따라서 민법총칙, 물권법, 채권법 등과 연관된 논점이 있다면 같이 다루었다. 학생들이 친족상속법을 어렵게 느끼는 것은 아마도 다른 민법 분야와의 연관성을 동시에 이해해야 하기 때문일 것이다. 그러나 이미 강조하였듯이 민법의 학습은 해안가에서 밀려오는 파도를 보는 것과 같다. 즉 같은 제도를 여러 모습으로 여러 번 경험하게 된다. 따라서 다양한 형태로 그 제도를 익히다 보면 각 제도의 의미와 다른 제도와의 연관성도 점차 배우게 된다. 그러므로 두려움을 갖지 말고 각 제도들을 익혀 나가길 바란다.

4. 연습교재이므로 문헌을 충실히 인용하지 않았다. 다만 제시된 논의가 어떻게 진행되고 있는지를 살펴볼 수 있을 정도로만 인용하였다. 책을 준비하는 과정에서 주요 법조문을 각 사례 앞에 제시하는 것이 더 친절하지 않느냐는 의견도 있었으나, 직접 법조문을 찾아보는 것이 실력향상에 더 좋다

는 생각에서 이를 생략하였다. 그렇지만 이 책을 읽어 나가면서 해당 조문번호가 제시되어 있으면 그것은 반드시 찾아서 읽어보기 바란다. 알고 있다고 생각되는 조문도 직접 찾아보면 의외로 새로운 점들을 많이 발견할 수 있을 것이다. 민법은 1차적으로 법률의 의미내용을 해석하는 학문이라는 사실을 잊어서는 안 된다.

친족상속법

[친족상속법에 관한 문헌]

곽윤직, 상속법, 개정판, 박영사, 2004.
김용한, 친족상속법, 보정판, 법문사, 2003.
김주수 · 김상용, 친족상속법, 제9판, 법문사, 2009.
박동섭, 친족상속법, 제3판, 박영사, 2009.
백성기, 가족관계법, 진원사, 2009.
송덕수, 친족상속법, 박영사, 2018.
양수산, 친족상속법, 일신사, 1994.
오시영, 친족상속법, 제2판, 학현사, 2011.
윤진수, 친족상속법, 박영사, 2018.
이경희, 가족법, 전정판, 법원사, 2008.
조승현, 친족상속법, 제2판, 신조사, 2012.
한봉희, 가족법, 개정판(3판), 푸른세상, 2010.

제1편

친족법

제1장 총　론

1. 가족법상의 법률행위와 행위능력

사 례 올해 30세가 된 피한정후견인 甲은 같은 직장에서 근무하는 乙을 사랑하여 그녀에게 청혼하였고, 乙도 甲의 순수한 마음이 좋아서 甲의 청혼을 받아들인다. 그러나 상당한 재력을 가진 甲의 부모는 甲의 배우자로 자신들이 죽은 뒤에도 甲을 잘 보살피고 재산도 잘 관리해 줄 丙을 염두에 두고 있었다. 이러한 사실을 알게 된 甲은 서둘러 乙과 혼인신고를 하고 그 사실을 부모에게 알렸다. 甲의 부모는 甲과 乙의 결혼을 취소하려고 한다. 가능한가?

甲의 부모가 민법 제13조 제4항을 근거로 甲의 혼인을 취소할 수 있는지 여부

1. 문제의 제기

민법 제808조는 미성년자나 피성년후견인이 혼인을 하는 경우 부모 또는 후견인의 동의를 받아 혼인할 수 있다고 규정한다. 이 규정을 위반한 경우 부모나 후견인은 그 취소를 청구할 수 있다(제817조). 이에 반해 민법은 피한정후견인의 혼인에 부모나 후견인의 동의가 필요한지에 대하여 아무런 규정을 두고 있지 않다. 여기서 피한정후견인의 경우에도 법률에 규정은 없지만 미성년자나 피성년후견인과 마찬가지로 혼인에 있어서 피한정후견인의 부모나 후견인의 동의를 받아야 하는지의 문제가 제기된다. 만약 동의가 필요한 행위에 대하여 한정후견인이 동의 없이 단독으로 그 행위를 하였을 경우라면 법정대리인인 후견인이 그 행위를 취소할 수 있기 때문이다(제13조 제4항).

2. 피한정후견인의 행위능력

(1) 피한정후견인

피한정후견인이란 법원에 의하여 한정후견의 심판을 받은 자를 말한다. 한정후견심판은 질병, 장애, 노령, 그 밖의 사유로 인한 정신적 제약으로 사무를 처리할 능력이 부족한 사람에 대하여 본인을 포함한 일정한 자의 청구로 가정법원이 하게 된다. 피한정후견인은 미성년자나 피성년후견인과 함께 제한능력자에 해당한다.

(2) 피한정후견인의 혼인에 있어서의 행위능력

피한정후견인은 사무를 처리할 능력이 부족한 자로 그 행위능력이 제한된다. 즉 가정법원은 한정후견인의 동의를 받아야 하는 피한정후견인의 행위의 범위를 정할 수 있으며(제13조 제1항), 피한정후견인이 한정후견인의 동의 없이 이러한 행위를 하였을 때에는 그 법률행위를 취소할 수 있다(제13조 제4항). 그런데 이러한 규정이 혼인과 같은 가족법상의 법률행위에도 적용되는지는 의문이다.

민법 제808조는 미성년자나 피성년후견인이 혼인을 하는 경우 부모 또는 후견인의 동의를 받아 혼인할 수 있다고 규정한다. 이 규정에 위반한 경우 부모나 후견인은 그 취소를 청구할 수 있다(제817조). 이에 반해 민법은 피한정후견인의 혼인에 동의가 필요한지에 대하여 아무런 규정을 두고 있지 않다. 이러한 민법의 태도는 피한정후견인의 혼인에는 행위능력에 대한 아무런 제한을 두지 않으려는 취지라고 해석된다.

그리고 이러한 해석은 민법총칙과 가족법의 특성을 고려할 경우에도 타당하다. 즉 피한정후견인의 행위능력을 제한하는 민법총칙의 규정은 개인의 이기적이며 합리적인 관념을 전제로 하는 재산상의 법률행위를 그 규제대상으로 한다. 이에 반하여 혼인과 같은 가족법상의 법률행위는 정의(情誼)와 애정(愛情)에 바탕을 둔 개인의 진정한 의사를 그 근간으로 하고 있다. 민법총칙의 규정을 가족법상의 법률행위에는 그대로 적용하지 못하는 이유이다. 학설[1)]도 이러한 점을 근거로 행위능력의 제한에 관한 민법총칙의 규정은 혼인을 포함한 가족법상의 법률행위에는 적용되지 않는다고 보고 있다.

결국 피한정후견인은 가족법상의 법률행위에 대하여서는 특별한 규정이 없는 한 완전한 행위능력을 갖는 것으로 보아야 한다. 따라서 부모나 후견인의 동의 없이 독자적으로 유효한 혼인을 할 수 있고 가정법원도 한정후견심판을 하면서 혼인을 한정후견인의 동의 사항으로 정할 수 없다.

3. 결 론

甲의 부모는 자신들의 동의 없음을 이유로 甲과 乙의 혼인을 취소하지 못한다.

---

1) 윤진수, 친족상속법(2018), 11면; 조승현, 친족상속법(2012), 37면 등.

2. 가족관계등록부상 성별의 정정

사 례 4대 독자인 甲남은 부모의 권유로 乙녀와 만나 결혼한 후 그 사이에 丙을 낳았다. 그러나 甲은 어려서부터 자신이 남성이라는 사실에 대하여 이질감을 느끼고 있었으며 오히려 여성으로서의 귀속감을 강하게 갖고 있었다. 의복을 사는 과정에서도 남성의류를 사기는 하지만 여성스러운 옷을 원하였으며 남자화장실에 가는 것에 불쾌감을 느껴 밖에서는 화장실을 가지 않는 경우가 대부분이었다. 자신의 성정체성에 대한 甲의 고민은 乙과의 결혼 후에도 계속되었고, 시간이 갈수록 남성에 대한 불일치감과 위화감, 혐오감은 커져만 갔다. 결국 甲은 병원에 찾아가 성전환수술을 받게 되었다. 이러한 사실을 알게 된 乙은 甲과 이혼을 하였다. 甲은 이를 계기로 가족관계등록부상의 성별의 정정을 원한다. 가능한가?

1. 문제의 제기

「가족관계의 등록 등에 관한 법률」 제104조 제1항은 "등록부의 기록이 법률상 허가될 수 없는 것 또는 그 기재에 착오나 누락이 있다고 인정한 때에는 이해관계인은 사건 본인의 등록기준지를 관할하는 가정법원의 허가를 받아 등록부의 정정을 신청할 수 있다"고 규정한다. 따라서 甲이 가족관계등록부상의 성별을 정정하기 위하여서는 가정법원의 허가를 받아야 하는데, 이러한 성별의 정정에 대하여 가정법원의 허가를 받을 수 있는지가 문제된다.

2. 성별 정정의 허용

대법원은 종래에 성전환에 따른 성별 정정을 허용하지 아니하였다. 즉 "어릴 때부터 정신적으로 여성에의 성귀속감을 느껴 왔고 성전환 수술로 인하여 남성으로서의 내·외부성기의 특징을 더 이상 보이지 않게 되었으며 남성으로서의 성격도 대부분 상실하여 외견상 여성으로서의 체형을 갖추고 성격도 여성화되어 개인적으로 여성으로서의 생활을 영위해 가고 있다 할지라도, 기본적인 요소인 성염색체의 구성이나 본래의 내·외부성기의 구조, 정상적인 남자로서 생활한 기간, 성전환 수술을 한 경위, 시기 및 수술 후에도 여성으로서의 생식능력은 없는 점, 그리고 이에 대한 사회 일반인의 평가와 태도 등 여러 요소를 종합적으로 고려하여 보면 사회통념상 여자로 볼 수는 없다"[1]고 하였다. 이러한 대법원의 태도에 따를 경우 甲은 출생 시에 부모에 의하여 기재된 남성으로서의 성별을 정정하지 못할 것이다.

하지만 이러한 대법원의 태도는 성전환자의 성정체성을 부정하고 성전환자의 인간으로서의 존엄 및 행복추구권을 침해하는 것이었다. 대법원도 이러한 점을 고려하여 종래의 견해에서 태도를 바꾸어 성전환자의 전환된 성이 법률적으로 인정받을 수 있다는 점을 긍정하였다. 즉 "성전환증을 가진 사람의 경우에도, 남성 또는 여성 중 어느 한쪽의 성염색체를 보유하고 있고 그 염색체와 일치하는 생식기와 성기가 형성, 발달되어 출생하지만 출생 당시에는 아직 그 사람의 정신적·사회적인 의미에서의 성을 인지할 수 없으므로, 사회통념상 그 출생 당시에는 생물학적인 신체적 성징에 따라 법률적인 성이 평가될 것이다"라고 전제하지만 출생 후의 성장에 따라 일관되게 출생 당시의 생물학적인 성에 대한 불일치감 및 위화감·혐오감을 갖고 반대의 성에 대한 귀속감을 느끼면서 반대의 성으로서의 역할을 수행하며 성기를 포함한 신체 외관 역시 반대의 성으로 전환한 경우 출생 시와 달리 전환된 성이 법률적으로도 성전환자의 성이라고 평가받을 수 있다는 입장을 취한다.[2]

따라서 성전환을 받은 甲은 가정법원의 허가를 받아 원칙적으로 가족관계등록부상의 성별을 정정할 수 있다.

---

1) 대판 1996. 6. 11, 96도791.
2) 대판(전) 2006. 6. 22, 2004스42.

이와 관련하여 2011년 대법원은 "성전환자가 혼인 중에 있거나 미성년자인 자녀가 있는 경우에는, 가족관계등록부에 기재된 성별을 정정하여 배우자나 미성년자인 자녀의 법적 지위와 그에 대한 사회적 인식에 곤란을 초래하는 것까지 허용할 수는 없으므로, 현재 혼인 중에 있거나 미성년자인 자녀를 둔 성전환자의 성별정정은 허용되지 않는다"[3]고 하였다. 그러나 최근 2022년 대법원은 "혼인 중에 있지 아니한 성전환자에게 미성년 자녀가 있다는 사정만을 이유로 성별정정을 불허하여서는 아니 된다"고 하여 종래의 판례를 변경하였다. 즉 "미성년 자녀를 둔 성전환자도 부모로서 자녀를 보호하고 교양하며(민법 제913조), 친권을 행사할 때에도 자녀의 복리를 우선해야 할 의무가 있으므로, 미성년 자녀가 있는 성전환자의 성별정정 허가 여부를 판단할 때에는 성전환자의 기본권의 보호와 미성년 자녀의 보호 및 복리와의 조화를 이룰 수 있도록 법익의 균형을 위한 여러 사정들을 종합적으로 고려하여 실질적으로 판단하여야 한다"[4]는 기준을 제시하면서 성전환된 부 또는 모와 미성년 자녀 사이에 존재하거나 발생할 수 있는 다양한 상황을 살펴보지 아니한 채 단지 미성년 자녀가 있다는 사정만으로 일률적으로 성별정정을 불허하는 것이 오히려 미성년 자녀의 의사와 복리에 반할 수 있다고 하였다.

다만 위 2022년 대법원 판결은 미성년 자녀를 둔 '이혼한 상태'의 성전환자를 대상으로 한 것임을 주의하여야 할 것이다. 즉, 위 판결은 '배우자'가 있는 사람이 성전환 수술을 한 경우 그 성별을 정정할 수 있는지 여부에 대한 판단은 포함하지 않고 있으므로, 현재 혼인 중에 있는 경우에는 성별 정정이 허용되지 않을 것이다.

3. 결 론

乙과 이혼한 甲은 성별 정정이 허용될 것이다.

---

3) 대결(전) 2011. 9. 2, 2009스117.
4) 대결(전) 2022. 11. 24, 2020스616.

제2장 친　족

3. 친족의 범위와 친족상도례

사 례

甲은 사위 A를 통하여 2004년 5월경에 개점하는 전주의 한 백화점에 A의 아버지 乙을 입점시켜 줄 수 있다고 말하도록 하였다. 乙은 당시 이 백화점에 입점하여 돈가스 전문점을 운영하기를 희망하고 있었다. 甲은 그 이후에 乙과 몇 차례 직접 만난 자리에서도 자신이 그 백화점을 소유하는 그룹의 부회장 B는 물론 다른 고위층의 사람과도 친분이 깊다고 하면서 그 백화점의 좋은 자리를 임대받아 입점하도록 해 주겠다고 하였다. 그러나 甲은 실제로 B는 물론 다른 고위층의 인사도 전혀 알지 못하였다. 乙은 백화점 입점이 90% 이상 성사되었다는 말을 믿고 2004. 2. 4. 甲의 계좌에 5천만원을 이체해 주었다. 甲은 이 돈을 자신의 채무변제와 생활비로 사용하였다. 2004년 3월경 乙은 자신이 사기를 당한 것을 알았으나 아들 A를 생각하여 고소는 하지 않았다. 그런데 2010년 5월경 A가 이혼을 하게 되자 2010. 5. 24. 乙은 甲을 사기죄로 고소하였다.[1] 이 경우 친족상도례에 관한 형사법의 규정이 적용되는가?

1. 문제의 제기

甲은 乙에 대하여 친족상도례가 적용되는 사기죄를 범하였다. 따

1) 대판 2011. 4. 28, 2011도2170의 사안을 변형한 것임.

라서 甲의 처벌을 판단하기 위하여서는 甲이 乙의 친족의 범위 내에 있는지를 확인하여야 한다. 그런데 이러한 친족의 범위에 대하여서 형법에는 아무런 규정이 없다. 결국 친족에 관한 민법의 규정을 검토하여 甲의 처벌 여부를 판단하여야 한다.

2. 친족상도례

甲은 乙을 기망하여 이익을 편취함으로써 사기죄(형법 제347조 제1항)를 저질렀다. 그런데 형법은 이러한 사기죄에 대하여 친족상도례를 적용하고 있다. 즉 직계혈족, 배우자, 동거친족, 동거가족 또는 그 배우자 간의 죄는 그 형이 면제되고 그 이외의 친족 간에 사기죄를 범한 때에는 고소가 있어야 공소를 제기할 수 있다고 규정한다(형법 제354조). 그리고 친고죄의 경우 피해자가 범인을 알게 된 날로부터 6월을 경과하면 고소를 하지 못하며(형소법 제230조 제1항), 이에 위반한 경우에는 법원이 공소를 기각하도록 정하고 있다(형소법 제327조 제2호).

사안에서 乙은 甲으로부터 사기를 당하였는데 5년간 고소를 하지 않았다. 따라서 乙이 사기를 당할 당시 甲과 친족상도례가 적용되는 친족 간이었다고 한다면 乙의 고소에도 불구하고 검사는 공소를 제기하지 못할 것이다. 그런데 문제는 형법에 친족상도례가 적용되는 혈족이나 가족 혹은 친족 등에 대하여 아무런 규정을 두고 있지 않다는 점이다. 이렇게 형법이 친족에 대한 정의나 그 범위에 대하여 아무런 규정을 두고 있지 않은 것은 일반법으로서의 민법의 규정을 염두에 두고 있기 때문이다. 친족관계에 관하여 형법을 포함한 다른 법률에 특별한 규정이 없는 한 친족편의 규정이 적용되는 것이다(제777조). 여기서 친족의 개념 및 범위에 관한 민법의 규정들을 살펴볼 필요성이 제기된다.

3. 친족의 범위

민법에 따르면 친족은 배우자, 혈족 및 인척이라고 정의된다(제767조), 그중 인척은 혈족의 배우자, 배우자의 혈족, 배우자의 혈족의 배우자가 해당된다(제769조). 그런데 甲과 乙은 자녀의 배우자의 직계혈족에 해당하는 사람으로, 두 사람은 상호 혈족의 배우자의 혈족관계이며, 이러한 혈족의 배우자의 혈족은 민법상 친족에 해당하지 않는다. 甲과 乙은 민법상 친족관계에 있지 않는 것이다. 따라서 친족상도례가 적용될 여지가 없다.

4. 결 론

甲과 乙은 친족관계에 있지 않으므로 친족상도례가 적용되지 않아 甲은 사기죄로 처벌될 것이다.

제3장 혼 인

제1절 약 혼

4. 약혼의 성립

사 례 乙녀는 전남편과 이혼한 후 친정에 돌아와 모친이 운영하는 무허가 주점에서 모친과 함께 지내고 있었다. 그런데 이웃에 살면서 주점에 자주 들러 술을 마시는 甲남과 교제하던 중 乙은 甲의 꾐에 빠져 성관계를 갖게 되었다. 당시 乙의 모친과 오빠는 甲의 집과 자주 왕래를 하던 사이로 甲이 이미 18년 전에 丙과 결혼식을 올렸고, 그 사이에 4남매의 자녀가 있다는 사실을 알고 있었다. 성관계 이후로 甲과 乙은 더욱 잦은 만남을 갖게 되었고, 甲의 부친의 집에서 6개월 정도 동거하며 아이도 출산하게 된다. 그 후 甲은 乙을 떠나 丙에게로 돌아가서 그녀와 혼인신고를 하였다. 乙은 甲에게 정신적인 위자료를 요구한다.[1] 법원의 판단은?

乙의 甲에 대한 민법 제806조 제2항에 따른 乙의 위자료청구권

1. 문제의 제기

乙이 甲에게 위자료를 청구할 수 있는 법적 근거로 민법 제806조

1) 대판 1965. 7. 6, 65므12의 사안을 변형한 것임.

제2항을 들 수 있다. 그런데 민법 제806조 제2항은 “전항의 경우에는 재산상 손해 외에 정신상 고통에 대하여도 손해배상의 책임이 있다”고 하고 이와 연결된 제806조 제1항은 “약혼을 해제한 때에는 당사자 일방은 과실 있는 상대방에 대하여 이로 인한 손해의 배상을 청구할 수 있다”고 규정한다. 이 조항으로부터 손해배상청구권의 발생요건을 추출하여 보면 ① 약혼의 해제 ② 해제에 대한 귀책사유가 필요하다. 그런데 첫 번째의 요건인 약혼의 해제는 해제의 대상으로서 약혼이 유효하게 성립될 것을 전제로 한다. 여기서 甲과 乙 사이에 약혼이 있었느냐의 문제가 제기된다. 특히 18년 동안 丙과 사실혼관계를 지속해 왔고 결국 혼인신고까지 한 甲이 乙과 정교를 맺으며 일시적인 동거를 한 것만으로도 약혼을 인정할 수 있느냐가 문제의 쟁점이 된다.

2. 약혼의 유효한 성립

(1) 약혼의사의 존부

약혼은 장래에 혼인을 성립시키겠다는 당사자 사이의 계약[2]으로 혼인의 예약으로 특별한 절차 없이 성년인 약혼당사자의 ‘의사의 합치’에 의하여 가능하다(제800조). 그리고 이러한 약혼은 명시적인 경우뿐만 아니라 묵시적인 합의에 의해서도 성립할 수 있다. 사안에서 甲과 乙 사이에는 약혼에 관한 명시적인 합의는 존재하지 않는다. 따라서 묵시적인 당사자 사이의 합의가 있었는지 검토하여야 한다.

학설에 따라서는 상당 기간에 걸친 교제 및 성적 교섭을 통하여 상대방에게 혼인의 성립에 대한 신뢰를 주었다면 당사자 사이에 약혼의 성립을 인정할 수 있다는 견해[3]가 있다. 그러나 상대방에게 신뢰를 주었다는 것으로 약혼의 성립을 인정하는 것은 당사자의 의사를 중시하는 가족법상의 법률행위에 있어서는 적절하지 않은 태도이다. 신뢰부여 및 그 파괴에 대하여 손해배상책임을 묻는 것은 가능할 수

---

2) 김주수/김상용, 친족상속법(2009), 73면.

3) 서울가판 1995. 7. 13, 94드37503.

있지만 가족법상의 신분관계를 적극적으로 인정하는 것은 개인의 자유로운 신분관계형성의 기회를 박탈함으로써 인간의 존엄과 가치(헌법 제10조)를 침해할 위험이 있다.

사안의 설명만으로는 명확하게 판단할 수 없지만 甲에게 乙과 약혼을 하려는 의사가 있었다는 점은 부정되는 것이 타당하다. 甲은 이미 아내인 丙과의 사이에 4명의 아이를 낳은 상황이었고, 비록 일정기간 동안 乙과 동거를 하였지만 그 후 다시 丙에게로 돌아가 혼인신고까지 마친 것으로 보아 乙과는 혼인을 하려는 약혼의 의사가 있었다고 보기 어렵다. 아내인 丙과 떨어져 있는 상황에서 乙과 성관계를 맺으려는 의도만 있었다고 보는 것이 타당하다.

(2) 이중약혼의 유효성

사안에서 甲의 약혼의사가 인정될 수도 있을 것이다. 甲이 丙과의 사실혼 관계와 상관없이 乙과 동거하며 그녀와 약혼할 의사를 가질 수도 있기 때문이다. 그러나 甲과 乙의 사이에 약혼의 합의가 묵시적으로 인정된다고 하더라도 당사자의 약혼의 합의는 효력을 갖지 못한다. 왜냐하면 이미 혼인한 자의 약혼이나 약혼한 자와의 이중약혼의 경우는 사회질서에 위반한 행위(제103조)로 효력이 없기 때문이다.[4] 甲과 丙은 이미 18년 전에 결혼식을 올려 4명의 아이까지 낳은 상태이다. 이미 결혼식을 올렸다는 점에서 —결혼식에서는 혼인 상대방과 배우자가 되기로 서약할 것이므로— 혼인신고가 없더라도 약혼으로서의 효력은 인정할 수 있다. 나아가 이들은 18년간 동거하며 4명의 아이를 낳은 것으로 보아 이미 사실혼이 인정된다. 이러한 정황에서 甲과 乙이 다시 약혼을 한다는 것은 선량한 풍속 기타 사회질서에 반하는 행위가 된다.

---

4) 대판 1965. 7. 6, 65므12.

3. 결 론

甲과 乙 사이에는 약혼의 의사가 없어서 약혼이 성립하지 않았거나 약혼의사가 있더라도 반사회적 법률행위에 해당하여 무효라고 보아야 한다. 따라서 약혼의 해제가 있을 수 없고 이를 전제로 한 乙의 위자료청구권도 인정될 수 없다.

乙이 甲의 꼬임에 빠져 성관계를 갖게 된 것에 대하여 민법 제750조의 불법행위책임이 문제될 수는 있겠지만 이를 인정하게 되면 오히려 여성의 성에 대한 자기결정권을 부정하게 되어 타당하지 않다. 2009년에 헌법재판소가 형법상의 혼인빙자간음죄를 위헌결정[5)]한 것도 이러한 취지에서이다.

---

5) 헌재 2009. 11. 26, 2008헌바58 등.

5. 약혼의 해제 및 손해배상청구

사 례 간호보조원 자격을 취득한 후 한국방송통신대학 법학과에 재학 중이던 乙녀는 맞선을 보는 자리에서 명문고등학교를 나온 서울시 일반행정직 7급 공무원이라고 스스로를 소개하는 甲남과 맞선을 보게 되었다. 그리고 평소 공부하는 것을 좋아했던 乙은 이러한 甲에게 큰 호감을 느꼈고 두 사람은 첫 만남 후 10일 만에 약혼을 하였다. 그러나 乙은 얼마되지 않아 甲이 해당 명문고등학교 부설 방송통신고등학교를 나왔고, 서울시 소속의 작은 기관에서 일하는 기능직 직원임을 알게 되었다. 乙은 곧 그에게 약혼의 해제를 통보하였고, 정신적 충격에 따른 위자료를 요구하였다. 甲은 약혼해제는 법적 근거가 없으므로 자신과 혼인을 하여야 한다고 주장한다.[1] 누구의 주장이 타당한가?

乙의 甲에 대한 약혼의 해제 및 손해배상청구권

1. 문제의 제기

사안에서 甲은 맞선을 보는 자리에서 乙에 대하여 자신의 학력과 직업에 관한 허위의 정보를 제공하였다. 그리고 乙은 이러한 정보에 기초하여 甲과 약혼을 하게 된다. 여기서 먼저 乙이 甲의 잘못된 정보를 근거로 정당하게 약혼해제(제804조)를 할 수 있는지 검토되어야 한다. 만약 그러한 사유가 약혼해제의 사유에 해당하는 경우 다시 乙에게 제806조의 손해배상청구권이 발생하는지 검토되어야 한다. 그리고 약혼의 해제와 손해배상청구권의 당연한 전제로 甲과 乙 사이에 유효한 약혼이 성립하였는지 검토하여야 한다. 마지막 쟁점은 甲의 허위의 정보제공으로 乙이 착오에 빠져 약혼에 이르게 된 사안에서 민법총칙상의 착오(제109)나 사기(제110조)에 관한 규정이 가족법에도 적용될

1) 대판 1995. 12. 8, 94므1676, 1683의 사안을 변형한 것임.

수 있느냐의 문제와 관련된다.

2. 착오나 사기로 인한 약혼의 취소 가능성

약혼은 장래에 혼인하겠다는 것을 내용으로 하는 당사자 사이의 신분상 계약으로 특별한 절차 없이 당사자의 의사의 합치에 의하여 성립하는 불요식의 낙성계약이다. 사안에서 당사자들은 약혼의 합의를 하였으므로 약혼은 일단 성립하였다. 다만 그 효력을 다툴 만한 사유가 있는지 검토하여야 한다.

우선 乙은 甲의 교육정도, 직업 등에 대하여 착오를 일으켜 약혼을 하였다. 이 경우 재산상의 법률행위라면 민법총칙상 착오(제109조)나 사기(제110조)의 규정에 의하여 취소를 검토할 필요가 있을 것이다. 그러나 의사표시에 관한 제107조 이하의 규정은 신분행위의 의사표시에는 적용되지 않는다는 것이 통설[2]로 타당하다. 비진의(非眞意)이거나 허위(虛僞) 또는 착오(錯誤)의 의사표시는 당사자의 진실한 의사를 중요시하는 가족법의 특성상 그 적용이 배제되기 때문이다.

또한 사기로 인한 혼인 취소의 규정도 약혼의 경우에는 유추 적용되지 않는다. 민법이 약혼에 대하여 혼인과 같은 규정을 두지도 않고 이를 준용하지도 않은 것은 사기에 의한 약혼의 경우에 그 취소를 인정하지 않겠다는 입법자의 의도가 있다고 해석되기 때문이다. 실제로 약혼은 혼인의 경우와 달리 그 성립도 당사자 사이의 단순한 구두 합의만으로 가능하여 당사자의 신중함을 기하기 어렵고 약혼에 따른 혼인의 강제집행을 할 수도 없으며 해제도 특별한 절차 없이 자유롭게 할 수 있다. 즉 약혼의 성립이 매우 임의적일 수 있으며 구속성도 거의 인정되지 않는 것이다. 이는 약혼이 혼인이라는 중요한 신분행위로 가는 과정에서 혼인에 대한 당사자의 진정한 의사를 점검하고 상대방에 대한 진실한 정보 등을 탐색하는 과도기적 단계이기 때문이

2) 양수산, 친족상속법(1998), 23면; 조승현, 친족상속법(2009), 16면; 김주수/김상용, 친족상속법(2009), 19면; 윤진수, 친족상속법(2018), 12면.

다. 이러한 점을 감안하면 혼인의 취소와 같은 엄격한 소송절차나 요건을 요구할 필요가 없는 것이다. 혼인의 취소에 관한 제816조 제3호의 규정을 약혼에 유추적용하는 것은 적절하지 않다. 甲의 사기에 의한 약혼을 乙은 제816조 제3호에 따라 취소할 수도 없다.

3. 乙의 甲에 대한 약혼의 해제

민법은 제804조에서 약혼의 해제사유를 두고 있다. 이렇게 민법이 약혼해제의 사유를 두고 있는 것은 이러한 사유가 있는 경우에만 당사자가 약혼을 해제할 수 있다는 의미가 아니다. 약혼해제의 사유를 근거로 해제가 이루어졌다면 이는 정당한 해제로 제806조의 손해배상책임을 지지 않는다는 취지이다. 약혼과 혼인의 본질상 당사자는 약혼의 강제이행을 청구할 수 없을 뿐만 아니라(제803조) 특별한 사유가 없어도 약혼의 당사자는 자유롭게 약혼을 해제할 수 있다고 보아야 하기 때문이다. 당사자가 원하지 않는 신분관계를 지속하도록 강제하는 것은 인격권의 침해가 될 수 있다. 따라서 乙이 약혼해제의 의사를 甲에게 표시한 사안의 경우 두 사람 사이의 약혼은 온전하게 해제되었다(제805조).

4. 乙의 甲에 대한 손해배상청구

민법 제806조의 손해배상을 청구하기 위하여는 (1) 약혼해제가 있을 것, (2) 해제가 甲의 귀책으로 발생하였을 것, (3) 손해가 발생하였을 것 등의 요건을 갖추어야 한다.

乙의 甲과의 약혼은 乙의 해제의 의사표시에 의하여 해제가 되었다.

두 번째로 해제가 甲의 귀책사유로 인하여 발생하였어야 한다. 甲과 乙은 맞선을 통하여 만나게 되었다. 맞선이란 제3자의 주선에 의하여 서로 알지 못하는 미혼의 남녀가 결혼을 목적으로 갖는 만남으로 맞선의 당사자는 결혼을 전제로 만나는 경우인 만큼 자신의 경력이나 학력, 직업 등에 대한 중요한 정보들을 진실하게 알릴 신의칙상의 의무가 있다. 상대방에게 제공하는 자신의 신상에 대한 중요한 정보는 통상 혼인의사를 결정하는 데 있어서 중대한 영향을 미치기 때문이다. 따라서 이러한 정보제공의무에 위반하여 경력, 학력, 직업 등에 대한 허위의 정보를 준 약혼의 일방 당사자는 그 상대방으로 하여금 약혼을 정당하게 해제할 수 있다. 약혼을 해제할 수 있는 제804조의 "그 밖에 중대한 사유"의 원인을 제공한 자에 해당할 수 있는 것이다. 실제로 사안에서 학력 및 직업에 대한 甲의 잘못된 정보는 乙이 甲과의 약혼에 이르도록 한 결정적인 요인으로 보인다. 乙이 甲을 만난 지 단 10일 만에 약혼을 한 후, 甲의 학력 및 직업에 대한 정보가 허위임을 알게 된 乙이 곧 약혼을 해제한 사실이 이를 반증한다. 결국 약혼의 해제는 甲의 잘못으로 발생하여야 한다는 두 번째 요건도 충족된다.

세 번째로 손해가 발생하여야 하는데 사안의 경우 재산상의 손해에 대하여는 아무런 언급이 없다. 따라서 재산상 손해에 대하여서는 배상할 필요가 없다. 반면 민법 제806조 제2항은 "재산상 손해 외에 정신상 고통에 대하여도 손해배상의 책임이 있다"고 명시하고 있다. 이 규정의 취지는 약혼이 해제되는 경우 귀책사유 있는 당사자의 상대방에게는 당연히 정신적인 고통이 발생하므로 손해에 대한 구체적인 입증이 없어도 위자료청구권이 인정되어야 한다는 점에 있다. 乙의 정신적 손해도 당연히 인정된다.

결국 위자료청구권의 발생을 위한 요건이 모두 충족되므로 甲은 乙에게 정신적 고통에 대한 위자료를 지급하여야 할 것이다.

5. 과실상계

계약해제로 인한 손해배상책임은 장래의 혼인에 대한 약속을 책임있는 사유로 불이행함으로써 발생하는 일종의 채무불이행책임이다.[3] 따라서 민법 제806조는 민법 제390조 이하의 채무불이행법의 특별규정이 되고, 과실상계에 관한 민법 제396조의 규정은 특별한 준용규정이 없더라도 당연히 적용된다. 사안에서 乙의 약혼해제는 기본적으로 맞선의 자리에서 허위의 정보를 제공한 甲의 잘못에 기인한다. 그러나 乙도 甲의 말만 믿고 맞선을 본 지 10일 만에 약혼을 하였다는 점에서 다소간의 잘못이 인정된다. 맞선을 보는 자리에서는 상대방에게 잘 보이기 위하여 학력이나 경력 등을 과장하는 경우가 드물지 않음에도 불구하고, 乙은 이에 대한 정확한 확인도 없이 경솔하게 약혼을 하였기 때문이다. 이는 상대방의 책임을 경감시키는 제396조의 과실상계의 사유가 될 수 있다. 따라서 법원은 위자료의 액수를 산정함에 있어 이를 참작하여야 한다.

6. 결 론

乙의 약혼해제에 의하여 甲과 乙의 약혼관계는 소멸하였고 甲은 약혼해제로 인한 손해배상책임을 부담한다. 다만 乙도 경솔하게 약혼을 하였다는 점을 참작하여 법원은 손해배상액을 감액하여야 한다.

3) 조승현, 친족상속법(2009), 53면.

6. 약혼예물의 반환

사 례

직장을 다니고 있던 乙녀는 독일에서 유학하는 甲남과 국내에서 1990. 12. 25. 약혼식을 하고 1991. 6. 19. 결혼식을 올린 후 1991. 7. 8. 혼인신고를 하였다. 그 후 乙은 甲과 독일에서 함께 살기로 하고 甲의 모친인 丙으로부터 받은 혼인예물을 丙에게 맡겨 두고 1991. 1.경부터 독일에서의 생활을 시작하였다. 그런데 甲은 공부를 위하여 원래 있던 곳에서 다른 지역으로 이사를 하게 되었고, 甲과 떨어져 지내며 어학원을 다니던 乙은 1992. 8.경부터 어학원에서 만난 한 프랑스인 남자와 깊은 관계를 맺게 된다. 甲은 1992. 9. 1.에 이 사실을 알게 되어, 이혼소송을 제기하였고 1995. 1. 19. 이혼판결이 확정되었다.

(1) 乙은 丙에게 맡겨 둔 혼인예물의 반환을 청구한다.[1] 가능한가?

(2) 위 사안과 달리 甲과 乙이 약혼만을 하고 아직 혼인에 이르지 않은 상태에서 甲이 부정을 저질러 파혼이 되었다면 乙은 丙에 대하여 혼인예물의 반환을 청구할 수 있는가?

I. 乙의 丙에 대한 민법 제213조에 기한 소유물반환청구권

1. 문제의 제기

약혼예물이란 약혼의 성립을 증명하고 혼인이 성립한 경우 혼인당사자와 양가의 정리를 두텁게 할 목적으로 수수되는 물건을 말한다. 약혼식과 예물이 교환되는 경우는 물론 결혼식을 올리는 과정에서 당사자 및 양가 사이에 교환되는 예물(결혼반지, 예복, 예단 등)도 법률적으로는 약혼예물에 포함된다.[2]

---

1) 대판 1996. 5. 14, 96다5506의 사안을 변형한 것임.

2) 다만 혼수는 혼인공동생활을 위하여 마련하는 물품으로 혼인이나 파혼과 상관없이 그 소유권은 이를 장만한 자에 귀속되고 따라서 파혼에도 불구하고 혼수

그런데 이러한 약혼예물에 대하여 乙이 丙에게 그 반환을 청구하는 것은 약혼예물로 받은 물건이 자신의 물건임을 전제로 한다. 이러한 乙의 약혼예물 반환청구의 근거는 소유물반환청구권에 관한 민법 제213조로 이 규정은 소유권자가 아무런 권원 없이 자신의 물건을 점유하는 자에 대하여 그 반환을 청구할 수 있게 해 준다. 따라서 乙의 약혼예물의 반환청구가 법원에 의하여 인정되기 위하여서는 민법 제213조에 따라 乙이 예물의 소유자이며 丙이 점유권원 없이 그 물건을 점유하고 있어야 한다.

2. 약혼예물의 소유권자

먼저 약혼예물이 누구의 소유물인지를 결정하기 위하여는 약혼예물의 법적 성질을 검토해야 한다. 이는 약혼예물을 받은 후에 파혼이 되거나 이혼을 하게 된 경우 누가 약혼예물의 소유자가 되느냐의 문제와 관계된다. 우리나라의 통설[3]과 판례[4]는 약혼예물의 법적 성질을 해제조건부 증여로 이해한다. 즉 증여에 의하여 약혼예물의 소유권이 수증자에게 이전하지만 혼인에 이르지 못하게 되면 그 증여가 소급적으로 무효가 되어 증여자는 소유권자의 지위를 상실한 적이 없게 된다는 견해이다. 이 견해에 의하면 혼인이 일단 성립하게 되면 더 이상 약혼예물의 반환을 청구할 수 없게 된다. 혼인의 성립으로 해제조건이 불능이 되어 약혼예물의 소유권은 확정적으로 수증자의 소유가 되기 때문이다. 사안에서 甲과 乙은 일단 혼인을 하였으므로 약혼예물의 소유권은 원칙적으로 乙의 소유가 될 수 있다.

품을 상대방이 점유하고 있을 경우에는 물품을 마련한 자는 민법 제213조에 의하여 소유물반환청구권을 행사할 수 있다[대판 2003. 11. 14, 2000므1257, 1264. 박동진, "약혼예물의 교부와 그 반환청구권의 법리," 가족법연구 제19권 제2호(2005. 9), 226면 이하].

3) 양수산, 친족상속법(1998), 186면; 김주수/김상용, 친족상속법(2009), 80면; 윤진수, 친족상속법(2018), 35면; 조승현, 친족상속법(2012), 81면.

4) 대판 1993. 5. 27, 92므143 등.

다만 혼인이 형식적으로는 유효하게 성립하였으나 매우 단기간 지속되다가 파탄에 이른 경우나 혼인할 당시부터 당사자에게 혼인을 성실히 수행할 의도가 없었던 경우에는 혼인에 이르지 못한 경우와 동일하게 약혼예물의 반환을 인정하는 것이 합리적이다.[5)]

사안에서 甲과 乙은 1년 이상의 혼인관계를 유지하였는데 이러한 경우는 혼인에 이르지 못한 경우와 동일시할 정도로 매우 단기의 기간이라고 볼 수는 없다. 따라서 이를 원인으로 하여 약혼예물의 소유권자가 丙이라고 할 수 없다. 또한 乙이 처음부터 혼인관계를 성실히 수행할 의도가 없었다고 보여지는 정황도 나타나지 않는다. 乙이 혼인 당시부터 배우자 이외의 자와 부정한 관계를 맺으려고 한 것이 아니라, 甲과 떨어져 살게 된 상황에서 어학원에 다니는 과정에서 우연히 프랑스인과 부정한 관계에 이른 것이므로 혼인에 이르지 못한 경우와는 달리 취급하여야 할 것이다. 결국 乙은 약혼예물의 소유권을 확정적으로 취득하였고, 따라서 약혼예물의 소유자이어야 한다는 민법 제213조의 첫 번째 요건을 충족한다.

3. 丙의 점유권원

민법 제213조의 두 번째 요건으로 약혼예물의 점유자인 丙이 약혼예물에 대하여 점유권원, 즉 점유를 정당화시킬 법적 근거가 없어야 한다. 乙은 독일로 떠나기 전에 받은 약혼예물을 甲의 어머니인 丙에게 맡긴다. 이러한 행위는 민법상 임치계약(제693조)에 해당한다. 따라서 丙의 점유는 일단 계약에 근거한 적법한 점유이므로 법적 권한이 있는 점유가 된다. 그러나 임치의 경우 임치인은 기간의 약정과 관계없이 언제든지 임치계약을 해지하고 임치목적물의 반환을 청구할 수 있다(제698조 및 제699조). 사안과 같이 乙이 丙에 대하여 약혼예물의 반환을 청구하였다면 이는 임치계약의 해지의 의사표시가 포함

---

5) 김주수, 주석민법[친족(1)], 209면; 박동진, “약혼예물의 교부와 그 반환청구권의 법리,” 가족법연구 제19권 제2호(2005. 9), 226(240)면. 이에 대한 반대견해로 박영규, “약혼(혼인)예물 반환청구권,” 민사판례연구 20, 356면.

된 소유물반환청구권의 행사일 것이므로 丙은 그때부터 혼인예물에 대하여 권원 없는 점유를 하게 된다. 결국 丙이 약혼예물에 대한 점유권원이 없어야 한다는 요건도 충족된다.

4. 결 론

민법 제213조의 모든 요건을 충족하므로 乙은 소유권자로서 丙에 대하여 약혼예물의 반환을 청구할 수 있다.

II. 파혼으로 인한 약혼예물의 반환

1. 문제의 제기

변경된 사안 2.는 甲과 乙이 아직 혼인에 이르지 않은 상태에서 甲이 부정행위를 저질러 파혼이 된 경우를 상정한 것이다. 통설과 판례에 따라 약혼예물의 수수를 해제조건부증여로 보게 되면 파혼으로 증여는 당연히 효력을 상실하고 약혼예물의 소유권은 증여자에게 귀속하게 된다. 따라서 약혼예물의 증여자인 甲이 약혼예물의 소유권자가 될 것이다. 그리고 소유권자가 아닌 乙은 丙에 대하여 소유물반환청구를 할 수 없다. 하지만 이러한 원칙적인 법리에도 불구하고 부정행위를 저질러 파혼의 원인을 제공한 자에게 약혼예물의 반환청구권을 주는 것이 정당한지의 문제는 남게 된다.

2. 유책배우자의 약혼예물반환청구

파혼에 귀책사유가 있는 자에게도 약혼예물의 반환청구권을 인정할 것인지에 대하여 통설[6]과 판례[7]는 신의칙을 근거로 이를 부인

6) 김주수/김상용, 친족상속법(2009), 81면; 조승현, 친족상속법(2009), 54면; 김

한다. 이에 대해 일부 학설[8]은 유책배우자도 약혼예물의 반환을 청구할 수 있다는 입장을 취한다. 약혼해제의 유책당사자에 대하여는 제806조가 손해배상책임을 지우고 있고, 약혼예물반환청구권은 약혼이 해제됨으로 인한 원상회복의 측면에서 이루어지는 것이므로 당사자의 귀책사유와는 관계없이 반환되는 것이 옳다고 주장한다.

그러나 약혼예물의 개념 내지는 목적을 고려한다면 통설과 판례의 태도가 더 타당해 보인다. 약혼예물은 "약혼의 성립을 증명하고 혼인이 성립한 경우 당사자 내지 양가의 정리를 두텁게 할 목적으로 수수되는 것"[9]으로 이해할 경우 약혼의 증거물임과 동시에 당사자 내지 양가의 신뢰의 징표이다. 따라서 이러한 당사자 사이의 신뢰를 파괴하여 파혼에 이르게 한 당사자는 이 증거물 내지 징표를 반환청구하지 못한다고 하는 묵시적 합의가 약혼예물의 수수에 내재되어 있다고 보는 것이 타당하다. 일종의 위약벌로 볼 수 있는 것이다.

3. 결 론

甲은 파혼에 귀책사유 있는 사람으로 약혼예물의 반환을 청구하지 못한다. 甲의 반한청구권 상실의 반사적인 효력으로 약혼예물은 乙에게 확정적으로 귀속된다. 결국 乙은 약혼예물의 소유권자로서 丙에 대하여 그 반환을 청구할 수 있다.

용한, 친족상속법(2004). 106면 등.

7) 대판 1976. 12. 28, 76므41, 76므42; 대판 1996. 5. 14, 96다5506 등.

8) 오종근,"약혼예물의 반환에 관한 일고찰," 판례월보 제232호(1990. 1), 25(27)면; 박동진, "약혼예물의 교부와 그 반환청구권의 법리," 가족법연구 제19권 제2호(2005. 9), 226(246)면 이하.

9) 대판 1996. 5. 14, 96다5506.

제2절 혼 인

7. 혼인의 유효한 성립과 혼인의사

사 례

甲남은 지인의 소개로 만난 丙녀와 결혼식을 올린 후 혼인신고는 하지 않은 채 동거를 시작하였다. 그런데 동거를 시작한 지 한 달 남짓 지나 과거에 사귀면서 몇 차례 성관계를 가졌던 乙녀가 찾아와 "甲의 아이 丁을 낳았으니 양육비를 달라"고 요구하였다. 丙은 乙의 행동에 격분하여 이러한 사실을 乙이 재직하고 있는 학교에 알리게 되었고 해당 학교는 乙의 행실을 문제삼아 사직할 것을 요구한다. 다급해진 乙은 甲을 찾아가 "일단 자신과 혼인신고를 하고 아들을 혼인 중의 자녀로 한 후에 이혼절차를 밟으면 퇴직하지 않아도 된다"고 甲을 설득하여 甲과의 혼인신고를 마치게 되었다. 그런데 乙은 그 후 태도를 바꾸어 丙과의 관계를 끊을 것을 종용하였고 甲은 이를 거절하였다.[1)]

(1) 甲과 乙의 혼인은 유효하게 성립하였는가?

(2) 甲이 乙과 아직 혼인신고를 하지 않은 상황에서 丙이 먼저 甲의 동의 없이 甲과의 혼인신고를 마쳤다면 丙이 단독으로 마친 혼인신고는 유효한가?

I. 甲과 乙 사이에 유효한 혼인이 성립하였는지의 여부

1. 문제의 제기

혼인이 유효하게 성립하기 위하여서는 당사자 사이에 혼인의사의 합치(제815조 제1호)가 있어야 하고 법률이 정하는 바에 따라 신고

1) 대판 1980. 1. 29, 79므62, 63의 사안을 변형한 것임.

(제812조)를 하여야 한다. 사안에서 甲과 乙은 외견상 혼인의 합의에 따라 혼인신고를 한 것으로 보인다. 그런데 甲과 乙이 혼인을 한 실제 목적은 혼인공동체를 형성하기 위한 것이 아니라 乙의 사직을 막고 丁을 혼인 중의 자녀로 하기 위함이었다. 여기서 이러한 목적의 혼인도 유효한 혼인으로 인정할 것이냐의 문제가 발생한다. 이 문제는 다시 혼인의사가 있었다고 볼 것이냐의 성립요건의 문제와 그러한 혼인의사는 유효한 것이냐의 효력요건의 문제로 나누어진다.

2. 혼인의사의 존부

(1) 혼인의사의 의의

혼인이 성립하기 위하여는 당사자 사이의 혼인의사의 합치와 혼인신고가 있어야 한다. 이 요건 중 혼인의사가 무엇을 의미하는가에 대하여 우리나라의 통설인 실질의사설[2]은 사회통념상 혼인으로 인정되는 생활공동체를 창설하고자 하는 의사, 즉 정신적, 육체적 결합관계인 남녀 사이에 부부관계를 성립시키려는 의사로 이해한다. 대법원도 혼인의사를 "당사자 간에 사회관념상 부부라고 인정되는 정신적, 육체적 결합을 생기게 할 의사"[3]라고 하여 원칙적으로 실질의사설을 따르고 있다.

사안에서 甲은 乙의 궁색해진 사정을 해결해 줄 방편으로 혼인신고를 하였다. 실질의사설에 따를 경우 사안과 같은 목적의 혼인은 혼인의사가 있는 것으로 인정받지 못한다. 실질적인 부부관계를 형성할 의사가 전혀 없었으므로, 甲과 乙의 혼인은 성립하지 않고 따라서 이를 전제로 한 乙의 이혼청구나 위자료 청구도 법적 근거를 갖지 못하게 된다.

그러나 이러한 실질의사설은 많은 문제점을 안고 있다. 정신적, 육체적 결합이 불가능한 결혼, 예를 들어 죽어가는 사람과의 혼인, 성

2) 양수산, 친족상속법(1998), 189면; 김주수/김상용, 친족상속법(2009), 83면; 조승현, 친족상속법(2009), 56면 등.

3) 대판 1996. 11. 22, 96도2049; 대판 1985. 9. 10, 85도1481.

적 불능자와의 혼인, 거주지나 거주국가가 달라 상시적인 동거가 불가능한 사람 사이의 혼인은 사회관념상 생활공동체를 꾸리는 것이 불가능하다고 보아야 하므로 이들의 혼인의사는 부정되어야 하기 때문이다. 하지만 그러한 사람들 사이의 혼인을 부정할 아무런 이유가 없으며, 그럴 경우 개인의 배우자 선택의 자유를 인정하지 않아 헌법상의 행복추구권을 침해하는 결과에 이를 수 있다. 따라서 혼인공동체를 형성할 것이 아니라고 하더라도 혼인의 당사자 사이에 법률상의 배우자의 지위를 취득하려는 의사가 있는 경우에는 혼인의 의사가 존재한다고 보아야 한다.[4]

혼인의사는 상대방을 법률상 배우자로 할 것이냐의 여부만을 가지고 판단하여야 한다(법률의사설). 대법원도 "혼인의 합의란 법률혼주의를 채택하고 있는 우리나라 법제하에서는 법률상 유효한 혼인을 성립하게 하려는 합의를 말하는 것"[5]이라고 하여 이러한 입장을 부분적으로 인정하고 있다.

결국 사안에서 甲과 乙 사이에는 혼인의사가 존재한다고 보아야 한다. 이혼을 염두에 두고 혼인을 하였다는 점에서 법률상 배우자 관계를 일시적으로나마 가질 의도가 있었기 때문이다. 그 외에 甲과 乙이 혼인신고도 하였으므로 혼인의 성립요건을 모두 충족시키게 된다.

(2) 반사회적 법률행위

甲과 乙의 혼인이 성립되었다고 하더라도 그 혼인이 효력을 갖느냐의 문제는 혼인의 효력요건에 관한 문제로 별도의 검토가 필요하다. 甲과 乙이 乙의 사직을 막기 위한 목적으로 혼인을 한 경우와 丁을 혼인 중의 자녀로 하기 위하여 혼인을 한 경우를 나누어 살펴보아야 할 것이다.

먼저 단순히 乙의 사직을 막기 위하여 혼인을 하는 것이라면 이는 혼인제도를 인정하는 기본취지를 훼손하는 것으로 반사회적 법률

---

4) 박희호, "혼인의 성립요건에 관한 소고," 가족법연구 제25권 제1호(2011. 3), 1면(20면 이하).

5) 대판 2000. 4. 11, 99므1329.

행위(제103조)라고 볼 수 있다. 혼인제도는 배우자관계의 성립을 기반으로 한 가족관계를 형성하도록 한다는 점에서 사회의 형성과 발전에 가장 근간을 이루는 제도이다. 따라서 이 혼인제도를 가족관계 구성의 목적과 전혀 관련이 없는 다른 사유를 위한 도구로 사용한다면 이는 허용되지 않는다. 사안과 같이 乙의 사직을 막으려는 목적은 법률상 배우자관계를 형성하는 혼인제도의 기본취지와 아무런 관련이 없다. 따라서 甲과 乙의 혼인은 허용되지 않는 반사회적 행위로 아무런 효력이 없다.

반면 甲의 친자일 가능성이 있는 丁에 대한 인지(여기서는 준정)의 효력을 위하여 甲이 혼인을 하였다면 그 혼인의 효력을 부정할 이유는 없다. 혼인제도가 배우자관계의 형성에 그치는 것이 아니고 혼인당사자 사이에 태어난 자녀에 대한 양육과 보호에도 영향을 미치기 때문이다.

3. 결 론

甲과 乙 사이에는 혼인의사의 합치가 있고 혼인신고도 있었으므로 혼인의 성립요건은 갖추게 되나, 당사자 사이에 혼인의 목적이 乙의 사직을 막기 위한 것이라면 반사회적 법률행위로 무효가 된다. 반면 자녀 丁을 혼인 중의 자녀로 하기 위함의 목적은 반사회적 법률행위에 해당하지 않아 甲과 乙의 혼인은 효력을 갖는다. 혼인을 위한 두 가지 목적 중에 한 가지의 목적에 의하여서도 혼인의 효력을 인정할 수 있을 것이므로 결국 甲과 乙의 혼인은 효력이 있다.

II. 丙의 단독으로 이루어진 혼인신고의 유효성

1. 문제의 제기

혼인의사의 합치가 없이 당사자 일방에 의하여 혼인신고가 이루어진 경우 그 효력이 문제된다. 이러한 경우는 흔히 사실혼 관계에 있는 당사자 일방에 의하여 혼인신고가 되는 때에 발생한다. 따라서 사실혼의 의미와 함께 사실혼 일방에 의하여 이루어진 혼인신고의 유효성을 검토하여야 한다.

2. 사실혼관계 당사자 일방에 의한 혼인신고의 유효성

혼인이 유효하게 성립하기 위하여는 형식적 요건으로 혼인신고가 있어야 하지만 실질적 요건으로 당사자의 혼인의사가 혼인신고서를 작성할 당시뿐만 아니라 혼인신고서가 공무원에 의하여 수리될 때에도 존재하여야 한다. 사안에서 丙은 甲과의 결혼식 후 사실혼관계를 형성하고 있었다. 사실혼이란 실질적인 혼인생활에도 불구하고 혼인신고를 하지 않아 법률상 혼인으로 인정되지 않는 경우이다. 문제는 이러한 사실혼의 일방 당사자 丙이 임의로 혼인신고하여 가족관계등록공무원에 의해 수리가 되었는데, 그때에 甲에게 혼인의사가 있었는지가 불분명하다는 점이다.

하지만 결혼식을 올리고 사실혼관계에 이르게 된 경우에는 특별한 사정이 없는 한 당사자 사이에 혼인의사가 있는 것으로 추정하여야 할 것이다. 왜냐하면 甲은 丙과 결혼식을 올리며 자신들의 혼인의사를 고백하였고, 그 후 丙과 동거를 하며 사실혼관계를 유지하고 있었다면 甲의 혼인의사는 계속 보유하고 있었다고 보아야 하기 때문이다. 대법원도 이러한 측면에서 "비록 사실혼관계에 있는 당사자 일방이 혼인신고를 한 경우에도 상대방에게 혼인의사가 불분명한 경우에는 혼인의 관행과 신의성실의 원칙에 따라 사실혼관계를 형성시킨 상대방의 행위에 기초하여 그 혼인의사의 존재를 추정할 수 있다"[6]고 하고 있다. 사안에서도 특별한 다른 사정이 보이지 않는 사실혼관계의 甲과 丙에게도 혼인의사가 인정된다.

---

6) 대판 2000. 4. 11, 99므1329.

3. 결　론

甲과 사실혼관계에 있는 丙이 단독으로 혼인신고를 하였더라도 혼인의사의 철회와 같은 특별한 사정이 나타나지 않는 사안의 경우 그 혼인신고는 효력을 갖는다.

8. 혼수상태에 있는 자와의 혼인

사 례 甲남은 사업상 만난 乙녀와 결혼식은 올렸으나 혼인신고를 하지 않은 채 동거를 시작하였다. 그런데 동거한 지 3년 정도가 지난 후에 甲은 뇌졸중으로 의식을 잃고 혼수상태에 빠지게 되었다. 이러한 상황에서 乙은 급하게 甲과의 혼인신고를 하게 되었고, 그 후 한 달이 되지 않아 甲은 사망을 하였다.[1] 乙은 甲의 사망후 상속을 원인으로 甲의 부동산을 자신의 명의로 등기이전한다. 그러자 甲의 동생 丙은 乙을 상대로 혼인의 무효를 주장하며 등기말소의 소를 제기한다. 甲과 乙의 혼인은 유효하게 성립하였는가?

甲과 乙 사이에 혼인이 유효하게 성립하였는지의 여부

1. 문제의 제기

혼인이 유효하게 성립하기 위해서는 당사자 사이에 혼인의사의 합치와 혼인신고가 있어야 한다. 그리고 혼인의사의 합치는 혼인신고서를 작성할 때뿐만 아니라 혼인신고서가 가족관계등록공무원에 의하여 수리될 때에도 존재하고 있어야 한다. 사안에서 甲과 乙은 결혼식을 올리고 동거를 시작한 것으로 볼 때 사실혼의 성립 당시에는 혼인의 의사가 존재하였다고 볼 수 있다. 그러나 甲이 뇌졸중으로 쓰러져 혼수상태에 빠진 상황에서 乙은 단독으로 甲과 혼인신고를 하였다.[2] 이 경우에도 혼인신고 당시에 甲에게 혼인의사가 있다고 보아야

1) 대판 1996. 6. 28, 94므1089의 사안을 변형한 것임.

2) 민법은 가족관계등록공무원에게 당사자 쌍방의 의사를 직접 확인하도록 하는 실질심사권을 부여하지 않았다. 즉 혼인적령(제807조), 동의가 필요한 혼인(제808조), 근친혼(제809조), 중혼(제810조), 2인의 증인(제812조)과 관련된 요건만을 심사하여 위반사항이 없으면 혼인신고서를 수리하도록 하고 있다

할 것인지 문제된다.

2. 혼인의사의 유무

혼인의 의사는 혼인신고서가 수리될 때에도 있어야 하는데, 사안의 경우 甲은 혼인신고서가 수리될 당시에 혼수상태에 있었다. 이러한 상황이었다면 당시 甲에게 혼인의 의사가 존재하지 않았다고 보는 것이 타당할 것이다. 혼인의 의사란 내가 상대방과 법률상 배우자 관계를 형성하겠다는 의사인데 혼수상태에 있는 사람에게는 의사능력 자체를 인정할 수가 없는 것이다. 대법원도 사실혼 관계에 있는 당사자 일방이 혼수상태에 빠진 상황에서 상대방에 의하여 임의로 이루어진 혼인신고가 효력을 갖지 못한다는 입장이었다.[3] 반면 일부 학설은 의사능력이 있는 상태에서 혼인식을 거행하는 등 혼인의사가 명백히 밝혀진 경우라면 그 후에 의사능력을 상실하였다 하더라도 혼인의사를 철회하였거나 또는 철회하였다고 볼 만한 객관적 사정이 없는 한 혼인의사는 지속된다고 보아야 한다는 입장[4]을 취한다.

대법원은 사실혼의 당사자가 타방 당사자의 동의 없이 한 혼인신고에 대하여 일반론적으로 "혼인의 관행과 신의성실의 원칙에 따라 사실혼관계를 형성시킨 상대방의 행위에 기초하여 그 혼인의사의 존재를 추정할 수 있다"[5]는 입장을 취하고 있다. 이러한 대법원의 입장은 사실혼의 배우자를 보호하려는 데 그 취지가 있는데 혼수상태에 빠져 있는 甲의 상황에서는 이러한 보호의 필요성이 보다 절실해 보인다. 더욱이 「가족관계의 등록 등에 관한 법률」은 신고인이 생존 중에 우송한 신고서는 그 사망 후라도 수리하도록 하면서(제41조 제1항)

(제813조). 이 때문에 당사자의 일방이나 제3자가 혼인신고서를 작성하여 신고하는 경우도 드물지 않으며 사안과 같이 당사자의 동의 없이 이루어지는 경우도 종종 발생한다.

3) 대판 1996. 6. 28, 94므1089.

4) 권순한, "혼인의사와 혼인신고," 가족법연구 제13호(1999), 79(98)면.

5) 대판 2000. 4. 11, 99므1329.

신고서가 수리된 때에 신고인의 사망 시 신고한 것으로 간주하고 있다(제41조 제2항). 이 규정은 신고인의 혼인의사가 확인된 경우 신고인이 사망한 후에 신고서가 수리되었더라도 혼인이 유효하게 성립한 것으로 보려는 것이다. 이러한 법률과 판례의 취지에 비추어 볼 때 사실혼 관계에 있는 甲에게는 혼인의사가 인정되고 그러한 상태에서 혼수상태에 빠졌다면 특별한 사정이 없는 한 혼인의사는 추정된다고 보아야 한다. 따라서 乙이 혼인신고를 할 당시 甲의 혼인의사도 추정된다.

3. 결　론

乙이 혼인신고를 할 당시에 혼수상태에 있는 甲의 혼인의사도 추정되므로 특별한 사정이 없는 한 甲과 乙의 혼인은 유효하게 성립하였다. 다만 이 사안의 기초가 되는 대법원의 사안에서 甲은 사실혼 당시에 乙과 동거를 하면서도 혼인신고는 하지 않겠다고 명시하였었다. 따라서 혼수상태에 빠지기 전에 甲은 乙과 법률혼을 형성할 의사가 없었다는 것을 명시적으로 표시한 것으로 甲의 혼인의사의 추정이 깨어지게 된다. 따라서 甲과 乙의 혼인의 효력을 부정한 이 사안에 대한 판례의 입장이 구체적인 결론에 있어서는 부당하다고 할 수 없다.

9. 무효혼의 추인

사 례 甲남과 乙녀는 협의이혼을 한 후에도 2년 정도 계속 함께 생활하여 오다가 甲이 다른 곳으로 이사를 나가면서 비로소 별거를 하게 되었다. 乙도 별거 후 얼마 지나지 않아 미국에 갔으나 귀국하여 甲의 집에 들어가 함께 살게 되었고 이로써 두 사람은 별거를 시작한 지 6개월 만에 다시 동거하게 되었다. 이 즈음에 乙은 단독으로 甲과의 혼인신고를 하고 이 사실을 甲에게 알렸다. 그 후 甲은 乙이 운영하는 유아원 행사에 참여하고 乙과 함께 가족행사에도 참여하는 등 乙과 부부로서의 정상적인 생활을 지속하였다. 그러나 혼인신고 후 3년 정도가 지나자 甲은 다시 집을 나가는 등 가정에 무관심하다가 丙을 만나 동거하며 그 사이에 아이를 낳은 후 乙과의 혼인신고가 무효임을 확인하는 소송을 제기한다.[1] 법원의 입장은?

민법 제815조를 근거로 한 甲의 혼인무효소송

1. 문제의 제기

혼인이 유효하게 성립하기 위하여는 혼인의사의 합치와 혼인신고가 있어야 한다(제815조 제1호). 그런데 사안에서 乙은 甲의 동의 없이 일방적으로 혼인신고를 하였다. 여기서 상대방의 동의 없이 당사자 일방에 의하여 임의로 이루어진 혼인신고도 효력이 있는지 검토되어야 한다. 다음으로 사안에서 甲은 乙의 일방적인 혼인신고의 사실을 듣고도 아무런 조치를 취하지 않은 채 3년 정도를 정상적인 부부로 생활을 하였다. 이렇게 혼인의사의 합치가 없이 혼인신고가 있었지만 상대방이 이러한 사실을 일정기간 묵인한 경우 그 혼인신고가 사후적으로 효력을 가질 수 있는지 문제된다.

1) 대판 1995. 11. 21, 95므731의 사안을 변형한 것임.

2. 혼인의 합의 없는 혼인신고의 효력

사안에서 乙이 혼인신고를 할 당시에 甲은 자신의 혼인신고와 관련하여 아무런 사실도 알지 못하였고 혼인신고가 이루어진 뒤에야 비로소 乙이 자신과 혼인신고를 하였다고 전해 들었을 뿐이다. 이러한 경우 甲과 乙이 결혼식을 올리고 사실혼 관계에 이르는 등의 관계에 있었다면 대법원[2)]이 판시하는 바와 같이 甲의 혼인의사를 추정하는 것이 타당하다. 결혼식에서 甲의 혼인의사가 표시되었을 것이고 사실혼관계로 그러한 의사가 유지되는 것으로 보는 것이 일반적이기 때문이다. 그러나 사안에서 甲은 협의이혼을 한 상태에서 잠시 乙과 동거를 하였고, 그 후 甲이 乙을 떠나 이사를 나갔으며, 乙이 다시 미국에서 돌아왔을 때에도 乙이 자발적으로 甲의 집에 들어와 살게 되었다. 혼인신고가 된 시점도 그러한 2차의 동거가 시작된 지 오래되지 않았을 때이다. 이러한 상황이라면 甲이 乙과의 혼인의사가 있었다거나 乙과의 재혼을 의욕하였다고 보기는 힘들 것이다. 즉 乙이 혼인신고를 할 당시에 甲의 혼인의사는 존재하지 않았다고 보아야 한다. 따라서 甲과 乙의 혼인은 혼인신고에도 불구하고 甲의 혼인의사가 인정되지 못하여 효력을 갖지 못한다.

3. 혼인의 추인

사안에서 甲은 乙의 일방적인 혼인신고의 사실을 알고도 3년이라는 상당한 기간 동안 아무런 이의 없이 乙과 정상적인 부부생활을 유지하였다. 이러한 甲의 행위는 乙의 혼인신고를 묵시적으로 인정하고 사후적으로 추인하는 행위로 볼 수 있다. 다만 여기서 무효의 가족행위인 혼인이 甲의 추인으로 법리적으로 유효하게 될 수 있느냐의 문제가 발생한다.

먼저 민법 제139조는 "무효인 법률행위는 추인하여도 그 효력이

---

2) 대판 2000. 4. 11, 99므1329 참조.

생기지 아니한다. 그러나 당사자가 그 무효임을 알고 추인한 때에는 새로운 법률행위로 본다"고 명시하고 있다. 즉 추인으로 인하여 소급적 효력을 인정할 수는 없고 추인한 것으로 인정되는 때에 비로소 효력을 갖는다는 것이다. 반면 통설[3]과 판례[4]는 이 규정이 무효인 혼인의 경우에 적용되지 않는 것으로 본다. 혼인에서는 소급효가 인정되는 추인을 허용하는 것이 타당하다는 주장이다.

무효로 된 사유가 치유된 경우에는 가족법상의 행위의 의사주의적 특질에 비추어 추인을 허용하는 견해가 합리적이다. 신분행위의 본질적인 내용은 신분관계의 형성이며, 신고 등은 형식적인 절차이므로 의사가 이미 형성된 시점으로 소급하여 효력을 인정하는 것이 당사자의 의사에 합치하기 때문이다. 결국 乙이 혼인신고를 한 때로부터 甲과 乙의 혼인은 유효한 것으로 된다.

4. 결 론

乙이 혼인신고를 할 당시에 甲에게는 혼인의사가 없었으므로 乙의 혼인신고만으로는 유효한 혼인이 성립할 수 없었다. 반면 乙의 혼인신고에 대한 甲의 묵시적인 추인으로 甲과 乙은 혼인 신고 시부터 법률상 배우자관계를 형성하게 되었다. 결국 甲의 혼인무효의 주장은 법원에 의하여 받아들여지지 않을 것이다.

---

3) 양수산, 친족상속법(1998), 25면; 김주수/김상용, 친족상속법(2009), 21면; 윤진수, 친족상속법(2018), 56면.

4) 대판 1965. 12. 28, 65므61; 대판 1995. 11. 21, 95므731 등.

10. 무효혼과 신의성실의 원칙

사 례 甲남과 결혼하고 혼인신고를 마친 乙녀는 결혼 전부터 사귀어 온 丁과 결혼 후에도 계속 내연관계를 맺었고, 결국 가출하여 丁과 다시 혼인신고를 하고 동거를 하였다. 甲도 乙이 집을 나가자 丙과 내연관계를 맺어 동거하고 사실상 부부의 관계에까지 이르게 되었다. 甲이 사망하자 丙은 임의로 甲과 혼인신고를 하고 甲의 재산을 상속받았다. 乙은 甲을 떠난 지 16년이 지나 丙을 상대로 혼인무효를 주장하면서 재산의 반환을 청구한다.[1] 乙에 대한 법원의 입장은?

乙이 丙을 상대로 민법 제815조의 혼인무효를 주장할 수 있는지 여부

1. 문제의 제기

乙이 甲과 丙의 혼인의 무효를 주장하는 것은 甲이 이미 사망한 상태에서 丙에 의하여 혼인신고가 이루어진 것이므로 丙이 甲의 상속인이 아니라는 주장이다. 즉 乙은 여전히 甲의 배우자로서 정당한 상속인인 반면 丙과 甲의 혼인은 유효하지 않으므로 그 재산은 자신에게 귀속되어야 한다는 것이다(제1003조). 여기서 두 가지의 문제가 발생한다. 하나는 丙이 甲의 사망 후에 한 혼인신고도 민법 제815조에 비추어 효력을 갖느냐의 문제와 甲을 버리고 다른 남자와 혼인신고까지 하고 16년 동안 소식이 없던 乙이 甲의 사망 후에 돌아와 혼인의 무효를 주장하면서 재산의 반환을 요구하는 것이 민법 제2조의 신의칙에 반하는 것이 아니냐는 문제이다.

1) 대판 1983. 4. 12, 82므64의 사안을 변형한 것임.

2. 甲의 사망 후 이루어진 丙의 혼인신고의 효력

甲과 사실혼 관계에 있던 丙은 甲이 사망한 후 그와의 혼인신고를 하였다. 이러한 혼인신고는 망자와의 혼인으로 원칙적으로 그 효력이 부정된다. 물론 甲의 생전에 丙이 甲과 사실혼관계를 맺고 있었고 이러한 상태에서 혼인신고가 이루어졌다면 甲의 혼인의 의사는 추정되므로 혼인신고는 유효할 것이다.[2] 반면 사안과 같이 사실혼의 일방 당사자인 혼인신고 당시에 甲이 이미 사망한 경우에는 그의 의사를 추정할 수도 없고 망자와의 혼인 자체가 불가능하므로 혼인신고는 아무런 효력이 없다. 다만 「혼인신고특례법」은 "전쟁 또는 사변으로 전투에 참가하거나 전투수행을 위한 공무에 종사함으로 인하여 혼인신고를 하지 못하고 사망한 경우"에 생존한 당사자가 가정법원의 확인을 받아 단독으로 혼인신고를 할 수 있도록 허용하고 있다(동법 제1조, 제2조). 그런데 사안에서의 甲은 「혼인신고특례법」에서 정한 사유로 사망한 사실이 인정되지 않는다. 결국 丙의 혼인신고는 효력을 갖지 못하여 甲과 丙의 혼인은 효력이 없다.

3. 乙의 혼인무효주장의 당부

혼인이 무효인 경우 무효의 효력은 당연무효로써 당사자뿐만 아니라 이해관계가 있는 누구에 의해서도 주장될 수 있다.[3] 따라서 乙도 甲과 丙의 혼인의 무효를 주장할 수 있다. 특히 사안에서 乙은 甲을 떠나 丁과도 혼인신고를 하고 동거하며 살고 있었지만 이로 인하여 甲과의 법률상 혼인관계가 당연히 소멸하는 것은 아니다. 민법 제816조 제1호는 중혼을 혼인의 무효가 아닌 취소의 사유로 규정하고 있기 때문에 취소가 되기 전에는 법률상 배우자관계가 여전히 존재하는 것이다. 따라서 이러한 중혼의 상태에서 전혼의 일방 배우자가 사

2) 대판 2000. 4. 11, 99므1329.

3) 대판 2013. 9. 13, 2013두9564. 양수산, 친족상속법(1998), 229면; 김주수/김상용, 친족상속법(2009), 113면 등.

망하였다면 생존한 중혼의 배우자도 전혼 배우자의 상속인의 지위를 취득한다.

사안에서 乙이 丙의 혼인의 무효를 주장하는 것은 바로 자신이 甲의 정당한 상속인으로서 甲이 남긴 재산은 자신의 재산이라는 주장이다. 이러한 주장은 법률의 규정에 비추어 보면 최소한 법리적으로는 적법하다. 그러나 그러한 결론을 인정하는 것이 과연 일반인의 법감정이나 사회윤리적인 측면에서 타당한지는 다시 검토하여 보아야 한다. 대법원은 동일한 사안에서 "丁과 혼인신고까지 마친 바 있는 乙이 이제와서 丙과 甲의 혼인이 무효의 것이라고 주장함은 결과적으로 자기와 두 사람 간의 혼인관계가 모두 유효하다고 주장하는 것이 되어 신의에 좇은 권리행사라고는 볼 수 없어 사회생활상 용인될 수 없다 할 것이니 청구인의 권리행사가 권리남용에 해당한다"고 본 원심 판단을 수긍하고 있다.[4] 이러한 대법원의 판단은 개인적인 신뢰와 애정에 근거를 둔 혼인제도의 측면과 가족구성원의 생활보장이라는 상속제도의 측면에서 타당한 것으로 여겨진다. 乙은 비록 甲과 정식으로 이혼하지는 않았지만 실질적으로는 甲과 이미 파탄에 이른 상태이고 甲은 丙과 이미 오랫동안 혼인관계를 유지함으로써 새로운 혼인공동체를 형성한 상태이다. 이러한 상황에서 乙의 주장을 인정하는 것은 혼인관계를 실질적으로 파탄시킨 자를 보호하면서도 동시에 사실상의 혼인관계를 형성하여 甲을 부양하고 재산의 유지에도 도움을 주었을 丙을 법의 보호에서 배제하는 결과가 된다. 그리고 乙의 丙에 대한 혼인무효의 주장은 甲을 떠나 丁과 혼인함으로써 자신은 甲의 배우자가 아니라고 선언한 후 자신에게 이익이 될 상황에서는 그의 배우자라고 주장하는 것이다. 이는 민법 제2조 제1항의 신의칙, 특히 금반언의 원칙에 반하게 된다.

---

4) 대판 1983. 4. 12, 82므64; 대판 1987. 4. 28, 86므130.

4. 결　론

乙의 丙에 대한 혼인무효의 주장은 신의칙에 반하여 받아들여지지 않을 것이므로 丙을 상대로 제기한 상속재산의 반환청구는 법원에 의하여 인용되지 못할 것이다.

11. 사기로 인한 혼인의 취소

사 례 중국에서 사업을 하는 甲은 유럽에서 태어나 영국의 유명대학에서 금융학을 전공하고 은행에서 이사로 일한다는 乙과 한국에서 혼인을 한다. 乙의 가족관계등록부에는 丁과 이혼하였던 것으로 되어 있었는데 이에 대해 乙은 할아버지로부터 많은 돈을 상속받으며 서류상으로만 丁과 혼인신고를 한 것이고, 상속이 잘 이루어진 후 협의이혼했다고 설명하였다. 甲은 乙의 사회적 배경은 물론 중국에 인맥도 많아 사업도 함께할 수 있겠다는 생각으로 乙과 동거 후 결혼하였다. 그러나 乙은 한국에서 직업을 가진 적이 없었고, 학력도 고등학교만을 졸업하였으며 혼인 당시에 아무런 재산도 가지고 있지 않았다. 또한 丁과도 정식으로 혼인을 한 것이고 사업실패 등으로 불화가 생겨서 이혼한 것이었다. 甲은 乙과의 혼인을 취소하고 정신적인 위자료를 받기를 원한다.[1] 가능한가?

민법 제816조에 기한 혼인의 취소 및 제825조에 기한 위자료청구

1. 문제의 제기

甲이 乙을 상대로 혼인의 취소를 구하는 것은 민법 제816조 제3호의 상대방의 사기를 근거로 한다. 따라서 甲과 乙의 혼인이 乙의 기망행위로 인하여 이루어진 것인지를 먼저 검토하여야 한다. 만약 혼인이 사기에 의하여 이루어졌다고 인정되는 경우 상대방은 민법 제825조에 따라 혼인취소의 책임 있는 자에게 위자료청구권을 행사할 수 있다.

1) 서울가판 2004. 1. 16, 2002드단69092의 사안을 변형한 것임.

2. 사기로 인한 혼인의 취소

사기로 인하여 혼인의 의사표시를 한 자는 법원에 그 취소를 청구할 수 있다(제816조 제3호). 따라서 甲이 乙의 기망행위로 혼인한 것이 인정된다면 甲은 혼인을 취소하여 혼인관계를 해소할 수 있을 것이다.

여기서 사기에 의한 혼인이란 혼인의 일방이 허위의 사실을 고지함으로써 상대방이 착오에 빠지고 이러한 상황에서 혼인을 결심하여 혼인의 합의 및 신고에 이른 경우를 말한다.[2] 문제는 허위사실의 고지가 모두 민법 제816조 제3호의 사기에 의한 혼인의 의사표시로 인정되지는 않는다는 점이다. 통상 혼인을 할 때는 자신의 능력이나 재산 또는 기타 다른 사항에 관하여 어느 정도 과장을 하고, 또 불리한 사항에 관하여는 사실을 은폐하는 것이 통상적이다. 따라서 그 정도가 심하지 않은 경우에는 위법성이 인정되지 않아 혼인의 취소사유가 되지 못한다. 여기서 어느 정도의 기망이 있어야 취소의 사유가 되는 사기에 해당하는지를 결정하여야 한다.

학설은 "사기로 인하여 생긴 착오가 일반적으로 사회생활관계에 비추어 볼 때 혼인생활에 미치는 영향이 크고, 당사자가 그러한 사실을 알았더라면 혼인하지 않았을 것이라고 인정되는 경우"[3]에 취소할 수 있는 기망에 해당하는 것으로 설명한다. 가정법원은 기본적으로 학설과 같은 맥락이나, 그 외에 기망의 적극성을 추가하여 "기망이 적극적인 허위사실의 고지 등 위법한 수단에 의한 것이고 일반인도 그와 같은 기망에 의한 착오가 없었더라면 혼인에 이르지 않았다고 보이는 경우에는 혼인의 취소가 허용된다"[4]는 입장이다.

사안에서 乙은 자신의 경제적 능력, 집안의 내력, 재산상황, 직업, 학력은 물론 전혼의 관계 등을 모두 속이고 甲과 혼인을 하였다.

---

2) 양수산, 친족상속법(1998), 235면.

3) 김주수/김상용, 친족상속법(2009) 120면; 양수산, 친족상속법(1998), 235면 등.

4) 서울가판 2004. 1. 16, 2002드단69092.

그런데 甲이 乙과 혼인을 한 것은 '乙의 사회적 배경은 물론 중국에 인맥도 많아 사업도 함께할 수 있겠다'는 생각에서였다. 여기서 통설이나 법원이 제시하는 가설적 판단의 척도를 사용해 보면 甲은 乙의 이야기가 허위라는 사실을 알았다면 사업상 도움을 받을 수 없다고 판단하였을 것이므로 혼인에 이르지 않았을 것이라는 결론에 이르게 된다.

물론 甲이 단지 사업만을 염두에 두고 乙과 혼인을 하였을 것이라고 단정하기는 어렵다. 그러나 애정과 신뢰를 기반으로 하여 이루어지는 배우자 관계에서 乙의 기망의 정도는 乙의 과거의 사실에 대한 기망뿐만 아니라 혼인 중에도 배우자에 대한 신뢰를 갖지 못하게 하는 정도에 이르렀다. 이러한 정도의 기망이라면 통상인의 경우 乙과 같은 사람과 배우자관계를 맺지는 않았을 것으로 판단된다. 결국 甲은 사기를 근거로 乙과의 혼인을 취소할 수 있다.

3. 민법 제825조의 정신적 손해배상청구

민법 제825조는 혼인의 취소의 경우 귀책사유 있는 당사자에게 정신상의 손해를 포함한 손해배상책임(제806조)을 부과한다. 이 규정에 따라 손해배상책임이 발생하려면 혼인의 취소, 상대방의 귀책사유, 당사자의 정신적인 손해 발생이라는 요건이 충족되어야 한다.

첫째, 甲의 혼인취소청구소송은 민법 제816조 제3호의 요건을 충족하여 인용될 것이므로 乙과의 혼인관계는 장래를 향하여 효력을 상실하게 된다(제824조).

둘째, 甲이 혼인을 취소하게 된 원인은 乙의 기망행위에 따른 혼인에 있으므로 乙의 귀책사유가 인정된다.

셋째, 신뢰와 애정을 바탕으로 한 혼인관계가 乙의 귀책사유로 신뢰와 애정이 파괴됨으로써 취소된 것이므로 甲에게 정신적인 손해의 발생이 인정된다.

결국 甲은 乙에 대하여 제825조를 근거로 위자료를 청구할 수 있다.

4. 결 론

甲은 乙을 상대로 법원에 혼인의 취소와 손해의 배상을 청구할 수 있다. 다만 이러한 권리의 행사는 사기를 안 날로부터 3개월 내에 소송을 통하여 하여야 한다(제823조). 혼인의 취소에 대하여는 조정전치주의가 적용되므로(가사소송법 제2조 제1항 나류사건), 혼인을 취소하려면 우선 가정법원에 조정을 신청하여야 한다.

12. 취업을 위한 혼인(가장혼인)의 유효성과 취소

사 례 대한민국 국적의 甲은 외국 국적의 乙과 혼인하여 혼인신고를 마친 후 한국에서 혼인생활을 시작하였다. 甲은 아내를 사랑하여 乙이 국내에 잘 적응할 수 있도록 세심하게 배려해 주며 乙과 결혼생활을 하였다. 하지만 혼인 후 乙의 거부로 전혀 부부관계를 갖지 못하였고 짧은 혼인기간 중에서 15일 정도도 종교활동을 이유로 떨어져 지내게 되었다. 그런데 乙은 결혼관계를 시작한 지 한 달도 되지 않아 가출을 하였다. 乙은 "외국에 있는 가족들을 부양하기 위해 일을 해야 하고 그러한 가족들 때문에 甲과 결혼했으며 한국에서 합법적으로 일할 수 있게 되어 甲에게 감사한다" 는 내용의 편지를 남겼다. 그 후 乙과는 더 이상 연락이 되지 않았다. 甲은 乙과의 혼인이 무효임을 확인하는 소를 제기한다.[1] 甲의 소송은 인용되어야 하는가?

甲의 乙에 대한 민법 제815조의 혼인무효확인소송 및 취소소송

1. 문제의 제기

甲이 乙과의 혼인이 무효임을 확인하는 소송을 제기한 것은 乙이 실제로는 자신과 혼인할 마음이 없이 단지 취업을 위하여 혼인신고를 한 것이므로 민법 제815조 제1호에서 규정하는 "당사자 간에 혼인의 합의가 없는 때"에 해당하여 혼인이 처음부터 효력이 없다는 점을 확인받으려는 의도이다. 여기서 乙에게 정말 혼인의 의사가 없었는지의 여부가 문제된다. 특히 혼인의 의사에 대하여 실질의사설을 취하는 통설이나 판례와 달리 법률의사설을 취하는 사견에서는 어떻게 법리구성을 할 것이냐의 문제가 제기된다.

1) 이 사안은 대판 2010. 6. 10, 2010므574의 사안을 변형한 것임.

2. 혼인의사의 존부

통설[2]과 대법원[3]은 실질의사설의 입장에서 "당사자 간에 혼인의 합의가 없는 때"에 대하여 당사자 사이에 사회관념상 부부라고 인정되는 정신적 · 육체적 결합을 생기게 할 의사의 합치가 없는 경우라고 정의한다. 이러한 입장에 따를 경우 사안의 乙에게는 혼인의사가 인정되지 않는다. 따라서 甲에게 비록 혼인의사가 있더라도 乙과의 혼인의 합의가 없게 된다. 실제로 대법원은 유사한 사안에서 "당사자 일방에게만 혼인의사가 있고 상대방에게는 그러한 의사가 결여되어 비록 당사자 사이에 혼인신고 자체에 관하여 의사의 합치가 있어 일응 법률상의 부부라는 신분관계를 설정할 의사는 있었다고 하더라도 그 혼인은 당사자 간에 혼인의 합의가 없는 것이어서 무효라고 보아야 한다"[4]고 하였다.

하지만 혼인도 법률행위에 해당하므로 효과의사를 사실적인 상태에 대한 의욕이 아니라 법률효과에 대한 의욕이 있는지의 여부로 판단하여야 한다는 점에서 실질의사설은 부당하다. 혼인도 다른 법률관계의 창설과 마찬가지로 사실혼이 아닌 법률혼으로서 법률적 배우자관계를 창설할 것이냐의 여부에 의하여 판단되어야 하기 때문이다. 다른 법률관계와 달리 유독 혼인에 대하여서만 효과의사를 실질적인 혼인관계에 향하는 것으로 해석할 수는 없다.

사안의 乙에게 법률상 배우자관계를 창설하려는 의사가 인정됨에는 의심의 여지가 없다. 법률상 배우자관계가 없게 되면 혼인은 무효가 되고 乙은 취업도 할 수 없기 때문에 乙은 甲과의 배우자 관계가 —최소한 국적을 취득할 때까지는— 법률적으로 지속되기를 바라는 것이 당연하기 때문이다.

---

2) 양수산, 친족상속법(1998), 189면; 김주수/김상용, 친족상속법(2009), 83면; 조승현, 친족상속법(2009), 56면 등.

3) 대판 1996. 11. 22, 96도2049; 대판 1985. 9. 10, 85도1481.

4) 대판 2010. 6. 10, 2010므574.

3. 사기로 인한 혼인의 취소

甲과 乙에게 모두 혼인의사가 있다고 보는 법률의사설에 따르더라도 그러한 혼인의 효력을 온전히 인정할 것이냐의 문제는 별개이다. 예를 들어 혼인을 통하여 이루려는 목적이 불법하거나 혼인의 취지에 반하는 경우에는 반사회적 법률행위에 해당하여 무효가 될 수도 있다(제103조). 실제로 사안에서 甲과 乙이 乙의 취업만을 위하여 위장결혼을 한 경우라면 혼인의 취지에 반하는 반사회적 법률행위에 해당할 여지가 있다.

하지만 사안에서 甲은 법률상 배우자 관계를 넘어서 실제로 乙과 혼인공동체를 구성하여 가족을 이루려는 의사가 있었다. 단지 乙이 취업을 위하여 이러한 甲과의 혼인관계를 이용하려는 의도가 인정될 뿐이다. 이렇게 혼인 당사자의 일방만이 취업을 위한 위장결혼의 의사를 가지고 있었다면 이는 혼인을 무효로 할 것이 아니라 사기로 인한 혼인으로 甲에게 취소권을 부여하는 것이 타당하다(제816조 제3호). 乙이 법률적 배우자 관계뿐만 아니라 실질적인 배우자 관계도 의도한 것처럼 甲을 기망하여 혼인에 이른 것이기 때문이다.

4. 결 론

甲과 乙의 혼인에서 당사자 모두에게 혼인의사를 인정할 수 있으므로 혼인은 무효가 아니다. 하지만 乙은 혼인을 통하여 취업을 하려는 의사를 가지고 甲을 기망하여 혼인에 이른 것이므로 甲은 사기를 이유로 乙과의 혼인을 취소할 수 있다. 이 경우 정신적 손해로 인한 배상의 청구도 가능하다(제825조).

13. 중혼에 대한 취소와 그 효과

사 례 재일교포인 甲남은 일본에서 재일교포인 乙녀와 결혼식을 올리고 일본법에 따라 일본에서 혼인신고를 마쳤다. 그러나 아직 한국의 가족관계등록부에 혼인관계가 기재되지 않은 점을 이용하여 사업차 제주도를 왕래하며 내연관계를 맺고 있던 丙과 한국에서 다시 혼인신고를 하였고, 丙과의 사이에서 자녀 A를 갖게 되었다. 甲은 제주도에 X 부동산을 남긴 채 갑작스럽게 사망하였다. 나중에 이 사실을 알게 된 乙은 甲과 丙의 혼인관계를 소멸시키고 X 부동산을 모두 되돌려받으려 한다.[1]

(1) 乙은 甲과 丙의 혼인관계를 취소할 수 있는가?

(2) 甲과 丙의 혼인이 취소되었다면 丙과 A는 甲의 상속인이 되지 못하는가?

I. 乙에 의한 甲과 丙 사이의 혼인관계의 취소

1. 문제의 제기

민법 제810조는 "배우자 있는 자는 다시 혼인하지 못한다"고 하여 중혼을 금지하고 있다. 그리고 중혼을 제818조에서는 혼인의 취소사유로 규정하고 있다. 그런데 중혼이란 배우자 있는 자가 다시 혼인하여 이중의 혼인관계가 형성된 경우를 말한다. 사안에서 乙이 丙과 甲 사이의 혼인관계를 중혼으로 취소하기 위하여서는 甲과 乙의 혼인 및 甲과 丙의 혼인이 모두 효력을 가져야 한다.

2. 외국법의 방식에 따른 내국인 사이의 혼인의 유효성

중혼이 되기 위하여서는 먼저 甲과 乙의 혼인이 유효하여야 한

1) 대판 1996. 12. 23, 95다48308의 사안을 변형한 것임.

다. 사안에서 재일교포인 甲과 재일교포인 乙은 일본법에 따라 일본에서 혼인을 하였을 뿐 한국의 가족관계등록법에 따른 신고는 하지 않았다. 이럴 경우에도 혼인관계는 유효한 것인가?

재일교포라 함은 일본에 거주하는 우리 국민을 의미하는 것이므로 甲과 乙은 모두 대한민국의 국적을 가진 대한민국 국민이다. 따라서 우리나라의 법에 따라 혼인을 하여야 원칙적으로 유효한 혼인이 된다. 그런데 국제사법 제36조는 "① 혼인의 성립요건은 각 당사자에 관하여 그 본국법에 의한다. ② 혼인의 방식은 혼인거행지법 또는 당사자 일방의 본국법에 의한다"고 규정하고 있다. 이에 대하여 학설[2]은 제1항의 규정을 실질적 성립요건으로 제2항을 형식적 성립요건으로 이해하여 그 준거법을 결정하는 것으로 이해한다. 이에 반하여 대법원[3]은 이 규정이 대한민국의 국내법은 물론 혼인거행지법에 따른 혼인이더라도 유효하다는 입장을 취한다. 이 사안에서는 어느 견해에 의하더라도 甲과 乙의 혼인은 유효하게 성립하였다. 甲과 乙은 유효한 혼인의사를 가지고(실질적 요건) 혼인거행지법인 일본법에 따라(형식적 요건) 혼인을 하였기 때문이다.

3. 중혼자의 사망으로 인한 신분관계의 소멸 여부

중혼이 되기 위하여는 甲과 丙의 혼인도 유효하게 이루어져야 한

---

2) 김연/박정기/김인유, 국제사법(2006), 340면 이하; 서울지판 2003. 7. 25, 2001가합64849 등.

3) 대판 1991. 12. 10, 91므535; 대판 1994. 6. 28, 94므413. 다만 대판 1996. 11. 22, 96도2049에서는 대한민국 남자와 중국 여자가 중국에서 중국의 방식에 의하여 혼인한 경우, 혼인의 실질적 성립요건은 혼인의 효력에 관한 규정(현 국제사법 제37조)을 적용한다고 하여 취업을 위한 가장혼인을 무효로 보았다. 그러나 이러한 법적용은 타당하지 않다. 혼인의 효력에 관한 규정은 혼인이 유효하게 성립한 경우에 적용되는 규정이고 혼인의 유효한 성립여부에 관하여는 국제사법 제36조가 적용되어야 한다. 가장혼인으로 인한 불합리를 막으려면 오히려 국제사법 제10조의 반사회적 법률행위의 규정에 의하여야 할 것이다[박희호, "혼인의 성립요건에 관한 소고," 가족법연구 제25권 1호(2011. 3.) 1(25)면].

다. 배우자 있는 자는 다시 혼인하지 못하지만(제810조), 중혼은 취소사유에 해당하므로(제816조), 중혼이더라도 취소 전까지는 효력이 유지된다. 따라서 甲과 乙의 혼인은 물론 甲과 丙의 혼인도 취소가 있기 전까지는 유효하다.

그런데 문제는 乙이 甲과 丙의 혼인관계를 취소하려고 할 당시에 이미 甲이 사망하였다는 점이다. 혼인관계는 당사자의 사망으로 인하여 해소되고,[4] 이때부터 생존배우자의 혼인으로 인한 권리와 의무는 소멸하게 된다. 따라서 중혼 당사자의 일방이 사망한 사안에서 중혼에 기한 취소소송은 더 이상 소의 이익이 없을 수 있다. 이미 甲과 乙 및 甲과 丙의 혼인관계는 소멸하여 더 이상 중혼관계가 존재하지 않기 때문이다. 그러나 판례는 "중혼자가 사망한 후에라도 그 사망에 의하여 중혼으로 인하여 형성된 신분관계가 소멸하는 것은 아니므로 전혼의 배우자는 생존한 중혼의 일방 당사자를 상대로 중혼의 취소를 구할 이익이 있다고 할 것"이라고 보고 있다. 이러한 판례에 따를 경우 甲과 乙 및 甲과 丙의 사이의 혼인을 통한 배우자관계는 여전히 존재하게 된다.

4. 결 론

甲과 乙의 혼인과 甲과 丙의 혼인으로 형성된 중혼관계는 甲의 사망에도 여전히 유지되므로 전혼의 배우자인 乙은 甲과 丙의 혼인을 취소할 수 있다(제816조).

II. 丙과 A가 민법 제1000조 및 제1003조의 상속인에 해당하는지 여부

1. 문제의 제기

丙은 甲과 혼인한 甲의 배우자이고 A는 두 사람 사이에서 태어난

4) 김주수/김상용, 친족상속법(2009), 154면.

자녀이므로 甲이 사망하게 되면 이들은 상속인의 지위를 갖는다(제1000조 및 제1003조). 그런데 甲이 사망한 후 甲과 丙의 혼인은 중혼을 이유로 취소가 되었다. 이때 중혼의 취소로 丙과 A의 상속인의 지위가 소급하여 소멸하는지 문제된다.

2. 혼인취소의 불소급효

민법은 총칙부분에서 취소에 대한 일반규정을 두어 "취소된 법률행위는 처음부터 무효인 것으로 본다"(제141조)고 하여 취소의 소급효를 인정한다. 이러한 규정에 따를 경우 甲과 丙의 혼인은 乙의 취소로 인하여 소급적하여 소멸하게 되고 甲과 丙 사이에서 태어난 A도 혼인외의 자녀가 되어 甲과 A는 상속인의 지위를 잃게 될 것이다.

하지만 민법 총칙상의 무효와 취소의 규정은 가족법의 특수성에 비추어 가족법상의 법률행위에는 적용되지 않는다는 것이 통설[5]의 입장이다. 이러한 전제에서 실제로 가족법은 필요한 경우에 무효와 취소에 대하여 별도의 규정을 두고 있다. 특히 민법 제824조는 "혼인의 취소의 효력은 기왕에 소급하지 아니"하는 것으로 보고 있다.

이 규정에 따라 전혼의 배우자인 乙이 후혼을 甲의 사후에 취소한다고 하여도 甲이 사망할 당시에 발생하였던 丙과 A의 신분상의 지위는 그대로 유지된다. 바꿔 말하면 乙이 甲과 丙 사이의 혼인을 취소한다고 하여도 취소한 때로부터 甲과 丙 사이의 배우자관계가 소멸하는 것이므로 甲이 사망할 당시에 취득하였던 丙과 A의 상속인의 지위는 그대로 유지되는 것이다.

3. 결 론

혼인의 취소에도 불구하고 한 번 취득한 상속인의 지위는 소멸하지 않게 되므로 丙과 A는 상속재산을 乙에게 반환할 필요가 없다.

---

5) 양수산, 친족상속법(1998), 24면 이하; 조승현, 친족상속법(2009), 17면 등.

14. 부부간의 부양의무와 과거의 부양료

사 례 甲남과 乙녀는 혼인하기로 약속하고 甲의 홀어머니인 丙을 함께 만나게 되었다. 그러나 丙은 乙의 인상이 마음에 들지 않아 둘 사이의 결혼에 반대하였다. 甲은 이런 丙을 설득하여 乙과의 결혼에 성공하였다. 다만 甲과 乙은 丙의 요청으로 丙과 함께 살아야만 했다. 그런데 丙이 나이가 들어 거동이 불편해지자 이때부터 乙은 丙을 구박하면서 甲에게 분가할 것을 요구하였다. 甲은 간병인을 들여서 丙을 간호하게 하는 등 乙이 丙에게 신경을 쓰지 않도록 하면서 아내를 설득하지만 乙은 참지 못하고 혼자 집을 나가게 되었다. 甲과 乙의 관계는 파탄이 되어 결국 이혼을 하게 되었다. 이혼 후 乙은 甲에 대하여 별거하는 동안에 지급하지 않은 부양료의 지급을 청구한다.[1] 乙의 주장은 받아들여져야 하는가?

乙이 제826조에 근거하여 甲에게 과거의 부양료를 청구할 수 있는지 여부

1. 문제의 제기

혼인이라는 가족법상 법률행위가 있게 되면 일정한 법률적 효력이 발생한다. 민법은 이러한 혼인의 효력을 일반적 효력과 재산상 효력으로 구분하여 규율한다. 사안에서 乙이 甲에게 부양료의 지급을 요구하고 있는 것은 혼인의 일반적 효력 중 민법 제826조 제1항의 부양의무의 이행을 요구하는 것이다. 여기서 부부 사이의 부양의무란 부부공동생활의 유지에 필요한 것을 상대방에게 제공할 의무를 말하는 것으로 경제적, 신체적, 정신적 부양을 포함한다.[2]

1) 대판 1976. 6. 22, 75므17의 사안을 변형한 것임.
2) 김주수/김상용, 친족상속법(2009), 126면.

甲과 乙이 혼인관계에 있을 경우 乙이 장래의 부양을 요구하는 것은 민법 제826조의 규정에 비추어 당연하다. 반면 사안과 같이 이미 지난 과거의 부양료에 대하여서도 소급하여 청구할 수 있느냐의 문제에 대하여 논란이 있으며 이를 인정하더라도 동거의무나 협조의무를 위반한 상대방에 대하여서도 여전히 부양의무를 이행해야 하느냐의 문제가 제기된다.

2. 과거에 지급하지 않은 부양료에 대한 乙의 청구

과거에 지급하지 않은 부양료에 대하여 일부 학설[3)]은 이를 청구할 수 있다는 입장을 취한다. 반면 판례[4)]는 "과거의 부양료에 관하여는 부양을 받을 자가 부양의무자에게 부양의무의 이행을 청구하였음에도 불구하고 부양의무자가 부양의무를 이행하지 아니함으로써 이행지체에 빠진 이후의 것에 대하여만 부양료의 지급을 청구할 수 있을 뿐, 부양의무자가 부양의무의 이행을 청구받기 이전의 부양료의 지급은 청구할 수 없다"고 보고 있다.

사견으로 과거의 부양료에 대한 청구를 인정하는 것이 타당하다. 배우자관계란 상대방 배우자에 대한 신뢰와 배려, 애정을 기본으로 하는 생활공동체로 국가공동체의 가장 근간을 이루는 최소한의 사회이다. 그런데 가족의 특징은 합리적이고 이기적인 목적으로 모인 기타의 사회와 달리 가족의 생계를 유지하고 자녀를 양육하는 데에 공동의 노력으로 최선을 다해야 하는 운명공동체이다. 이러한 운명공동체로서의 특징은 상대방에 대한 협력의무, 부양의무, 정조의무의 형태로 발현이 된다. 특히 부양의무는 다른 친족 간의 부양의무와는 달리 '없는 형편에서도 함께 나누어 먹어야 하는' 매우 엄격한 의무를 의미한다. 이러한 부양의무 —그것이 과거의 부양의무였건, 현재의 부양의무이건— 를 면제해 주는 것은 자칫 운명공동체로서의 배우자관

3) 김주수/김상용, 친족상속법(2009), 127면.

4) 대결 2008. 6. 12, 2005스50; 대판 1991. 11. 26, 91므375, 382 등. 박동섭, 138면도 판례의 입장을 따르는 듯하다.

계를 부정하는 결과에 이를 수 있다. 특히 과거의 부양의무를 면제해 주게 될 경우 배우자관계에서 약자의 지위에 놓인 일방 배우자의 보호를 소홀히 하고 강자의 부당한 행위를 합리화하게 할 우려가 있다. 미성년 자녀의 과거 부양료청구를 부정해 오던 대법원이 판례를 변경하여 이를 구상청구할 수 있도록 한 것[5]도 이러한 사회적 인식이 반영된 결과이다. 배우자에 대한 부양료에 대하여도 이와 유사한 내용으로의 판례 변경이 있을 것으로 기대된다.[6]

3. 동거, 협조의무의 위반과 부양료청구

과거의 부양료에 대한 청구가 있을 경우 이를 지급해야 하는 것이 맞지만 이는 부양의무가 있을 것을 전제로 한다. 즉 과거에 부양의무가 있었던 경우에만 그에 따른 부양료를 지급할 필요가 있는 것이다. 그런데 사안에서 乙은 보호가 필요한 시어머니 丙과 함께 지내는 것을 거부하며 집을 나가 혼자 생활을 하게 되고 이로 인하여 甲과의 혼인생활은 파탄에 이르게 되었다. 일반적으로 혼인생활은 부부와 그 자녀를 중심으로 영위되어야 하며 부부 사이에도 특별한 사유가 없는 한 자신의 부모와의 동거를 상대방에게 강요할 수 없다. 이를 강요하게 되면 오히려 혼인을 계속할 수 없는 중대한 사유에 해당하여 재판상 이혼의 원인이 될 수 있다(제840조 제3호). 그러나 부모에 대한 효도를 미풍양속으로 하고 있고, 고령자에 대한 사회복지 제도가 완비되어 있지 않은 현재의 상황에서 부모를 모시는 것이 혼인생활을 유지하는 데 큰 장애가 되지 않는다고 판단될 경우, 배우자는 배우자의 부모와 동거하는 것을 무조건 거부할 수는 없다고 할 것이다. 더욱이

5) 대판 1994. 5. 13, 92스21.

6) 이에 대하여 미성년인 자녀는 스스로 양육비를 청구할 수 없으므로 법정대리인이 양육비 청구를 게을리하였다고 하여 손해를 입어서는 안 되지만, 성년인 부부 일방이 상대방에 대하여 부양의무의 이행청구를 게을리한 것은 스스로 감수하여야 하므로 결론이 상이하다고 하여 부당하다고 할 수 없다는 견해가 있다[윤진수, 친족상속법(2018), 67면].

사안에서 甲은 乙의 이러한 불만을 알고 간병인을 들여 乙이 丙에게 신경을 쓰지 않도록 최선을 다하였다. 이러한 甲의 노력에도 불구하고 乙이 집을 나갔다는 것은 정당한 이유 없이 甲과의 동거, 협조의무를 이행하지 않은 것이고, 이렇게 하여 집을 나간 경우에 부부로서의 공동생활이라는 것은 존재하지 않게 되므로 부양의무도 존재하지 않게 된다. 결국 乙의 과거의 부양료청구는 부양의무가 존재하지 않았던 甲에 대한 부당한 청구로 보아야 할 것이다.[7)]

4. 결 론

과거의 부양료에 대한 청구도 원칙적으로 인정하여야 하지만 일방적으로 부부공동체관계를 폐지한 乙에 대하여 甲은 부양료의 지급을 할 필요가 없다.

---

7) 대판 1976. 6. 22, 75므17 참조.

15. 일상가사대리와 표현대리

사 례 乙녀는 남편 甲이 정신병원에 장기간 입원하게 되자, 입원비, 생활비, 자녀교육비 등을 마련하기 위하여 남편 소유의 X 주택을 丙에게 시가에 매도하여 필요한 비용에 충당하고, 나머지로 아이와 함께 살 집을 매수하였다. 완쾌하여 퇴원한 후 이 사실을 알게 된 甲은 자신의 허락 없이 아내가 임의로 매도한 것이라며 丙에게 X 주택의 반환을 청구한다.[1] 丙은 X 주택을 돌려주어야 하는가?

甲의 丙에 대한 민법 제213조를 근거로 한 X주택의 반환청구

1. 문제의 제기

甲이 X 주택의 반환을 주장하는 것은 민법 제213조를 근거로 한 소유물반환청구로 동 조항은"소유자는 그 소유에 속한 물건을 점유한 자에 대하여 반환을 청구할 수 있다. 그러나 점유자가 그 물건을 점유할 권리가 있는 때에는 반환을 거부할 수 있다"고 규정한다. 따라서 甲이 丙의 이름으로 등기되어 있는 X 주택의 반환을 청구하기 위해서는 ① 甲이 X 주택의 소유자이어야 하고, ② 丙이 그 주택을 점유하고 있어야 하며, ③ 丙에게 점유할 권리 즉, 점유권원이 없어야 한다. 여기서 첫 번째 요건과 관련하여 아내 乙이 남편 甲의 X 주택을 처분한 경우에도 배우자의 유효한 대리행위로서 본인인 甲에게 효력이 미치느냐의 문제가 제기된다.

1) 대판 1970. 10. 30, 70다1812의 사안을 변형한 것임.

2. 부부 사이의 일상가사대리

(1) 乙의 대리권 행사의 타당성

乙은 자신의 소유가 아닌 남편 甲 소유의 부동산을 매도하였다. 이러한 행위는 부부별산제(제830조)를 취하는 우리 민법 아래에서는 타인의 물건을 처분한 경우에 해당되어 원칙적으로 무효이다. 그러나 실생활에서 배우자가 상대방 배우자의 부동산을 처분하는 경우가 드물지 않은데 이 경우 통상 부동산을 처분하는 배우자는 상대방 배우자로부터 처분의 위임을 받아 대리인으로서 행동하는 것으로 이러한 대리행위는 상대방 배우자에게도 그 효력이 미친다. 만약 이 사안에서도 乙이 甲의 정당한 대리인으로서 대리권을 행사하여 X 주택을 처분한 경우라면 법률효과가 본인에게 귀속되어 甲은 부동산의 소유권을 상실한다. 그런데 乙이 유효하게 대리권을 행사하는 경우는 乙에게 甲을 대리할 수 있는 대리권이 있었고 그 대리행위가 대리권 내의 행위인 때이다.

1) 대리권의 존재

대리권은 통상 본인의 수권행위에 의하여 발생한다(임의대리). 그러나 사안에서 甲은 乙이 주택을 처분할 당시에 정신병원에 있던 상황이라 의사능력도 없었을 뿐더러 자신의 허락 없이 처분하였다는 것으로 보아 乙에게 대리권을 부여하지도 않은 것으로 보인다. 따라서 X부동산을 처분할 당시 乙에게 임의대리권은 존재하지 않았다.

반면 민법 제827조 제1항은 "부부는 일상의 가사에 관하여 서로 대리권이 있다"고 규정하고 있다. 즉 부부 사이에는 일상가사와 관련하여 수권행위가 없더라도 법률의 규정에 의하여 상호 법정대리권이 존재하는 것이다. 그리고 사안에서 乙은 자신이 주택을 처분할 당시 甲과 법률상 혼인관계에 있었다. 결국 乙은 자신이 주택에 관한 처분행위를 할 당시에 甲을 본인으로 한 법정대리권, 즉 일상가사대리권을 갖고 있었다.

2) 대리권 내의 행위

乙의 처분행위가 대리권 범위 내의 행위이어야 한다. 그런데 부부간의 일상가사대리권은 모든 법률행위에 대하여 대리권을 부여하는 제도는 아니고, 일상의 가사에 관한 법률행위에 대하여서만 대리권이 인정되는 제도이다. 여기서 일상의 가사란 부부의 공동생활을 유지하기 위하여 필요로 하는 통상의 사무[2]를 의미한다. 일상의 가사를 판단하는 기준에 대하여 대법원은 부부공동체의 사회적 지위, 직업, 재산, 수입, 능력, 해당 지역의 관습, 그 법률행위를 한 부부의 내부적 사정 및 목적은 물론 법률행위의 객관적인 종류나 성질도 고려하여야 한다고 보고 있다. 그러나 판례는 이러한 일반론과 달리 부부상대방 소유의 부동산을 처분하는 행위는 그 목적에 관계없이 일상가사의 범위에 해당하지 않는다는 입장이다.[3] 반면 일부 학설은 부부의 일방이 그와 같은 행위를 한 목적과 처분 당시의 구체적 상황을 고려하여 당해 행위가 일상가사에 관한 법률행위에 해당되는가의 여부를 판단해야 할 것이라는 입장이다.[4]

추측건대 판례가 배우자의 부동산을 파는 행위를 일상가사가 아니라고 하는 것은 부부의 공동생활을 유지하기 위하여 필요로 하는 '통상'의 사무는 아니라고 여기기 때문일 것이다. 그러나 통상이라는 것도 매우 상대적인 개념이어서 정상적인 가정생활에 있어서는 배우자의 부동산을 처분하는 행위가 통상이 아니라고 할 수 있어도, 전혀 수입이 없는 상황에서 생활비를 조달하려고 배우자의 부동산을 파는 것은 생활을 꾸려나가야 하는 배우자로서는 어쩔 수 없는 '통상'의 사무가 될 수 있다. 이러한 측면에서 보면 사안과 같이 전혀 준비되지 않은 상태에서 정신병원에 입원한 배우자 소유의 주택을 팔아 생활비와 주택구입비로 사용한 행위는 일상의 가사에 해당한다고 보는 것이 합리적이다. 따라서 사안의 상황에서 乙의 X주택에 대한 처분행위는 일상가사대리권 범위 내의 행위로 본인에 대하여 효력을 갖게 되고 그 결과 甲

2) 대판 2000. 4. 25, 2000다8267.
3) 대판 1967. 8. 29, 67다1125; 대판 1981. 6. 23, 80다카609 등.
4) 김주수/김상용, 친족상속법(2009), 149면.

은 X 주택의 소유권을 상실하게 된다.

3) 제126조의 표현대리

반면 판례는 상술한 바와 같이 배우자의 부동산을 매도하는 행위는 일관되게 일상가사의 범위에 해당하지 않는다는 입장이다. 이러한 판례의 태도라면 사안의 乙의 X주택 처분행위는 무권대리가 될 것이다. 다만 판례[5]는 이 경우 민법 제126조의 표현대리규정을 적용하여 본인에게 책임을 묻을 수 있다고 본다.

판례의 태도에 따라 제126조의 표현대리가 적용되기 위하여는 ① 기본대리권이 존재하여야 하고, ② 권한을 넘는 대리행위가 있어야 하며, ③ 제3자가 대리권 내의 법률행위라는 것을 믿을 만한 정당한 사유가 존재하여야 한다.

먼저 甲과 乙은 혼인관계에 있었으므로 처분당시 乙에게는 일상가사대리권이 존재하였다. 이러한 법정대리권도 제126조의 기본대리권이 될 수 있다.

둘째로 판례는 배우자의 부동산을 처분하는 행위가 일상가사의 범위를 벗어난 법률행위라고 판단하고 있으므로 乙의 행위는 대리권 내의 대리행위가 아닌 월권행위에 해당하게 된다. 따라서 두 번째 요건도 충족된다.

세 번째 요건인 정당한 사유가 존재하느냐에 대하여, 대법원은 사안과 유사한 사례에서는 "매수인이 이러한 사유를 알았건 몰랐건 간에 객관적으로 보아서 그 아내에게 남편의 대리권이 있다고 믿을 만한 정당한 사유가 된다"[6]고 보았다. 즉 남편이 입원해 있고 생활에 필요한 자금이 없는 상황에서 어쩔 수 없이 남편의 부동산을 매도하여야만 하는 객관적인 상황이라면 상대방이 이러한 상황을 알았느냐는 사실과 상관없이 정당한 사유가 있는 월권행위가 되어 제126조의 표현대리가 성립한다는 입장이다. 결국 乙의 대리행위는 표현대리로

---

5) 대판 1970. 10. 30, 70다1812.

6) 대판 1970. 10. 30, 70다1812.

본인인 甲이 책임을 지게 되어 X 주택의 소유권을 상실하게 된다.

3. 결 론

乙의 대리행위를 일상가사대리권 내의 행위로 볼 경우에 그 법률효과는 본인인 甲에게 귀속된다. 그러나 乙의 처분행위를 일상가사대리권을 벗어난 대리행위라는 판례이론에 따르더라도 乙의 행위는 제126조의 표현대리행위에 해당하여, 본인인 甲은 乙의 행위에 대하여 책임을 져야 한다. 어느 견해를 따르건 X주택에 대하여 甲은 소유권을 상실하여 甲이 X 주택의 소유권자이어야 한다는 소유물반환청구권행사의 첫 번째 요건을 충족시키지 못하므로 甲은 X 주택의 반환을 청구할 수 없다.

16. 가사로 인한 채무의 연대책임

사 례 양봉과 논농사를 비교적 큰 규모로 하는 甲남은 전처가 사망한 후 乙녀와 재혼하였다. 乙은 혼인 후 甲 소유의 건물에서 식당을 운영하였다. 하지만 식당일이 생각만큼 잘 되지 않자 乙은 이를 그만두고 甲을 설득하여 甲의 돈과 은행으로부터 자신의 명의로 빌린 돈으로 같은 건물에서 의류매장을 다시 시작하였다. 의류사업은 처음에는 제법 잘 되는 듯이 보였으나 다시 운영에 어려움을 겪게 되었고 그 과정에서 乙은 丙에게 거액의 채무를 지게 되었다. 이러한 사실을 나중에 알게 된 甲은 乙의 채무 중 1억원을 변제해 주기도 하였으나 두 사람의 관계는 악화되었고 결국 별거를 하기에 이르렀다. 丙은 甲에게 아내 乙의 채무를 변제하라며 행패를 부린다.[1] 甲은 乙의 채무를 변제해야 하는가?

丙이 민법 제832조에 따라 甲에 대하여 채무의 변제를 청구할 수 있는지 여부

1. 문제의 제기

丙은 甲이 아닌 乙에게 돈을 빌려주었다. 따라서 돈을 갚아야 할 사람은 원칙적으로 甲이 아닌 乙이다. 한편 乙이 丙으로부터 돈을 빌릴 당시에 甲과 丙은 혼인관계에 있었다. 민법은 이러한 혼인관계에 있는 당사자 사이에 혼인의 효과로서 일정한 의무나 책임을 부담시킨다. 사안과 관련하여 검토해 볼 필요가 있는 것은 일상가사대리권(제827조)와 일상가사로 인한 채무의 연대책임(제832조) 규정이다.

1) 대판 2000. 4. 25, 2000다8267의 사안을 변형한 것임.

2. 일상가사로 인한 채무의 변제

甲과 乙은 혼인관계에 있는 자로 일상의 가사에 대하여 상호 대리권이 존재한다(제827조 제1항). 여기서 일상의 가사란 부부의 공동생활을 유지하기 위하여 필요로 하는 통상의 사무를 의미한다. 사안에서 乙은 의류사업을 운영하기 위하여 丙에게 채무를 졌다. 이러한 의류사업이 일상가사가 되기 위하여서는 乙의 의류사업이 부부의 공동생활을 유지하기 위하여 필요한 경우이어야 한다. 그러나 乙의 의류사업이 부부공동생활의 유지를 위한 것이라는 정황은 보이지 않는다. 甲과 乙을 포함한 가족의 생활은 처음부터 甲의 양봉업과 논농사의 수입만으로도 충분해 보이고, 甲이 乙의 채무 중 1억원을 대신 변제해 주었다는 사실에서 알 수 있듯이 乙은 가족의 부양에 전혀 도움이 되지 않았음을 알 수 있다. 이러한 상황에서 乙의 丙에 대한 채무부담행위는 자신의 개인적인 사업에 불과하였다.

또한 대리권은 대리권자가 자신의 이름이 아니라 본인의 이름으로 법률행위를 하는 것을 말한다(현명주의, 제114조). 즉 일상가사대리도 일상의 가사에 관하여 배우자가 상대방 배우자의 이름으로 법률행위를 하는 경우이다. 그러나 사안에서는 乙은 자신의 이름으로 채무를 부담하였다. 甲을 본인으로 한 대리행위가 성립할 여지가 없다. 결국 丙은 민법 제827조 제1항을 근거로 甲에 대하여 乙의 채무의 변제를 주장할 수 없다.

3. 일상가사로 인한 채무의 연대책임

민법 제832조는 “부부의 일방이 일상의 가사에 관하여 제3자와 법률행위를 한 때에는 다른 일방은 이로 인한 채무에 대하여 연대책임이 있다”고 규정한다. 즉 혼인관계에 있는 자는 일상가사에 관한 배우자의 채무에 대하여 자신도 함께 연대책임을 져야 한다.

이를 위하여는 먼저 甲과 乙이 혼인관계에 있어야 하는데 두 사람은 乙의 법률행위 당시에 재혼한 사이로 혼인관계에 있었다.

두 번째 요건으로 乙이 부담한 채무가 일상의 가사에 관한 채무이어야 한다. 그런데 상술한 바와 같이 乙이 부담한 채무는 일상의 가사가 아닌 자신의 사업만을 위한 채무였다.

결국 乙의 채무에 대하여 甲은 연대책임을 지지 않으므로 丙은 민법 제832조를 근거로 甲에게 乙의 채무의 이행을 청구할 수 없다.

4. 결 론

乙의 채무부담행위는 일상가사에 해당하지 않아 丙은 甲에 대하여 乙의 채무의 변제를 주장하지 못한다.

17. 부부재산계약

사 례 혼인을 약속한 甲남과 乙녀는 혼인 전에 계약을 체결하여 혼인 중에 취득한 재산 모두를 동일한 지분으로 공유하기로 약정하였다. 그 후 두 사람은 혼인을 하였고, 甲의 사업도 번창하여 甲의 명의로 30억원 상당의 재산을 모으게 되었다. 그런데 甲은 거래처를 방문하다가 교통사고로 사망한다. 甲의 사망 당시에 乙과 甲의 어머니인 丙을 제외한 다른 유족은 존재하지 않았다.

(1) 甲과 乙의 혼인 전 약정을 등기한 경우와 그렇지 않은 경우, 乙과 丙의 상속분은?

(2) 甲과 乙이 당시의 약정에서 이혼 시의 재산분할비율에 대하여서도 합의를 하였다면 그 합의는 효력이 인정되는가?

I. 문제의 제기

甲과 乙은 혼인을 하면서 혼인 중에 취득한 재산의 소유관계에 대하여 그 명의 여하에 불구하고 동일한 지분의 공유로 할 것을 약정하였다. 이러한 약정은 민법이 기초로 하는 사적 자치의 원칙과 부부별산제의 원칙에 비추어 당사자 사이에 효력을 가짐이 당연하다. 다만 이러한 약정이 제3자에 대하여 효력이 있느냐가 문제된다. 그리고 이러한 부부 사이의 재산계약의 내용으로 혼인이 아닌 이혼을 전제로 하는 것도 그 효력을 인정할 것이냐의 문제가 발생한다. 사적 자치의 원칙에 비추어 타당할 것인지 혹은 혼인의 취지에 반하는 반사회적 법률행위에 해당할지 문제된다.

II. 부부재산계약의 제3자에 대한 효력

1. 상속재산의 확정

민법은 부부 사이의 재산관계에 관하여 일차적으로 부부 당사자의 합의에 맡기고 있다. 즉, 부부가 그 재산에 관하여 따로 약정을 한 때에는 그에 따르는 것을 원칙으로 하고 있다(제829조 참조). 이 규정에 의하여 부부는 합의로 자유롭게 부부재산계약을 체결할 수 있다. 다만 그 요건으로 민법은 부부 사이의 재산관계에 대하여 혼인의 당사자가 '혼인성립 전에' 약정을 따로 할 것을 요구한다(제829조). 따라서 혼인이 성립한 후에 체결하는 재산에 관한 계약은 민법 제829조의 부부재산계약에 해당하지 않게 된다.

사안에서 甲과 乙은 혼인을 하기 전에 혼인 중에 취득한 재산 모두를 동일한 지분으로 공유하기로 약정하였다. 이는 민법 제829조의 부부재산계약을 체결한 것으로 甲이 혼인 중에 취득한 재산의 1/2인 15억원 상당은 乙의 재산이 된다.

그런데 민법 제829조 제4항은 부부가 그 재산에 관하여 따로 약정을 한 때에는 혼인성립까지 그 등기를 하지 아니하면 이로써 부부의 승계인 또는 제3자에게 대항하지 못한다고 규정하고 있다. 이는 甲과 乙이 자신들의 계약을 등기하지 않았다면 제3자에 해당하는 甲의 어머니 丙에 대하여는 부부재산계약의 내용을 주장할 수 없다는 의미이다. 결국 乙은 부부재산계약의 내용을 丙에게 주장할 수 없게 되어 乙은 15억원의 재산에 대한 소유권을 주장하지 못하고 15억원을 포함한 30억원 모두를 상속재산으로 丙과 분할하여야 한다.

2. 乙과 丙의 상속분

피상속인의 직계비속이 없는 경우 피상속인의 직계존속이 상속인이 되고(제1000조), 피상속인의 배우자는 직계존속과 공동상속인이 된다(제1003조). 그리고 피상속인의 배우자가 직계존속과 공동으로 상속하는 때에는 직계존속의 상속분의 5할을 가산한 상속분을 받는다(제1009조 제2항). 따라서 乙과 丙은 공동상속인이 되고, 그 상속분은 피상속인이 남긴 재산에 대하여 丙이 1을 받게 된다면 乙은 1.5의 비율로 받게 된다. 丙이 상속재산의 2/5를 乙이 3/5을 갖게 되는 것이다.

3. 결　론

혼인 전에 부부재산계약이 등기가 된 상태라면 부부재산계약의 효력은 丙에게도 주장할 수 있으므로 상속재산은 乙의 재산인 15억원을 제외한 나머지 15억원에 불과하게 된다. 따라서 乙은 15억원의 3/5, 즉 9억원을 상속분으로 받게 된다. 여기에 자신의 재산 15억원을 더하면 최종적으로 24억원이 乙에게 귀속된다. 丙은 15억원의 2/5인 6억원을 상속받게 된다.

반면 등기를 하지 않은 경우 乙은 부부재산계약의 효력을 丙에게 주장하지 못하므로 상속재산은 甲이 남긴 30억원 전부가 된다. 그 중 乙은 30억원의 3/5인 18억원을, 丙은 30억원의 2/5인 12억원을 상속받게 된다.

III. 이혼 시의 재산분할을 내용으로 하는 부부재산계약의 효력

민법상 부부재산계약은 혼인 중의 부부재산에 관한 계약을 의미하는 것이므로 혼인성립 전이나 혼인종료 후의 재산관계를 정할 수는 없다. 따라서 이혼시의 재산분할에 관한 사항은 그 내용으로 할 수 없고, 그러한 내용의 부부재산계약은 효력이 없다.[1] 이혼시의 재산분할은 이혼을 전제로 하여 이루어지는 혼인관계 종료 후의 재산관계라고 보아야 하기 때문이다.

나아가 당사자가 이혼 시의 재산분할에 관한 사항을 조건부의 채

1) 김주수/김상용, 친족상속법(2009), 136면; 윤진수, 친족상속법(2018), 75면.

권계약으로 혼인하면서 약정하더라도 이러한 계약은 효력을 갖지 못한다. 혼인은 원칙적으로 평생의 배우자 관계를 내용으로 하는 신분행위이므로 혼인 당사자의 이혼을 전제로 한 재산분할의 약정은 혼인의 본질에 반할 뿐 아니라, 신분행위로서의 이혼이 재산취득이나 상실의 조건이 된다는 것은 우리의 사회적 관습에 반하는 법률행위(제103조)로 무효라고 보아야 하기 때문이다. 물론 혼인관계가 파탄된 상태에서 당사자 사이에 이혼 시의 재산분할을 합의하는 것은 사적 자치의 원칙에 비추어 타당하다. 우리 민법은 당사자 사이의 협의에 의한 이혼을 인정하고 있으므로 이를 전제로 한 재산분할의 협의도 당연히 허용된다.

18. 부부별산제

사 례 1970년에 甲남과 혼인을 한 乙녀는 혼인 중이던 지난 15년 동안 甲의 수입을 가지고 부동산을 매입하였다가 이익을 남기고 처분하는 등의 방법으로 많은 재산을 증식해 왔다. 1985년에는 이렇게 모인 자금을 바탕으로 당시 산업기지개발공사로부터 X 토지를 분양받는 계약을 체결하였다. 당시 甲이 단독으로 이 분양계약을 체결하였고, 분양대금도 직접 납입하였지만 자기 명의가 아닌 乙의 명의로 분양을 받았다. 그 후 甲과 乙의 혼인관계는 파탄이 되어 1987년에는 급기야 乙이 이혼심판청구를 하기에 이르렀다. 비록 乙은 그 소송을 취하하였지만 甲과 乙은 여전히 회복되기 어려운 상태로 별거를 하고 있는 상황이었다. 이런 상황에서 甲은 X 토지가 자신의 소유이며 명의만을 乙 앞으로 한 것에 불과하다고 주장하며 반환을 요구한다.[1] 법원의 입장은?

민법 제213조에 기한 소유물반환청구

1. 문제의 제기

甲이 乙에 대하여 X 부동산의 등기이전을 요구하는 것은 그 부동산이 자신의 물건이므로 이를 반환하라는 주장이다. 이러한 甲의 반환청구의 근거는 민법 제213조에서 찾을 수 있다. 민법 제213조는 물건의 소유자가 점유권원 없이 물건을 점유한 자에 대하여 그 반환을 청구할 수 있도록 하는 규정이므로, 이러한 소유물반환청구권이 유효하게 행사되기 위하여는 ① 청구권자가 그 물건의 소유권자이어야 하고, ② 청구의 상대방은 이를 아무런 권원 없이 점유하고 있는 자이어야 한다.

1) 대판 1990. 10. 23, 90다카5624의 사안을 변형한 것임.

2. X부동산의 소유권자

(1) 특유재산의 추정

甲이 乙을 상대로 X 토지의 반환을 청구하기 위해서는 먼저 甲이 X 토지의 소유권자이어야 한다. 甲은 당시 산업기지개발공사와 분양계약을 체결하고 자신이 직접 분양대금을 납입한다. 그런데 甲은 X 토지를 자신이 아니라 乙의 명의로 등기이전받는다. 이러한 경우 원칙적으로 甲은 소유권자가 되지 못한다. 부동산의 소유권은 자신의 명의로 등기가 된 때에 취득하기 때문이다(제186조). 등기의 추정력[2] 에 의하여 사안의 경우 乙이 오히려 X 토지의 소유권자로 추정된다.

이러한 등기의 추정력은 부부 사이의 재산관계에서도 마찬가지이다. 민법은 부부 사이의 재산관계에 관하여 원칙적으로 당사자가 합의에 의하도록 하고 있지만(제829조), 이러한 합의가 없는 경우 민법은 부부별산제의 입장에서 "부부의 일방이 혼인 전부터 가진 고유재산과 혼인 중 자기의 명의로 취득한 재산을 특유재산으로 한다"고 규정한다(제830조 제1항). X 토지는 현재 乙의 명의로 등기되어 있으므로 부부별산제에 따르더라도 乙의 특유재산으로 추정받게 되는 것이다.

(2) 특유재산추정의 번복

등기명의에 의한 특유재산의 추정은 다른 일방이 실제로 그 재산의 대가를 부담하였다는 것이 증명된 때에는 번복된다. 반면 재산을 취득함에 있어 상대방의 협력이 있었다거나 혼인생활에 있어 내조의 공이 있었다는 것만으로 위 추정을 번복할 사유가 된다고 할 수는 없다.[3] 따라서 甲이 지급한 대금이 실제로는 甲에 의하여 마련되었다거나 甲과 乙이 공동으로 마련한 것이라는 점이 입증되어야 한다.

그런데 乙은 약 15년 동안 결혼생활을 하면서 甲의 수입을 근간으

---

2) 이은영, 물권법(1998), 216면.

3) 대판 1992. 12. 11, 92다21982.

로 부동산을 매입하고 이를 다시 차익을 남기며 처분하는 방식으로 재산을 모아 왔다. 甲이 산업기지개발공사와 분양계약을 체결하고 납부한 대금도 이러한 부부 공동의 부동산투기를 통하여 마련한 자금이다. 따라서 甲이 납부한 분양대금은 부부의 공동의 노력으로 마련된 것이므로 X 토지는 그 명의와 상관없이 실질적으로 甲과 乙의 공유라고 보는 것이 타당하다.

3. 불법한 점유

민법 제213조에 따라 甲이 소유물의 반환을 요구하기 위하여는 乙이 점유권원 없이 점유하고 있어야 한다. 그런데 甲은 분양대금을 지급하면서 X 토지의 지분을 乙의 명의로 하여 두었다. 이러한 甲의 행위는 배우자인 乙에게 자신의 지분에 대한 명의신탁을 한 것으로 「부동산 실권리자 명의 등기에 관한 법률」에 따르면 유효한 계약이 된다(동법 제8조 제2호). 따라서 乙이 甲의 지분에 대하여 등기명의를 가지고 있는 것은 적법한 명의수탁자의 지위에 따른 것으로 乙은 甲의 지분에 대하여 점유권원을 가지고 있었다.

그런데 甲은 혼인이 파탄된 상황에서 X 토지의 반환을 요구하게 되는데 이는 X부동산에 대한 지분의 반환을 요구하는 것으로 이해될 수 있으며 다시 이는 지분만큼의 명의신탁계약의 해지를 하는 것으로 해석된다. 이럴 경우 명의신탁은 유효하게 해지되고 乙은 그때부터 甲의 지분만큼 X 토지를 불법점유를 하게 되었다. 점유권원 없는 점유라는 두 번째 요건도 충족된다.

4. 결 론

결론적으로 甲은 명의신탁의 해지를 통하여 乙에게 자신의 지분에 대한 반환청구를 할 수 있게 된다. 즉 법원은 이러한 甲의 반환소송에 대하여 甲의 X 토지에 대한 지분의 한도에서 일부승소판결을 내릴 것이다.

제3절 이 혼

19. 가장이혼

사 례

甲남은 乙녀와 혼인하고 아들이 없는 처가의 집에서 농사를 지으며 함께 살고 있었다. 그러다가 장인 및 장모와 사이가 나빠진 甲은 乙을 데리고 나와 따로 살림을 꾸려야 할 형편이 되었다. 그러나 처가의 농사만을 지어준 甲의 입장에서는 아무런 재산도 없어서 그 상태로는 독립할 수 있는 상황이 아니었다. 결국 甲은 지금까지 처가의 농사를 지어준 대가를 장인에게 청구하기로 결심한다. 다만 순진한 甲은 사위로서 처가에 노임을 청구할 수 없다고 생각하여 乙과의 실질적인 부부관계는 유지하되 형식적으로 협의이혼의 절차를 밟았다. 甲의 장인은 甲의 요구를 받고 甲의 노고와 딸의 처지를 고려하여 농지의 일부를 분배해 주었다. 그 후 얼마 지나지 않아 甲이 사망하자 甲의 홀어머니인 丙은 단독상속인으로 甲의 농지를 등기이전 받았다. 이에 乙은 자신도 甲의 상속인이라고 주장하며 지분의 반환을 청구하는 소송을 제기하였다.[1] 법원의 입장은?

乙의 丙에 대한 민법 제999조의 상속회복청구

1. 문제의 제기

乙이 丙을 상대로 농지의 지분의 반환을 주장하는 것은 자신의 상속권이 침해되었음을 이유로 민법 제999조에 근거하여 상속회복청구권을 주장하는 것이다. 이러한 乙의 청구가 받아들여지기 위하여서

1) 대판 1993. 6. 11, 93므171의 사안을 변경한 것임.

는 乙이 甲의 상속인이고 丙이 참칭상속인으로서 乙의 상속권을 침해하였어야 한다. 사안과 관련하여 특히 문제가 되는 것은 甲과 형식적으로나마 이혼을 한 乙이 여전히 甲의 상속인으로서의 지위를 갖느냐이다.

2. 乙의 상속인 여부

먼저 乙이 丙을 상대로 지분의 반환을 청구하기 위하여서는 乙도 甲의 상속인이어야 한다. 민법 제1003조는 피상속인의 배우자를 상속인으로 규정하고 있다. 그런데 이 규정이 의미하는 상속인으로서의 배우자는 상속의 효력이 발생하는 시기, 즉 피상속인이 사망할 당시에 법률상의 배우자의 지위를 여전히 유지하고 있는 자만을 의미한다.

그런데 乙은 甲이 사망하기 전에 甲과 협의이혼을 하였다. 다만 그들은 실제로 이혼을 하고 부부관계를 소멸시키려는 것은 아니었고 사위 입장에서 장인에게 노임을 청구하면 안 될 것 같아 노임을 청구하려는 이유에서 형식적으로만 이혼을 하려는 것이었다. 이렇게 부부관계의 해소가 아닌 다른 목적을 위하여 형식적으로만 이혼을 하는 경우를 가장이혼이라고 하는데, 이러한 가장이혼이 이혼으로서의 효력을 갖는지 문제된다. 만약 가장이혼이 무효라면 乙은 여전히 甲의 상속인이 될 것이지만, 가장이혼도 효력이 있다고 보면 乙은 甲의 배우자가 되지 못하여 상속인의 지위를 상실한다.

가장이혼에 대하여 종래 대법원은 무효라는 입장을 취하였다. "혼인의 파탄이란 사실도 없이 부부가 종전과 다름없이 동거생활을 계속하면서, 통모하여 형식상으로만 협의이혼신고를 하고 있는 것이라면, 신분행위의 의사주의적 성격에 비추어, 이는 무효한 협의이혼"[2]이라고 보았다(실질적 의사설).

그러나 이 견해는 법률효과를 향한 효과의사와 그러한 효과의사에 이르게 된 동기를 혼동한 주장으로 타당하지 않다. 의사표시의 동

---

2) 대판 1967. 2. 7, 66다2542; 대판 1961. 4. 27, 4293민상536.

기는 개별 당사자에 따라 다른 지극히 개인적인 영역으로 의사표시의 내용에 해당하지 않는다. 오히려 당사자는 그 목적이나 동기가 무엇이건 법률상의 혼인관계를 해소하려는 의사를 가지고 있었고, 이러한 의사는 특별한 사유가 없는 한 법률에 의하여 승인되어야 한다. 특히 협의이혼은 현행법상 당사자들이 법원에 출석하여 그 의사를 확인받게 되는데(제836조) 이렇게 당사자의 이혼의사에 대하여 법원의 실질심사까지 있게 되는 경우에는 이혼의 의사가 더욱 명확하게 인정된다.[3)]

이러한 점을 감안하여 대법원도 종래의 실질의사설을 취하다가 최근에는 이를 포기하였다. "협의이혼에 있어서 이혼의사는 법률상 부부관계를 해소하려는 의사를 말하므로 일시적으로나마 법률상 부부관계를 해소하려는 당사자 간의 합의하에 협의이혼신고가 된 이상 협의이혼에 다른 목적이 있더라도 양자 간에 이혼의사가 없다고는 말할 수 없고 따라서 이와 같은 협의이혼은 무효로 되지 아니한다"[4)]고 보았다(형식의사설). 결국 乙은 甲과 가장이혼을 함으로써 그의 법률상 배우자의 지위를 상실하게 되었다.

3. 결　론

乙은 상속 당시 甲의 배우자의 지위를 갖지 못한 관계로 그의 상속인이 되지 못한다. 乙의 丙에 대한 상속회복청구는 법원에 의하여 기각될 것이다.

3) 대판 1996. 11. 22, 96도2049.

4) 대판 1993. 6. 11, 93므171. 동일한 입장으로 대판 1975. 8. 19, 75도1712; 대판 1997. 1. 24, 95도448 등.

20. 사기에 의한 이혼

사 례 乙녀는 甲남과 혼인하여 아이 둘을 낳았다. 그런데 乙은 첫째 아이를 출산한 후부터 정신이상 증세를 보이게 되었고, 결혼 후 6년경부터는 사고내용 및 사고연상과정에 이상이 발생하여 전문적인 정신과 치료를 받아야 할 정도에 이르게 되었다. 이때부터 甲은 乙을 구타하며 학대하기 시작하였는데, 甲은 乙이 어느 정도 정신이 돌아왔음을 기화로 乙을 기망하여 가정법원에 데리고 가서 협의이혼을 하였다.
그 후 乙은 자신이 속을 것을 알고 甲을 상대로 사기를 이유로 한 이혼 취소의 소를 제기하였다.[1] 甲은 변론과정에서 乙도 법원에서 이혼한다고 하였으므로 사기가 있을 수 없다고 항변한다. 이에 대한 법원의 판단은?

乙이 민법 제838조의 이혼의 취소를 청구할 수 있는지 여부

1. 문제의 제기

협의이혼이 유효하게 성립하기 위하여는 가정법원의 확인을 받아 「가족관계의 등록 등에 관한 법률」이 정한 바에 따라 신고하여야 한다(제836조). 구체적으로 가정법원은 법률혼의 당사자가 이혼하겠다는 의사를 표시하면 일정한 숙려기간이 경과(양육할 자가 있는 경우에는 3개월, 그렇지 않은 경우에는 1개월)한 후 양육사항 및 친권자 결정에 관한 협의서 등을 제출받고, 양육비부담조서와 함께 협의이혼의사확인서를 발급한다. 그러면 당사자가 법원의 확인서를 가지고 가족관계등록공무원에게 신고하게 된다. 사안에서 甲과 乙은 이러한 절차를 거쳐서 협의이혼을 한 것으로 보인다.

그런데 乙은 이러한 협의이혼에 이르는 과정에서 甲이 자신을 기

1) 대판 1987. 1. 20, 86므86의 사안을 변형한 것임.

망하였으므로 협의이혼을 취소한다는 소송을 제기하였다. 이러한 乙의 주장은 민법 제838조에 근거한 것으로 동조는 "사기 또는 강박으로 인하여 이혼의 의사표시를 한 자는 그 취소를 가정법원에 청구할 수 있다"고 규정하고 있다. 여기서 사기가 구체적으로 무엇을 의미하는 지가 문제된다.

2. 이혼에 있어서의 사기

사기란 일반적으로 다른 사람에게 착오를 일으켜 그 상태에서 그 사람이 의사표시나 법률행위를 하도록 유도하는 기망적 행태를 의미한다. 사기에 대한 이러한 정의에서 알 수 있듯이 사기가 존재하기 위하여서는 통상 두 가지의 고의가 있어야 한다. 하나는 상대방을 속여 착오에 빠지도록 하는 고의이고 다른 하나는 그 상태에서 특정한 법률행위를 하도록 하는 고의이다.

사안에서 甲은 乙을 기망하여 법원에서 甲과 이혼할 것이라는 결심을 하게 하였고 乙은 실제로 가정법원에서 이혼을 원한다고 말하였다. 그리고 이러한 乙의 착오의 상태와 乙의 이혼의 의사표시는 甲이 기망을 하면서 직접적으로 의도한 바이다. 따라서 甲의 사기가 인정된다.

그럼에도 甲은 乙이 실제로 이혼할 의사를 가지고 있었고, 이러한 이혼의사를 가정법원에서 표시하였으므로 사기가 있을 수 없다고 주장한다. 이는 甲이 비록 乙에게 기망을 하였다고 하더라도 이는 법률행위의 효력에 전혀 영향을 미치지 못하는 동기의 착오만을 야기한 것이므로, 신분행위의 성립에는 아무런 영향을 미치지 못한다는 것이다. 다시 말하면 동기야 어찌 되었건 乙은 이혼의 의사를 표시한 것이고 실제로 甲과의 이혼을 乙도 원하였으므로 이를 취소하는 것은 허용되지 않는다는 주장이다.

그러나 사기에서 기망을 통하여 상대방에게 일으키려는 착오는 민법 제109조의 법률행위 내용의 착오에 제한되지 않고 동기의 착오도 해당될 수 있다.[2)] 거짓된 정보를 제공하여 부동산을 매수하도록 하는 경우와 같이 매수인에게 매수할 의사는 실제로 존재하지만 그 의사가 헛된 정보를 제공함으로써 생긴 경우에도 사기는 인정되는 것이다. 마찬가지로 이혼을 하지 않으면 甲이 곤란한 상황에 빠질 수 있다고 속여서 혹은 이혼으로 乙이 큰 이득을 얻을 수 있으며 이혼을 하더라도 실제로 두 사람의 관계는 아무런 문제가 발생하지 않는다고 속여서 乙이 실제로 이혼의 의사를 갖게 되어 이를 표시하는 경우에도 사기는 인정된다.

이러한 결론은 가정법원이 乙의 의사를 확인하였다고 하여 달라지지 않는다. 가정법원의 확인절차는 당사자가 이혼의 의사가 있었다는 점을 확인하는 절차일 뿐 그러한 의사가 어떻게 형성되었는지, 즉 기망에 의하여 이루어진 것인지를 판단하는 절차는 아니기 때문이다. 대법원도 "협의이혼의사확인절차는 확인 당시에 당사자들이 이혼을 할 의사를 가지고 있는가를 밝히는 데 그치는 것이고 그들이 의사결정의 정확한 능력을 가졌는지 또는 어떠한 과정을 거쳐 협의이혼의사를 결정하였는지 하는 점에 관하여서는 심리하지 않는다. 협의이혼의사의 확인은 어디까지나 당사자들의 합의를 근간으로 하는 것이고 법원의 역할은 그들의 의사를 확인하여 증명해 주는 데 그치는 것이며 법원의 확인에 소송법상의 특별한 효력이 주어지는 것도 아니다. 따라서 이혼협의의 효력은 민법상의 원칙에 의하여 결정되어야 할 것이고 이혼의사표시가 사기, 강박에 의하여 이루어졌다면 민법 제838조에 의하여 취소할 수 있다"고 판시하였다.

3. 결 론

乙은 甲의 사기를 근거로 이혼의 취소를 청구할 수 있다. 이혼의 취소는 소급효가 인정되어 이혼은 없었던 것이 된다. 다만 乙은 사기 있음을 안 날로부터 3개월 이내에 그 취소를 청구하여야 한다(제839조 및 제823조).

---

2) 대판 1985. 4. 9, 85도167.

21. 부정한 행위

사 례 甲남과 혼인한 乙녀는 남편의 월급만으로 생활이 어렵다고 판단하고 다방을 차려 직접 사업길에 나서게 된다. 그러나 사업이 생각만큼 잘되지 않아 자금압박에 시달리게 되자 농협의 대부계원이면서 자기 다방의 단골손님인 丙을 甲이 출장을 가고 없을 때에 집으로 불러 대접을 하고는 하였다. 그러던 어느 날 새벽 1시경 이전부터 이상한 낌새를 눈치채고 있던 甲이 자신의 거실에서 이불을 깔고 내의바람으로 다정하게 이야기를 나누던 乙과 丙을 발견하였다. 甲은 乙을 상대로 이혼소송을 제기하였다. 乙은 다방경영과 관련한 대출을 부탁하기 위하여 丙과 접촉한 것이고 간통을 저지른 것도 아니므로 부당하다고 항변한다.[1)] 법원의 판단은?

민법 제840조 제1호를 근거로 한 甲의 재판상 이혼 청구

1. 문제 제기

민법 제840조 제1호는 재판상 이혼을 청구할 수 있는 사유로 "배우자에 부정한 행위가 있었을 때"를 들고 있다. 사안에서 乙은 丙과 내의바람으로 이야기를 나누고 있다가 현장에서 발각되었다. 정황으로 보아 이미 성관계를 가졌을 가능성도 있지만 설문에서는 그에 대하여 아무런 언급을 하지 않는다. 즉 실제로 성관계가 있었을 수도 있고, 乙의 주장대로 내의 바람으로 그저 대출에 관하여 이야기만 나누었을 수도 있다. 여기서 민법 제840조 제1호의 부정한 행위가 무엇을 의미하는지 검토되어야 한다.

1) 대판 1987. 5. 26, 87므5의 사안을 변형한 것임.

2. 배우자의 부정한 행위

부정한 행위에 대하여 학설과 판례는 "간통을 포함하는 보다 넓은 개념으로서 간통에까지는 이르지 아니하나 부부의 정조의무에 충실하지 않는 일체의 행위"[2)]라고 이해한다. 이러한 태도는 부정한 행위를 상당히 넓게 인정하는 것으로, 성적인 측면뿐만 아니라 배우자 이외의 다른 이성에 대한 지나친 인적, 사회적 관계로 인하여 상대방 배우자에게 성적 수치감을 주거나 순결성의 신뢰를 파괴하는 일체의 행위가 부정한 행위에 해당된다.

대법원도 "고령이고 중풍으로 정교능력이 없어 실제로 정교를 갖지는 못하였다 하더라도 배우자 아닌 자와 동거한 행위는 배우자로서의 정조의무에 충실치 못한 것으로서 '부정한 행위'에 해당한다"[3)]고 보았다. 또한 사업이나 업무상의 필요와 같은 특별한 사유 없이 결혼식 당일은 물론, 신혼여행 도중, 그리고 그 이후 남편과의 부부생활을 영위하면서 일상적인 시간대가 아닌 한밤중에 계속하여 하루에도 수차례씩 외간 남자와 전화통화를 하고 남편과의 성관계를 거부하는 경우[4)]도 부정한 행위로 보았다. 나아가 배우자 이외의 이성과 별다른 사유 없이 수시로 통화를 하며 '사랑한다' '보고 싶다'는 등의 문자를 주고받는 경우도 재판상 이혼의 사유가 되는 부정한 행위에 해당할 수 있다.

사안의 경우 乙은 남편 甲이 없는 틈을 타서 밤에 丙을 집에 불러들였고, 甲이 현장에 도착하였을 때에는 乙과 丙이 내의만을 입고 있었던 상황이었다. 이러한 정황은 비록 성관계에 이르지는 않았다고 하더라도 그 자체만으로 甲이 乙의 정조에 대한 신뢰를 상실하기에 충분하다.

---

2) 대판 1993. 4. 9, 92므938; 대판 1992. 11. 10, 92므68; 김주수/김상용, 친족상속법(2009), 179면 등.

3) 대판 1992. 11. 10, 92므68.

4) 대판 2002. 3. 29, 2002므74 참조.

3. 결 론

乙의 행위는 정조의무의 위반에 해당하는 부정행위이다. 따라서 甲이 乙에 대하여 부정행위를 이유로 제기한 이혼청구소송은 법원에 의해 받아들여질 것이다. 다만 乙은 甲의 부정행위를 안 날로부터 6개월, 부정행위가 있었던 날로부터 2년 이내에 이혼청구소송을 제기하여야 한다(제841조).

22. 혼전성관계와 부정한 행위

사 례

재일교포 사업가 甲은 처가 죽은 후 다른 여자와 일본에서 사실혼 관계를 맺으며 그 사이에 자녀 한 명을 두고 있었으면서도 한국에서 지인의 소개로 35세 연하의 乙녀를 만나 약혼을 하고 한국에서 혼인신고를 마쳤다. 그러나 乙은 甲과의 약혼 중에 다른 남자와의 정교를 통하여 아이를 임신한 상태로 甲과 혼인을 하였고, 甲의 아이라고 하며 혼인 후 그 아이를 甲의 자녀로 출생신고하였다.

한편 甲은 乙과의 결혼 후에도 주로 일본에 거주하면서 한국에는 드물게 다녀가는 정도였고, 한국에 있는 자신의 건물이나 상가는 乙이 관리하도록 하였다. 그런데 乙은 자신이 관리하는 甲의 건물이나 상가 등의 전세금 및 임대료 등을 받아 임의로 소비하였다. 甲은 이러한 사실을 알고부터 乙을 구박하며 폭행하기 시작하였고, 약혼 중에 있었던 乙의 부정행위 등도 알게 되었다. 甲은 乙과의 이혼을 청구한다.[1] 법원의 입장은?

甲의 민법 제840조 제1호 및 제6호에 근거한 이혼청구소송

1. 문제의 소재

사안에서 甲이 생각할 수 있는 재판상 이혼사유로 민법 제840조 제1호의 "배우자의 부정한 행위"와 제6호의 "기타 혼인을 계속하기 어려운 중대한 사유"를 들 수 있다.

대법원은 민법 제840조 제1호 내지 제5호와 동조 제6호를 독립된 이혼사유에 관한 규정으로 보고 있다. 따라서 법원은 주장된 이혼사유에 대하여 개별적이고 독립적으로 판단해야 한다.[2] 즉 이혼청구

1) 대판 1991. 9. 13, 91므85, 92의 사안을 변형한 것임.
2) 대판 2000. 9. 5, 99므1886.

를 하는 청구권자가 "혼인을 계속하기 어려운 중대한 사유"를 이혼사유로 주장하지 않는 경우 법원은 이 사유를 근거로 이혼청구를 인용하지 못한다. 따라서 이혼을 청구하는 입장에서는 민법 제840조 제1호 내지 제5호 소정의 개별적인 이혼청구사유뿐만 아니라 동조 제6호의 사유도 함께 주장하는 것이 유리할 것이다. 법원은 수 개의 이혼사유를 주장하는 경우 그중 어느 하나를 받아들여 청구를 인용할 수 있다.

2. 민법 제840조 제1호를 근거로 한 甲의 재판상 이혼청구

민법 제840조 제1호는 배우자의 부정한 행위를 이혼청구의 사유로 인정하고 있다. 사안에서 乙은 甲과의 약혼 중에 다른 남자와 정교관계를 맺는다. 이러한 약혼 중의 간음은 약혼 해제의 사유(제804조 제5호)로 甲이 만약 이러한 사실을 혼인 전에 알았다면 그는 약혼의 해제와 동시에 손해배상(제806조)을 청구할 수 있었을 것이다. 그러나 甲과 乙은 약혼의 단계를 지나 이미 혼인에 이르게 되었고, 乙은 혼인 후에 다른 사람과 부정한 행위를 하지는 않았다.

학설[3]과 판례[4]는 일치하여 배우자의 부정한 행위로 재판상 이혼을 청구할 수 있기 위하여서는 이러한 행위가 혼인 중에 발생할 것을 요구한다. 부정한 행위를 혼인 전의 경우까지 확장하는 것은 매우 부당하며, 민법 제840조 제1호의 전제가 되는 배우자 사이의 정조의무도 혼인에 의해 비로소 발생하는 효력으로 혼인 중의 부부 사이에서만 인정되어야 하기 때문이다. 따라서 甲은 乙의 약혼 중의 부정한 행위를 이유로 재판상 이혼을 청구할 수 없다. 부정한 행위로 임신이 되었는지의 여부나 언제 아이를 출산하였느냐의 문제도 부정한 행위와 관련하여서는 중요하지 않다.

3) 양수산, 친족상속법, 1998, 284면; 조승현, 친족상속법(2012), 136면; 김주수/김상용, 친족상속법(2009), 180면 등.

4) 대판 1991. 9. 13, 91므85, 92.

3. 민법 제840조 제6호를 근거로 한 甲의 재판상 이혼청구

민법 제840조 제6호는 재판상 이혼을 청구할 수 있는 사유로 "기타 혼인을 계속하기 어려운 중대한 사유가 있을 때"를 든다. 혼인을 계속하기 어려운 중대한 사유란 부부생활공동체가 심각하게 파괴되고, 이를 회복할 가능성이 없으며, 이러한 배우자 관계를 지속하는 것이 당사자 일방에게 참을 수 없는 고통이 되는 경우[5]를 말한다. 이를 판단할 때 당사자 사이의 혼인계속의사의 유무, 파탄의 원인에 관한 당사자의 책임 유무, 혼인생활의 기간, 자녀의 유무, 당사자의 연령, 이혼 후의 생활보장, 기타 혼인관계의 제반 사정을 두루 고려하여야 한다는 것이 대법원[6]의 입장이다.

사안에서 乙이 약혼 중에 다른 이성과 정교를 맺어서 낳게 된 아이를 甲의 자녀로 속이고 甲의 혼인 중의 자녀로 신고하는 등의 행위는 부정한 행위에 해당하지는 않지만 甲의 입장에서는 乙에 대한 배우자로서의 신뢰를 깨뜨리는 중대한 사유라고 할 수 있다. 더욱이 부부별산제를 원칙으로 하는 현행 민법에서 甲의 재산을 임의로 소비한 乙의 행위도 부부관계를 파탄으로 이끌 수 있는 사유가 된다.

하지만 甲이 주장할 수 있는 이러한 표면적인 사유에도 불구하고 사안에서 甲의 이혼청구를 인용하기는 어려워 보인다. 甲과 乙의 혼인관계가 회복하기 어려울 정도로 파탄되었는지가 불분명하고, 이를 인정하더라도 그러한 파탄에 乙이 아니라 甲의 책임이 더 크다고 볼 수 있기 때문이다. 즉 甲은 법률상의 배우자인 乙 이외의 내연녀와 동거하고 있다는 점에서 먼저 부정한 행위를 저질렀다(제840조 제1호), 비록 甲이 일본에서 내연녀를 먼저 만나 아이를 낳은 후에 乙과 혼인을 한 것이지만 민법은 법률상 배우자의 지위를 우선적으로 고려하기 때문에 甲이 법률상 배우자인 乙 이외에 다른 사람과 사실혼의 관계를 유지하고 있다는 것은 乙에 대한 정조의무 위반이 되기 때문이다.

---

5) 양수산, 친족상속법(1998), 291면; 김주수/김상용, 친족상속법(2009), 187면.
6) 대판 1991. 7. 9, 90므1067.

또한 배우자를 한국에 두고 주로 일본에 거주하였다는 점에서 동거의무를 위반하는 악의의 유기를 하였다(제840조 제2호). 나아가 乙을 폭행한 것은 배우자에 대한 부당한 대우(제840조 제3호)에 해당한다. 이러한 상황에서 甲이 요구하는 이혼을 인정하게 되면 이혼의 책임있는 자로 하여금 배우자를 축출하도록 하는 결과를 낳게 된다. 대법원이 '기타 혼인을 계속하기 어려운 중대한 사유'를 판단함에 있어서 '파탄의 원인에 관한 당사자의 책임유무'를 고려하도록 하는 것도 이러한 이유 때문이다.

4. 결 론

甲이 乙을 상대로 하여 부정한 행위 및 기타 혼인을 계속하기 어려운 사유를 원인으로 제기한 이혼청구소송은 법원에 의하여 인용되지 못할 것이다. 오히려 사안에서 법률상의 배우자인 乙은 甲을 상대로 재판상 이혼을 청구할 수 있고(제840조 제6호), 이와 함께 민법 제843조의 위자료를 요구할 수 있다.

23. 혼인이 파탄된 이후의 부정한 행위

사 례 甲과 乙은 혼인 후 자녀들을 양육하면서 경제적인 문제와 성격의 차이 등으로 불화를 겪어 왔다. 말다툼이 잦아지게 되었고 부부 사이의 관계는 점점 더 소원해졌으며 결국 乙은 甲에게 "우리는 부부가 아니다"라고 하면서 결혼한 지 12년 만에 자녀들을 남겨 두고 집을 나가게 되었다.
그렇게 시작된 별거 기간 동안 甲과 乙은 관계의 회복을 위한 아무런 노력도 하지 않았고, 乙은 甲을 상대로 이혼소송을 제기하여 별거가 시작된 지 4년 만에 1심에서 이혼판결을 받았다. 甲은 이에 불복하여 항소를 제기하고 상고하였지만 이혼 소송을 제기한 지 2년 후 甲과 乙의 이혼이 확정되었다.
한편 乙은 가출한 후 2년 6개월 정도가 지난 후 등산모임에서 丙을 만나게 되었다. 첫 만남 후 두 사람은 가깝게 지내는 사이가 되어 자주 연락을 하게 되었고, 만난 지 3년이 지난 때에는 丙의 집에서 애무 등 성적 행위를 하다가 甲의 출현으로 성관계를 중단하는 일이 발생하였다. 그러자 甲은 乙과의 이혼이 확정된 후 丙을 상대로 위자료청구소송을 제기하였다.[1] 법원의 판단은?

甲이 제750조를 근거로 丙에 대하여 위자료 청구를 할 수 있는지의 여부

1. 문제의 제기

甲이 丙을 상대로 위자료를 청구하는 것은 자신의 배우자인 乙과 정교관계를 맺은 丙의 불법행위를 근거로 정신적 손해의 배상을 요구하는 것이다(제750조). 따라서 甲의 청구가 법원에 의해 인용되기 위해서는 丙의 행위가 甲의 이익을 침해하는 위법한 행위이어야 하며 甲에게 정신적인 손해가 발생하여야 한다.

1) 대판(전) 2014. 11. 20, 2011므2997의 사안을 변형한 것임.

2. 丙의 행위의 위법성 여부

불법행위의 위법성은 특정인의 행위가 법률에 위반하는 것으로 타인의 이익이나 권리를 침해되는 경우에 인정된다. 사안에서 甲의 배우자인 乙과 성관계를 갖는 丙의 행위는 乙의 부정한 행위에 동참하는 행위로 甲에 대하여 乙과 공동불법행위를 구성함이 원칙이다.[2)]

그런데 사안에서 丙이 혼인 중인 乙과 부정한 관계를 맺은 시기는 이미 甲과 乙 사이 부부관계는 더 이상 회복하기 어려울 정도로 파탄에 이른 때였다. 즉 乙이 丙과 성적 행위를 한 때는 乙이 甲을 상대로 이혼소송을 제기하여 1심에서 이혼판결이 내려진 후의 일로 甲과 乙의 관계는 이미 회복하기 어려운 상황이었다고 볼 수 있었고 그 후 실제로 甲과 乙의 이혼은 대법원의 판결로 확정되게 된다. 형식적으로 보면 乙은 대법원의 판결이 확정되기 전까지는 甲과 배우자관계를 유지하고 있었다. 하지만 그러한 부부공동생활관계는 실질적으로 이미 해체된 상태이었다. 이러한 상황에서까지 甲이 乙에 대하여 정조의무를 지킬 것을 요구하는 것은 법률적으로 무리한 요구가 될 것이다.

결국 乙이 다른 사람과 성관계를 맺더라도 甲에 대하여 정조의무를 위반하는 것이 아니게 되고 성관계의 상대방인 丙도 마찬가지로 불법행위를 구성하지 않게 된다. 丙의 위법성은 인정되지 않는다. 대법원도 "실질적으로 부부공동생활이 파탄되어 회복할 수 없을 정도의 상태에 이르렀다면, 제3자가 부부의 일방과 성적인 행위를 하더라도 이를 두고 부부공동생활을 침해하거나 그 유지를 방해하는 행위라고 할 수 없고 또한 그로 인하여 배우자의 부부공동생활에 관한 권리가 침해되는 손해가 생긴다고 할 수도 없으므로 불법행위가 성립한다고 보기 어렵다"[3)]는 입장이다.

---

2) 대판 2005. 5. 13, 2004다1899 참조.

3) 대판(전) 2014. 11. 20, 2011므2997의 사안을 변형한 것임.

3. 결 론

甲의 丙에 대한 위자료청구소송은 丙의 행위의 위법성이 인정되지 않는 관계로 법원에 의하여 인용되지 못할 것이다.

24. 악의의 유기

사례 불교 집안의 甲남과 기독교를 믿는 乙녀는 신혼 초부터 종교문제로 여러 차례 마찰을 빚고 있었다. 그런 와중에 시어머니 丙은 혼인 후 7년이 지나도 아이가 생기지 않는다며 乙을 데리고 계룡산의 절에 들어가서 한밤중에 찬물로 며느리의 머리를 감기고, 귀신을 쫓는다고 하면서 인분과 재를 섞어 乙의 몸에 바르는 등의 비정상적인 행동을 하였다. 그때부터 乙은 정신이상의 증세를 보이게 되었고 병원에서 치료를 받은 후에도 발작증세는 계속되었다. 특히 乙은 불상에 소금을 뿌리는 등 불교에 적대적인 태도를 보였는데, 이를 참지 못한 甲은 乙에게 이혼을 요구하였고 乙이 거부하자 결국 절에 들어가 비구승이 되었다. 乙은 甲이 절에 들어간 지 10년이 되어도 나올 기미가 없자 甲을 상대로 이혼청구소송을 제기하며 위자료를 요구한다.[1] 법원의 입장은?

민법 제840조 제2호를 근거로 한 乙의 재판상 이혼청구

1. 문제의 제기

甲은 乙을 남겨둔 채 절에 들어가 비구승이 되었고 10년이 지난 후에도 나올 기미가 없자 乙이 甲을 상대로 이혼소송을 제기하였다. 여기서 乙이 이혼의 정당한 사유로 들 수 있는 것은 민법 제840조 제2호에서 규정하는 "악의의 유기"이다.

2. 악의의 유기

(1) 개 념

먼저 배우자에 대한 유기란 배우자를 내쫓거나 버리는 경우뿐만

1) 대판 1990. 11. 9, 90므583의 사안을 변형한 것임.

아니라 혼인의 효력으로 인정되는 동거, 부양, 협조의무를 불이행하는 것으로, 고의로 부부공동생활을 폐지하는 일체의 행위를 의미한다. 그런데 민법 제840조 제2호는 단순한 유기가 아닌 '악의의' 유기만을 이혼사유로 규정하고 있다. '악의'의 유기가 성립하기 위하여는 이러한 부부공동생활의 폐지가 정당한 이유 없이 이루어져야 한다.

그런데 사안에서 乙은 甲과의 혼인생활 중에 정신이상증세를 보이고 甲의 종교인 불교에 대하여 적대적인 태도를 취하였다. 이러한 乙의 상황이나 행동이 甲의 유기행위를 정당화할 근거로 작용한다면 甲의 행위는 악의의 유기가 되지 않을 것이다.

(2) 정신이상증세

우선 배우자가 정신이상증세를 보여 혼인관계가 불가능하다고 판단될 경우에는 그 사유는 혼인을 계속하기 어려운 중대한 사유에 해당할 수 있고, 이러한 상황에서 동거의무를 이행하지 않는 것은 정당한 사유가 있는 공동생활의 폐지가 될 수 있다. 대법원도 "부부 중 일방이 불치의 정신병에 이환되었고 그 질환이 다른 질환처럼 단순히 애정과 정성으로 간호되거나 예후가 예측될 수 있는 것이 아니고 그 가정의 구성원 전체에게 끊임없는 정신적, 육체적 희생을 요구하는 것이며 경제적 형편에 비추어 많은 재정적 지출을 요하고 그로 인한 다른 가족들의 고통이 언제 끝날지 모르는 상태에 이르기까지 하였다면 온 가족이 헤어날 수 없는 고통을 받더라도 타방배우자는 배우자간의 애정에 터잡은 의무에 따라 한정없이 참고 살아가라고 강요할 수는 없는 것"[2]이라고 하여 불치의 정신질환의 경우 이혼의 정당한 사유로 인정하고 있다.

반면 부부공동체는 서로에 대한 애정과 신뢰에 기초하여 유지되는 생활공동체로 배우자는 상대방의 질병이나 기타 혼인관계에 장애가 되는 사유가 있다고 하더라도 기본적으로 사랑과 희생으로 이를 감내하며 극복하는 데 노력하여야 한다. 특히 사안과 같이 배우자가

---

2) 대판 1991. 1. 15, 90므446.

정신병이 있는 경우에는 상대방은 바로 이혼을 요구하거나 유기할 것이 아니라 우선적으로 그 치료를 위하여 전력을 다할 의무가 있다. 대법원이 "부부의 일방이 정신병적 증세를 보여 혼인관계를 유지하는데 어려움이 있다고 하더라도 그 증상이 가벼운 정도에 그치는 경우라든가, 회복이 가능한 경우인 때에는 그 상대방 배우자는 사랑과 희생으로 그 병의 치료를 위하여 진력을 다하여야 할 의무가 있는 것이고, 이러한 노력을 제대로 하여 보지 않고 정신병 증세로 인하여 혼인관계를 계속하기 어렵다고 주장하여 곧 이혼청구를 할 수는 없다"[3]고 보는 것도 이러한 맥락이다. 사안에서 甲에게 정신이상증세를 보이는 乙에 대한 적극적인 배려와 치유의 노력은 보이지 않는다. 더욱이 甲의 정신이상증세가 시어머니의 이상행동에 기인한다는 점을 고려하면 甲으로서는 乙의 상태를 호전시키기 위하여 다른 경우보다 더 큰 노력이 요구되었다고 판단된다. 그럼에도 甲은 乙의 상태를 더 이상 참지 못하고 절에 들어가 버렸다. 甲의 이러한 행위는 乙의 정신병이 그 계기가 되었다고 하더라도 악의의 유기에 해당한다.

(3) 종교문제로 인한 갈등

종교적 갈등을 상대방에 대한 유기의 정당한 원인이라고 볼 수도 있다. 사안에서 며느리인 乙은 남편 甲과 그 어머니 丙과 달리 기독교를 믿고 있었고 불상에 소금을 뿌리는 등 상대방이 가지고 있는 종교에 대하여 부적절한 행동을 하였다. 이러한 乙의 불교에 대한 적대적 행위가 과도하여 혼인관계를 파탄에 이르게 하였다면 甲의 유기행위도 정당성을 인정받을 수 있을 것이다.

혼인관계의 배우자는 서로를 신뢰하고 협조하여 혼인공동체를 유지시킬 의무를 진다. 그렇다고 이러한 협조의무가 두 사람의 종교를 일방의 종교로 일치시켜야 할 의무를 의미하지는 않는다. 오히려 혼인당사자의 협조의무에는 상대방의 인격을 존중해 주고 상대방의 종교활동에 대하여 상호 양해와 이해를 해 줄 의무도 포함된다.

---

3) 대판 2004. 9. 13, 2004므740.

그런데 사안에서 乙은 甲의 종교인 불교에 대하여 매우 적대적인 태도를 보였고 이러한 상황에서 甲은 乙을 유기하게 된다. 이 점만 놓고 보면 甲의 乙에 대한 유기는 어쩔 수 없는 것으로 이해될 수 있다. 하지만 乙이 甲의 종교인 불교에 대하여 적대적인 태도를 보이게 된 원인을 살펴볼 필요가 있다. 즉 乙은 丙의 비정상적인 행동으로 정신이상증세를 보이게 되었고 그러한 증세의 일환으로 乙은 불교에 대한 적대적인 행위를 하게 된 것이다. 그렇다면 남편인 甲은 丙과 함께 乙의 정신이상증세에 대해 책임감을 가지고 乙에 대하여 더 큰 배려와 관심을 보였어야 했다. 하지만 甲에게서 그러한 배려나 관심은 전혀 발견되지 않는다.

비록 乙의 불교에 대한 적대적인 행위가 甲으로 하여금 乙에 대한 유기의 원인을 제공하였다고 하더라도 甲의 유기를 정당화시킬 정도의 사유는 되지 못한다.

3. 결 론

甲의 유기는 어느 경우에도 정당화될 수 없는 부당한 것으로 재판상 이혼사유에 해당한다. 따라서 乙의 甲에 대한 이혼청구는 법원에 의하여 받아들여질 것이고, 이혼에 귀책사유 있는 甲은 乙이 받은 정신적 고통에 대하여 위자료를 지급하여야 한다.

25. 배우자의 심히 부당한 대우

사례 甲남은 배우자인 乙녀가 아이를 낳지 못한다고 혼인 초부터 트집을 잡는가 하면 제3자인 丙과 만난다는 이유로 폭행과 학대를 일삼아 왔다. 甲은 그 후 乙에게 이혼을 요구하며 이혼에 응하지 않으면 자살을 하겠다고 협박을 하였고 실제로 乙이 보는 자리에서 농약을 마시는 소동을 벌이기도 하였다. 결국 참다 못한 乙이 집을 나와 친정에 돌아가자 甲은 乙을 상대로 부정한 행위를 근거로 이혼소송을 제기하였다. 그러면서 丙에게 부탁하여 乙녀와 간통한 것처럼 허위의 진술을 하도록 하였다. 이에 乙녀는 반소로 甲에 대하여 재판상 이혼을 청구하는 한편 손해배상청구소송을 제기하였다.[1] 乙의 이혼 및 위자료 청구소송은 인용될 것인가?

乙의 민법 제840조 제3호를 근거로 한 이혼청구 및 손해배상청구

1. 문제의 제기

甲은 乙에 대하여 부정한 행위를 이유로 이혼소송을 제기한다. 이러한 甲의 청구는 乙이 부정한 행위를 한 적이 없었다는 점에서 법원에 의하여 받아들여지지 않을 것이다. 반면 乙이 甲을 상대로 반소로서 이혼과 손해배상을 청구하였다. 이러한 乙의 청구가 인정되기 위하여서는 민법 제840조 제3호의 배우자의 부당한 대우가 있었는지 검토되어야 한다.

2. 배우자의 부당한 대우

민법 제840조 제3호의 '배우자로부터 심히 부당한 대우'를 받았

---

1) 대판 1990. 11. 27, 90므484 및 대판 1990. 2. 3. 88므504의 사안을 변형한 것임.

을 때란 부부의 일방이 배우자로부터 육체적, 정신적 학대나 모욕 등을 받아 이러한 상태에서 혼인생활을 계속하는 것이 당사자에게 심한 고통이 되는 경우를 의미한다.[2] 어느 정도의 행위가 심히 부당한 대우에 해당하는가의 문제는 사회일반의 관념과 당사자 개인의 감정 및 의사를 고려하여 판단하여야 할 것이다. 혼인관계의 지속을 강요하는 것이 참으로 가혹하다고 여겨질 정도의 폭행이나 학대 또는 중대한 모욕을 받았을 경우로 배우자의 직접적인 언행뿐만 아니라 제3자에게 잘못된 정보를 제공하여 배우자의 사회생활에 곤란을 주는 것도 부당한 대우가 될 수 있다. 예를 들어 상대방 배우자가 다니는 직장에 허위의 사실을 알려 그의 명예를 실추시키고 직장생활에서 맡은 보직에서 물러나도록 하여 온전한 사회생활이 어렵도록 하는 경우도 심히 부당한 대우에 해당한다. 사안과 같이 간통의 사실이 없음을 알면서도 이를 트집잡고 적극적으로 이를 조작하여 이혼소송까지 제기하는 행위도 상대방에 대한 사회적 명예감을 침해하고 모욕감을 느끼게 하는 행위로 배우자의 심히 부당한 행위에 해당한다. 乙에게 이혼을 요구하며 그 면전에서 자살을 기도하는 행위도 배우자인 乙로 하여금 수치심과 두려움을 갖게 하여 배우자관계를 더 이상 유지할 수 없게 만드는 부당한 대우에 해당한다. 사안에서 甲은 부당한 대우의 사례에 해당하는 여러 가지 행위를 함으로써 乙에게 더 이상 배우자관계를 지속할 수 없을 정도의 수치심과 모욕감을 주었다.

3. 결　론

乙은 재판상 이혼청구와 제843조 및 제806조를 근거로 정신적 손해에 대한 배상청구는 모두 법원에 의하여 인용될 것이다.

---

2) 김주수/김상용, 친족상속법(2009). 184면.

26. 유책배우자의 이혼청구

사 례 군의관이었던 甲은 야간에 과중한 아르바이트를 하는 등으로 아내 乙의 사치욕구를 충족시켜 주기 위하여 최선을 다하였지만 그가 전문의 시험에 탈락하게 되자 아내는 이를 비웃으며 남편을 본가로 쫓아냈다. 별거 후에도 甲은 과다하게 신경안정제를 복용하면서까지 전문의 시험을 준비하였지만 계속 탈락하였고, 乙로 인한 정신적 고통까지 받게 되어 급기야 병원에 입원하게 되었다. 하지만 아내 乙은 남편의 입원소식을 듣고도 병원을 한 차례도 방문하지 않았다. 그러던 중 甲은 자신을 자상하게 간호해 주던 丙과 교제하게 되어 퇴원 후 동거하며 자녀도 출산하였다. 이러한 사실을 안 乙은 甲을 상대로 이혼소송과 함께 甲과 丙을 상대로 손해배상을 청구하였지만 甲의 부모 등이 거액을 주며 말리자 소송을 취하하였다. 하지만 이제는 甲도 乙과의 관계를 정리하고 丙과 재혼하기를 원하여 乙을 상대로 재판상 이혼을 청구한다.[1] 가능한가?

甲의 민법 제840조 제6호의 규정을 근거로 한 재판상 이혼청구

1. 문제의 제기

甲은 법률상 혼인관계에 있는 乙과의 관계를 정리하고 현재 동거하고 있는 丙과 재혼하기 위하여 乙을 상대로 이혼소송을 제기하였다. 여기서 문제가 되는 것은 부정한 행위를 저지르는 등 이혼사유에 책임이 있는 사람, 즉 甲이 이혼을 요구하는 경우 그의 청구도 인정해 주어야 하는지의 여부이다. 이는 민법 제840조 제6호가 이혼사유로 규정하는 '기타 혼인을 계속하기 어려운 중대한 사유'를 어떻게 해석할 것이냐의 문제와 관련된다.

1) 대판 1987. 9. 22, 86므87의 사안을 변형한 것임.

2. 유책배우자의 이혼청구

(1) 원칙적 부정

민법 제840조 제6호는 가정법원에 이혼을 청구할 수 있는 사유로 "기타 혼인을 계속하기 어려운 중대한 사유가 있을 때"를 들고 있다. 민법 제840조 제6호의 규정은 외견상 파탄의 책임이 누구에게 있느냐를 묻지 않고 단지 "혼인을 계속하기 어려운 중대한 상황"을 재판상 이혼의 근거로 설정하는 듯한 태도를 보인다. 실제로 혼인관계가 파탄된 경우라면 그 원인이 누구에게 있건 혼인관계를 소멸시키는 것이 당사자 모두에게 이익이 될 수 있을 것이다. 반면 이러한 해석은 일반적으로 부정된다.[2] 민법 제840조가 전체적으로 유책주의 입장에서 배우자가 상대방에 대하여 재판상 이혼을 제기하기 위하여는 상대방에게 혼인파탄의 책임이 있을 것을 요구하고 있기 때문이다.[3] 판례도 혼인관계가 파탄에 빠져 이미 회복할 수 없는 객관적 상태에 이르렀다고 하더라도 그 귀책사유가 있는 당사자는 먼저 이혼을 청구할 권리는 갖지 못한다[4]고 보아 첩을 두어 혼인관계를 파탄케 한 남편의 이혼청구를 부정하였으며[5] 집을 나와 다른 남자와 동거하며 아들을 낳았고, 남편과의 별거가 28년에 이른 경우에도 유책배우자인 처의 이혼청구를 기각하였다.[6]

(2) 예외적 인정

유책배우자의 이혼청구를 받아들일 수 없다는 입장은 최근 많은 문제점을 드러내게 되었다. 대법원도 이러한 점을 인식하여 유책배우자의 이혼청구를 인용하는 예외적인 경우를 인정한다.

첫째는 유책배우자의 상대방에게도 이혼의사가 인정되는 경우이

---

2) 윤진수, 친족상속법(2018), 95면 참조.
3) 김주수/김상용, 친족상속법(2009). 177면.
4) 대판 1971. 3. 23, 71므41.
5) 대판 1965. 9. 21, 65므37.
6) 대판 2004. 9. 24, 2004므1033.

다.[7] 즉 오기나 반감 등의 이유에서 표면적으로만 이혼을 거부하고 있을 뿐 상대방 배우자도 실제로는 혼인생활을 계속할 의사가 없다는 것이 객관적으로 명백히 드러나는 경우이다.

사안에서 乙과 甲의 불화는 기본적으로 乙의 사치벽에서 시작된 것으로 乙과 甲이 정상적인 부부생활을 할 수 있는 경우는 甲이 그녀의 사치욕구를 충족시킬 만큼의 경제적인 능력이 증대될 경우에만 가능한 것으로 보인다. 즉 乙은 甲이 자신의 사치욕구를 충족시킬 만큼 충분한 돈을 벌어다 주기 전에는 그와 부부생활을 할 의도가 전혀 보이지 않는 것이다. 그런데 甲은 乙과 동거할 당시 그러한 경제적 능력을 갖지 못하였고, 乙이 甲을 자신의 집에서 쫓아낸 것도 乙의 이러한 욕구를 충족시키기 못하였기 때문이다. 이미 乙은 甲의 경제적 능력에 실망하고 그와의 혼인관계를 유지할 생각이 없었던 것이다.

乙의 이혼의사는 甲이 丙과 동거를 하는 과정에서도 잘 나타난다. 만약 乙이 甲과 혼인관계를 유지할 생각이 있었다면 적극적으로 甲과 丙의 관계에 개입하여 甲으로 하여금 그녀와의 관계를 끊고 자신에게로 돌아오도록 하였을 것이다. 하지만 사안에서는 그러한 노력도 전혀 보이지 않았다. 즉 甲에 대한 미련도, 혼인을 지속시키려는 마음도 전혀 없어 보인다.

오히려 乙은 甲과의 이혼소송을 제기하여 자신의 이혼의사를 외부적으로 표명하였다. 물론 乙이 이혼소송을 취하한 것도 사실이지만 이혼소송을 도중에 취하한 것은 남편의 가족들이 일정한 금액을 자신에게 주었기 때문이다.

결국 乙에게도 이혼의사가 있는 것으로 판단되어 혼인파탄의 유책배우자인 甲의 이혼청구를 인용할 수 있을 것이다.

유책배우자에게 이혼청구를 허용하는 두 번째의 경우는 부부쌍방 모두에게 혼인파탄의 책임이 있는 때이다.[8] 즉 혼인파탄의 원인이 이혼을 청구하는 배우자에게뿐만 아니라 상대방 배우자에게도 동일

7) 대판 1996. 6. 25, 94므741.

8) 대판 1986. 3. 25, 85므85.

한 정도로 있는 경우이다. 사안에서 혼인파탄의 최종적인 원인에 甲의 부정행위가 있음을 부인할 수 없다. 하지만 이러한 甲의 부정행위에 단초를 제공하고 혼인파탄에까지 이르도록 한 보다 중대한 원인은 乙의 사치벽과 그 허영심을 충족시켜 주지 못하는 남편에 대한 乙의 악의적 유기이다. 즉 사치벽으로 자존감을 상실하여 가는 남편을 무능을 이유로 집에서 내쫓았으며 병원에 입원한 경우에 당연히 그를 찾아가 간호하며 부양해야 할 배우자로서의 의무가 있었음에도 乙은 이러한 의무를 이행하지 않았다.

이러한 측면에서 甲의 부정행위가 혼인파탄의 직접적인 원인을 제공한 것이긴 하지만 동일한 정도 혹은 그보다 더 큰 원인을 乙이 제공하였다고 볼 것이고 이 점에서 甲의 이혼청구는 인용되어야 한다.

최근에 대법원은 유책배우자의 이혼청구에 대해 보다 완화된 태도를 보인다. 일반론적이기는 하지만 이혼을 청구하는 배우자의 유책성을 상쇄할 정도로 상대방 배우자 및 자녀에 대한 보호와 배려가 이루어진 경우, 세월의 경과에 따라 혼인파탄 당시 현저하였던 유책배우자의 유책성과 상대방 배우자가 받은 정신적 고통이 점차 약화되어 쌍방의 책임의 경중을 엄밀히 따지는 것이 더 이상 무의미할 정도가 된 경우 등과 같이 혼인생활의 파탄에 대한 유책성이 이혼청구를 배척해야 할 정도로 남아 있지 아니한 특별한 사정이 있는 경우에는 예외적으로 유책배우자의 이혼청구를 허용할 수 있다고 하였다.[9]

3. 결 론

甲은 이혼의 유책배우자에 해당하지만 乙도 이미 이혼의사가 있었던 상황이었고 乙도 혼인관계의 파탄에 甲과 동일한 정도의 책임이 있었다는 점을 감안하면 甲의 이혼청구는 인용되어야 할 것이다.

9) 대판(전) 2015. 9. 15, 2013므568.

27. 이혼과 자녀의 양육비

사 례

乙녀는 대학교수가 된 甲남을 만나 결혼하여 딸 丙을 낳았다. 그러나 아이를 낳은 후부터 甲과 乙의 부부관계는 금이 가기 시작하였고, 두 사람은 결국 별거를 하게 되었다. 이때부터 丙은 乙이 혼자 도맡아서 키우게 되었다.

별거한 지 2년이 되어 甲과 乙은 결국 협의이혼을 하게 되었다. 아이는 아직 어리고 또 지금까지 엄마가 키워 왔기 때문에 엄마가 계속 양육하되 양육비로 아이가 성년이 되기까지 甲이 매달 100만원을 乙에게 지급하기로 합의하였다.

(1) 협의이혼 후 乙은 甲을 상대로 丙을 홀로 양육하느라 발생한 과거의 양육비의 상환을 청구한다.[1] 법원의 입장은?

(1)-1 만약 乙이 丙을 10년 이상을 홀로 양육한 상황에서 양육비상환청구를 하였다면 甲은 10년 이전의 양육비 채권이 시효로 소멸하였음을 항변할 수 있는가?

(1)-2 과거의 양육비를 甲이 지급하여야 하고 乙도 甲에게 재산분할을 해 줄 의무를 질 경우 乙은 과거의 양육비 채권을 자동채권으로 하여 상계할 수 있는가?

(2) 甲이 양육비를 주지 않을 경우에 乙이 취할 수 있는 구제수단은 무엇이 있는가?

I. 乙의 민법 제826조 및 제830조를 근거로 한 과거의 자녀 양육비 상환청구

1. 문제의 제기

통설[2]과 판례[3]는 자녀에 대한 부모의 부양의무는 자녀의 출생과

---

1) 대판 1994. 5. 13, 92스21의 사안을 변형한 것임.
양육비청구권에 대하여 김주수, "과거의 부양료상환청구," 판례월보 제303호(95.12), 5-15면; 박상봉, "부모의 자녀양육의무와 과거의 양육비상환청구," 김용준 헌법재판소장 화갑기념논문집(1998) 456-477면; 김형석, "양육비청구권을 자동채권으로 하는 상계," 가족법연구, 제21권 3호(2007), 237면 이하 등 참조.

동시에 발생하는 제1차적 부양의무로 그 인정근거도 민법 제974조의 규정이 아니라 친자관계의 본질로부터 나오는 초법규적, 자연법적인 의무라고 이해한다. 따라서 부모는 자녀가 출산함과 동시에 자녀의 양육에 필요한 비용을 부담하여야 하며 이러한 자녀의 양육비는 민법 제826조를 근거로 한 제833조의 부부공동생활비용에 해당한다. 즉 부모는 자녀의 양육에 필요한 비용을 공동으로 부담하여야 한다.

이러한 자녀양육의 공동부담원칙은 부모가 별거하여 그 일방만이 자녀를 양육하는 경우에도 마찬가지로 적용된다. 따라서 이혼의 경우는 물론이고 이혼 전이라고 하더라도 자녀를 홀로 양육하는 부모의 일방은 상대방에 대하여 자녀의 양육비를 청구할 수 있다(제837조 참조). 문제는 자녀를 홀로 양육한 부모의 일방이 이미 지난 과거의 양육비에 대하여 상환을 청구할 수 있느냐이다.

2. 민법 제734조 또는 제741조를 근거로 한 자녀양육비의 상환청구권

乙이 자녀를 홀로 양육하면서 들인 비용의 상환을 청구하는 것은 남편 甲의 사무를 관리함으로서 발생한 비용의 상환(제734조)을 청구하거나 甲이 양육비를 지출하지 않은 것에 대한 부당이득의 반환(제741조)을 청구하는 것이 된다.

그런데 이러한 청구가 인용되기 위하여서는 甲의 의무가 발생하여 이를 이행하기 전까지는 시간의 경과에도 불구하고 여전히 甲의 양육의무가 존재하여야 함을 전제한다. 즉 의무를 이행하지 않은 상황에서 시간의 경과와 함께 그러한 의무가 소멸하게 된다면 시간이 경과한 후 타인의 의무의 이행이나 본인의 부당이득은 존재할 여지가 없게 된다. 실제로 종래의 대법원은 부양의무가 이러한 특수성을 가지고 있다고 전제하여 과거의 부양료의 상환청구를 부정하였다. 즉

2) 김주수/김상용, 친족상속법(2009), 446면; 박삼봉, "부모의 자녀양육의무와 과거의 양육비상환청구," 김용준 헌법재판소장 화갑기념논문집(1998) 472면 등.

3) 대판 1994. 5. 13, 92스21.

"부양이란 것은 부양권리자가 부양을 받지 않고 그대로 지내 온 때에는 지나간 과거에 대한 수요를 만족시킨다는 것은 자연적 · 사실적으로 불능이라고 보고, 부양의무는 부양요건이 발생하고 존속하면 시시각각으로 발생하는 것이나, 일반채권과 달라서 이행기의 경과와 동시에 이행의 만족을 얻건 말건 어느 경우에나 소멸하며, 다음에 새로운 부양의무로 이행하여 변천하여 가기 때문에 과거의 생활에 대해서는 목적의 소멸로 말미암아 부양의무는 소멸하므로 그 부양의무는 절대적 정기급부의무"[4]라고 하였다. 부양의무가 이러한 성질의 것이라면 그러한 부양을 부양의무가 없는 사람이 하는 것은 부질없는 짓이 되고 오히려 부양의무 없는 사람의 부양은 타인 사무에 대한 과도한 간섭이 된다.

그러나 부양의무가 시간의 경과로 당연히 소멸한다는 관념은 민법상 아무런 근거가 없으며 부양의무를 이행하지 않거나 이를 의도적으로 지체하는 부모에게 오히려 이익을 주는 결과를 초래하여 자녀의 복지를 해치게 되는 결과를 초래한다.[5] 과거의 부양료에 대한 상환을 청구할 수 있도록 하는 것이 타당하다.[6]

대법원도 자녀에 대한 부모의 부양의 책임은 부모의 공동의 책임이고 따라서 누가 양육자인가와 관계없이 그 비용도 원칙적으로 부모가 공동으로 부담하여야 한다는 전제에서 종래의 판례를 변경하여 "어떠한 사정으로 인하여 부모 중 어느 한쪽만이 자녀를 양육하게 된 경우에, 그와 같은 일방에 의한 양육이 그 양육자의 일방적이고 이기적인 목적이나 동기에서 비롯한 것이라거나 자녀의 이익을 위하여 도움이 되지 아니하거나 그 양육비를 상대방에게 부담시키는 것이 오히려 형평에 어긋나게 되는 등 특별한 사정이 있는 경우를 제외하고는, 양육하는 일방은 상대방에 대하여 현재 및 장래에 있어서의 양육비 중 적정 금액의 분담을 청구할 수 있음은 물론이고, 부모의 자녀양육

4) 김주수, "과거의 부양료상환청구," 판례월보 제303호(95. 12), 13면 참고.
5) 박삼봉, "부모의 자녀양육의무와 과거의 양육비상환청구," 김용준 헌법재판소장 화갑기념논문집(1998), 471면.
6) 김주수/김상용, 친족상속법(2009), 207면.

의무는 특별한 사정이 없는 한 자녀의 출생과 동시에 발생하는 것이므로 과거의 양육비에 대하여도 상대방이 분담함이 상당하다고 인정되는 경우에는 그 비용의 상환을 청구할 수 있다"[7]고 보았다.

乙은 甲에 대하여 과거의 丙에 대한 양육비를 청구할 수 있다. 다만 대법원은 이를 인정하더라도 "한쪽의 양육자가 양육비를 청구하기 이전의 과거의 양육비 모두를 상대방에게 부담시키게 되면 상대방은 예상하지 못하였던 양육비를 일시에 부담하게 되어 지나치고 가혹하며 신의성실의 원칙이나 형평의 원칙에 어긋날 수도 있으므로, 이와 같은 경우에는 반드시 이행청구 이후의 양육비와 동일한 기준에서 정할 필요는 없고, 부모 중 한쪽이 자녀를 양육하게 된 경위와 그에 소요된 비용의 액수, 그 상대방이 부양의무를 인식한 것인지 여부와 그 시기, 그것이 양육에 소요된 통상의 생활비인지 아니면 이례적이고 불가피하게 소요된 다액의 특별한 비용(치료비 등)인지 여부와 당사자들의 재산 상황이나 경제적 능력과 부담의 형평성 등 여러 사정을 고려하여 적절하다고 인정되는 분담의 범위를 정할 수 있다"고 하였다.[8]

3. 과거의 부양료청구권에 대한 소멸시효의 항변

만약 乙이 10년 이상 자녀 丙을 홀로 양육해 온 상황에서 과거의 양육비를 甲에게 청구하였는데, 甲이 청구 시점에서 10년이 지난 양육비는 민법상 시효로 소멸하였다고 항변할 수 있다. 이와 관련하여 민법 제162조 제1항은 "채권은 10년간 행사하지 아니하면 소멸시효가 완성한다"고 하고 있고 소멸시효의 기산점과 관련하여 민법 제166조 제1항은 "소멸시효는 권리를 행사할 수 있는 때로부터 진행한다"고 규정하고 있다. 여기서 '권리를 행사할 수 있는 때'에 대하여 대법원은 "권리를 행사함에 있어서 법률상의 장애(예, 이행기 미도래, 정지

7) 대결(전) 1994. 5. 13, 92스21.
8) 대결(전) 1994. 5. 13, 92스21.

조건 미성취)가 없는 경우를 말하며, 권리자의 개인적 사정이나 법률지식의 부족, 권리존재의 부지 또는 채무자의 부재 등 사실상 장애로 권리를 행사하지 못하였다 하여 시효가 진행하지 아니하는 것이 아니며, 이행기가 정해진 채권은 그 기한이 도래한 때부터 소멸시효가 진행한다"[9]고 설명한다. 즉 성립한 권리가 사실상 행사될 수 없더라도 법률상의 장애만 없으면 소멸시효는 진행을 한다는 태도이다. 그런데 사안만을 놓고 보면 乙은 丙을 홀로 양육하기 시작한 때부터 甲에게 양육비를 청구할 수 있었다. 따라서 그때로부터 10년이 지난 양육비채권은 제162조에 의하여 소멸하였다는 甲의 주장은 설득력을 갖는다. 반면 대법원은 양육비채권은 당사자의 협의나 재판에 의하여 비로소 채권이 성립하는 것이므로 이러한 합의나 판결이 있기 이전에 소멸시효는 진행할 여지가 없다는 입장을 취한다. 즉 "양육자가 상대방에 대하여 자녀 양육비의 지급을 구할 권리는 당초에는 앞서 본 대로 기본적으로 친족관계를 바탕으로 하여 인정되는 하나의 추상적인 법적 지위이었던 것이 당사자 사이의 협의 또는 당해 양육비의 내용 등을 재량적 · 형성적으로 정하는 가정법원의 심판에 의하여 구체적인 청구권으로 전환됨으로써 비로소 보다 뚜렷하게 독립한 재산적 권리로서의 성질을 가지게 된다고 할 것이다. 이와 같이 당사자의 협의 또는 가정법원의 심판에 의하여 구체적인 지급청구권으로서 성립하기 전에는 과거의 양육비에 관한 권리는 양육자가 그 권리를 행사할 수 있는 재산권에 해당한다고 할 수 없고, 따라서 이에 대하여는 소멸시효가 진행할 여지가 없다"고 보고 있다.[10] 결국 이러한 대법원의 태도에 따르면 甲의 소멸시효의 항변은 받아들여지지 않게 된다.

4. 양육비채권을 자동채권으로 한 상계

乙은 甲에 대하여 재산분할채무를 지고 있었는데 乙은 양육비채

9) 대판 1982. 1. 19, 80다2626.
10) 대결 2011. 7. 29, 2008스67.

권을 지동채권으로 하여 이 재산분할채무를 상계하겠다는 의사를 표시하였다. 이러한 상계의 의사표시가 인정되기 위하여서는 자동채권이 상계가 허용되는 채권이어야 한다. 대법원[11]은 이를 긍정한다. 반면 양육비채권의 성격상 이를 인정하는 것은 부당하다고 여겨진다. 양육비채권은 본래 미성년인 자녀에게 귀속되는 것이지만 미성년 자녀가 부모를 상대로 이 권리를 청구한다는 것은 실제로 매우 어렵다. 결국 부모 중 양육을 담당하는 일방이 다른 일방에 대하여 청구할 수밖에 없을 것이지만 그 본질은 여전히 부모의 자녀에 대한 양육의무에 기초한다. 즉 양육비는 부부의 일방이 자녀의 양육을 위하여 사용할 목적으로 다른 일방에 대하여 청구하는 것이므로 특별한 사정이 없는 한 이를 청구한 부모가 자신을 위하여 사용하지 못한다고 볼 것이다. 따라서 乙이 양육비채권을 자동채권으로 하여 자신의 채무인 乙에 대한 甲의 재산분할채권을 상계하는 것은 허용되지 않는다.

II. 양육비를 甲이 지급하지 않을 경우에 乙이 취할 수 있는 구제수단

협의상 이혼절차에서 당사자가 양육비의 부담에 관한 협의서를 제출한 경우 가정법원은 이를 확인하는 양육비부담조서를 작성하여야 한다(제836조의2 제5항). 이렇게 작성된 양육비부담조서는 가사소송법 제41조의 집행권원이 되므로 양육비지급의 의무를 부담하는 부모의 일방이 양육비를 지급하지 않는 경우에 다른 일방은 별도의 재판절차 없이 곧바로 강제집행을 신청할 수 있다. 양육비에 관하여 당사자의 신청이나 직권에 의하여 심판이 내려진 경우에도 마찬가지이다.

양육비를 정기적으로 지급해야 할 의무가 있음에도 정당한 이유 없이 2회 이상 양육비를 지급하지 않은 경우, 양육비채권자가 신청하면 양육비채무자에 대하여 정기적 급여채무를 부담하는 소득세원천

11) 대판 2006. 7. 4, 2006므751.

징수의무자가 양육비채무자의 급여에서 정기적으로 양육비를 공제하여 양육비채권자에게 직접 지급하도록 명할 수 있다(가사소송법 제63조의2 제1항). 사안에서 甲이 丙에 대한 양육비를 乙에게 정기적으로 지급해야 함에도 이를 정당한 이유없이 2회 이상 해태하였다면 乙은 법원에 청구하여 乙이 재직하는 대학교로 하여금 양육비에 상당하는 급여를 乙에게 직접 지급하도록 할 수 있다는 것이다. 정당한 이유 없이 이 명령에 위반하는 소득세원천징수의무자에게는 1천만원 이하의 과태료를 부과할 수 있다(가사소송법 제67조).

양육비채무자가 급여를 받는 근로자가 아닌 경우에 정기적으로 양육비를 지급해야 함에도 정당한 사유없이 양육비지급의무를 이행하지 않는 때에는 양육비채권자의 신청에 의하여 양육비채무자에게 상당한 담보의 제공을 명할 수 있다(가사소송법 제63조의3 제2항). 이 명령에 위반한 경우에도 법원은 양육비채무자에게 1천만원 이하의 과태료를 부과할 수 있고 이러한 제재에도 불구하고 의무를 이행하지 않을 경우 가정법원의 결정으로 30일의 범위에서 의무이행 시까지 감치를 명할 수 있다(가사소송법 제67조). 양육비채무자가 담보를 제공하여야 할 기간 이내에 담보를 제공하지 않는 경우 가정법원은 양육비채권자의 신청에 의하여 양육비의 전부 또는 일부를 일시금으로 지급하도록 명할 수 있다(가사소송법 제63조의3 제4항).

28. 재산분할청구권

사 례 목수일을 하는 甲남은 乙녀와 혼인하였으나 결혼 초기에는 건축경기가 좋지 않아 자녀와 함께 단칸방에서 생활하는 등 어려운 생활을 꾸려 나갔다. 그러다가 9년 정도가 지나면서 수도권 지역을 중심으로 건축경기가 좋아져 甲의 가정은 경제적으로 여유로운 생활을 누리게 되었고, 전업주부였던 乙은 아이가 학교에 다니기 시작하면서 자신만의 시간도 갖게 되었다.
그때부터 乙은 무도장에 나가 춤을 배우면서 춤을 가르치는 丙을 사귀게 되었고, 甲의 통장에 있는 돈을 빼내어 수시로 丙에게로 가서 짧게는 3일, 길게는 한 달씩 지내다가 甲의 설득으로 돌아오곤 하였다. 甲과 乙의 관계는 결국 파탄에 이르게 되었고 乙의 요구로 협의이혼에 이르게 되었다. 乙은 甲을 상대로 재산분할청구소송을 제기하였다.[1] 법원의 입장은?

乙이 甲에 대하여 민법 제839조의2 제1항에 근거하여 재산의 분할을 청구할 수 있는지 여부

1. 문제의 제기

협의상 이혼한 자의 일방은 다른 일방에 대하여 재산의 분할을 청구할 수 있다(제839조의2 제1항). 사안에서 甲과 乙은 이미 협의이혼을 한 상태이다. 따라서 乙은 甲에 대하여 재산분할을 청구할 수 있는 것이 원칙이다. 그런데 사안을 보면 甲과 乙이 이혼하게 된 원인은 전적으로 乙의 부정한 행위 및 가출에 따른 악의의 유기 등에 기인한다. 이러한 경우에도 甲은 乙에게 재산을 분할하여 주어야 하는지가 문제가 되는데 이는 부부재산분할권의 본질 내지 취지와 관련된다.

1) 대결 1993. 5. 11, 93스6의 사안을 변형한 것임.

2. 재산분할청구권의 본질

재산분할청구권의 본질 내지 취지에 대하여 통설[2)]과 판례[3)]는 부부재산의 청산의 기능 및 이혼 후 배우자에 대한 부양의 기능을 동시에 갖는 것으로 이해한다. 그 외에 대법원은 책임있는 자의 정신적 손해에 대한 위자료의 성격도 함께 가질 수 있다는 입장이다.[4)] 따라서 乙의 재산분할청구도 이러한 민법 제839조의2의 취지에 비추어 그 인정 여부가 검토되어야 한다.

(1) 부부공동재산의 정산

부부재산분할은 혼인공동생활을 영위하는 과정에서 축적된 재산에 대한 부부간 공유관계나 기타 재산귀속의 불명확성을 이혼을 계기로 제거하고 분리하며 정산하는 기능을 갖는다. 이혼당사자의 공유재산을 분할하고 또 각자의 단독명의로 귀속시키는 작업이 되는 것이다.

그런데 사안에서 乙은 甲과의 혼인관계 당시에 특별한 경제활동을 하여 스스로 소득을 얻었던 것으로 보이지 않는다. 남편의 통장에서 돈을 빼내어 丙에게 간다고 한 것으로 보아서 자신의 명의로 되어있는 특유한 재산이 있는 것 같지도 않다. 이러한 乙의 상황을 민법 제830조 제1항에 비추어 보면 乙은 혼인당시 아무런 재산도 가지고 있지 않았다고 보아야 한다. 동 조항은 부부의 재산과 관련하여 "부부의 일방이 혼인전부터 가진 고유재산과 혼인 중 자기의 명의로 취득한 재산은 그 특유재산으로 한다"고 규정하고 있고 이 조항에 대하여 대법원은 "부부의 일방이 혼인 중에 자기 명의로 취득한 재산은 그 명의자의 특유재산으로 추정되나, 실질적으로 다른 일방 또는 쌍방이 그 재산의 대가를 부담하여 취득한 것이 증명된 때에는 특유재산의

---

2) 김주수/김상용, 친족상속법(2009), 231면 이하; 양수산, 친족상속법(1998), 308면; 조승현, 친족상속법(2009), 135면 등

3) 대판 2001. 5. 8, 2000다58804.

4) 대판 2005. 1. 28, 2004다58963.

추정은 번복되어, 그 다른 일방의 소유이거나 쌍방의 공유라고 보아야 한다"[5]는 입장이다. 따라서 남편 甲 명의의 재산이 자신의 재산이거나 최소한 공유라고 주장하는 乙은 그 재산에 자신의 자금을 직접 출연하였다는 점을 입증하여야 한다. 하지만 전업주부였던 乙로서는 그러한 입증은 불가능하다.

그러나 이러한 태도는 혼인관계를 통한 부부재산의 증식에 대하여 지극히 형식적인 접근으로 혼인생활의 실질적인 측면이 간과되었다고 평가되어 마땅하다. 재산분할청구권에 관한 민법 제839조의2 제2항도 이러한 측면에서 재산분할의 액수와 방법을 정하는 데에 "당사자 쌍방의 협력으로 이룩한 재산의 액수 기타 사정"을 참작하도록 하고 있다. 이는 민법 제830조의 법정부부재산제와는 다른 입장으로 법률의 체계적이고 통일적인 측면에서는 다소 문제가 있다고 할 것이지만 재산분할청구권만을 놓고 볼 경우에는 합리성이 인정된다.

乙은 비록 전업주부로 경제적인 활동을 하지 않았다고 하더라도 가사일을 돌보고 육아를 하면서 남편의 일을 뒷바라지한 것이 인정되는 최소한 9년의 기간 동안에는 재산의 증식과 유지에 기여한 것으로 보아야 할 것이다. 이 한도에서는 乙에게 재산의 분할을 인정하는 것이 타당하다. 대법원은 전업주부의 경우 대체로 남편 재산의 약 1/3 정도를 인정하여 주고 있다.[6]

(2) 이혼 후 배우자에 대한 부양의 성격

재산분할청구권을 인정하고 그 액수를 산정하는 경우에 민법 제839조의2 제2항은 "당사자 쌍방의 협력으로 이룩한 재산의 액수" 이외에 기타의 사정도 참작하도록 한다. 재산분할청구권의 기능 내지는 본질로 학설과 판례는 기타의 사정에 이혼 후 배우자에 대한 부양적

---

5) 대판 1992. 8. 14, 92다16171.

6) 대판 1994. 12. 2, 94므1072는 전업주부에 대하여 남편 소유 건물의 절반의 지분을 인정한 원심이 과다한 것으로 형평의 원칙에 반한다고 보았다. 서울고판 1999. 8. 25, 98르3832는 평생 가사노동에 종사한 처에게 1/3의 재산분할을 인정하였다.

성격이 있음을 강조한다. 이혼으로 인하여 경제적 취약상태에 놓인 배우자에 대한 경제적 부양의 성격이 인정되어야 한다는 것이다. 특히 경제적인 여유가 있는 배우자가 재산분할을 통하여 가사와 육아로 경제활동을 포기해야만 했던 일방 배우자를 재산분할을 통하여 이혼 이후에도 경제적으로 도움을 주는 것은 사회윤리적인 측면에서 적절한 배려가 될 수 있을 것이다.

다만 사회윤리적 측면을 고려한 재산분할청구권의 부양적 성격에 비추어 이혼의 원인을 제공한 乙에게도 부양적 기능에 따른 재산분할을 인정하여야 할지는 의문이다. 재산분할청구권의 정산의 기능과 부양의 기능을 엄격하게 구분할 수 있다면 이혼의 귀책사유를 제공한 배우자는 정산적 기능으로서의 재산분할은 가능하지만 부양적 기능으로서의 재산분할은 받을 수 없다고 보는 것이 타당하다.

(3) 정신적 손해에 대한 위자료의 성격

대법원은 나아가 부부재산분할의 경우 “분할자의 유책행위에 의하여 이혼함으로 인하여 입게 되는 정신적 손해(위자료)를 배상하기 위한 급부로서의 성질까지 포함하여 분할할 수도 있다”는 입장이다. 배우자의 이혼으로 인한 정신적 손해는 그 입증이 어렵다는 점을 감안하면 재산분할에서 정신적 고통을 참작할 수 있다는 입장은 원칙적으로 타당하다.

그렇더라도 이러한 위자료 청구권은 이혼에 대하여 재산분할을 해 주어야 하는 자에게 귀책사유가 있는 경우에나 가능한 것이다. 반면 사안에서 정신적 손해를 주장할 수 있는 사람은 재산분할청구를 주장하는 乙이 아니라 甲이다. 따라서 甲의 재산에 대한 분할을 검토하면서 이혼에 대하여 귀책사유가 있는 乙의 정신적 손해를 고려할 수는 없다.

3. 결 론

乙의 甲에 대한 재산분할청구는 인용될 것이다. 다만 그 범위는 공동으로 형성한 공유재산의 분할에 그치며 乙에 대한 부양이나 위자료의 성격은 고려되지 않는다. 대법원도 유사한 사안에서 "이혼할 때까지 가사에 충실하지 아니한 채 돈을 가지고 가출하여 낭비하면서 부정한 행위를 하였다고 하더라도, 이와 같은 사정은 재산분할의 액수와 방법을 정함에 있어서 참작할 사유는 될 수 있을지언정 그와 같은 사정만으로 청구인이 위와 같은 재산의 형성에 기여하지 않았다고 단정할 수는 없을 것이다"[7]고 하여 아내의 재산분할청구를 인정하였다.

7) 대결 1993. 5. 11, 93스6.

29. 재산분할청구권을 피보전채권으로 한 채권자대위권

사 례 乙은 남편인 甲을 상대로 재판상 이혼 등 청구의 소를 제기하여 이혼 및 위자료 2억원, 재산분할 4억원의 지급을 명하는 1심 판결을 선고받고 항소하여 재판을 계속하고 있었다. 그런데 甲은 재판 중에 자기 명의의 부동산을 지인인 丙의 소유로 등기이전하였다. 乙의 재산분할청구가 인정되면 자신의 재산 중 많은 부분을 乙에게 주어야 할 것을 예상한 甲이 丙과 통정하여 허위로 매매계약을 체결한 것이었다. 乙은 이를 방치할 경우 차후에 강제집행이나 기타의 절차에서 번거로운 일이 생길 것을 예상하여 丙 소유로 되어 있는 등기를 말소하기를 원한다. 乙은 재산분할청구권을 피보전채권으로 한 채권자대위권을 행사하여 丙명의의 등기를 말소할 수 있는가?

乙이 甲의 丙에 대한 소유물방해제거청구권을 행사할 수 있는지 여부

1. 문제의 제기

甲과 丙의 매매계약이 통정허위표시에 해당한다면 이 계약은 민법 제108조에 의하여 무효이다. 따라서 丙이 甲과의 매매계약을 원인으로 하여 부동산의 소유자로 등기되어 있다고 하더라도 그 등기는 원인무효의 등기로 아무런 효력이 없다. 그러나 丙이 이 부동산을 제3자에게 전매하는 경우에 부동산의 양수인은 선의인 한 유효하게 부동산의 소유권을 취득한다. 민법 제108조가 선의의 제3자를 보호하는 규정을 두고 있기 때문이다. 따라서 乙이 이혼 및 재산분할에 관한 재판이 확정된 후에 丙의 등기와 관련된 사항을 처리하려고 한다면 너무 늦은 조치가 될 수 있다. 따라서 乙에게는 확정판결 전에 부동산의 등기를 甲의 명의로 되돌려 놓을 필요성이 있는 것이다.

그런데 乙과 丙 사이에는 직접적인 법률관계가 존재하지 않는다. 따라서 甲과 丙 사이에 체결된 소유권이전등기가 설사 통정허위표시로 무효라고 하더라도 乙은 丙에 대하여 직접적으로는 아무런 권리도 행사하지 못한다. 乙이 丙과 관련하여 어떠한 법률적 관계를 갖는 경우라고 한다면 甲을 매개로 한 간접적인 관계에 불과하다. 즉 乙은 자신의 재산분할청구권을 甲에게 행사하는데 甲은 이 재산분할청구권의 행사로 자신의 재산을 잃을 것을 염려하여 丙에게 재산권을 은닉하려고 한 것이다. 민법은 이러한 제3자와의 간접적 관계에 있어서 제3자에 대하여 예외적으로 채무자의 채권을 행사할 수 있도록 하고 있다. 즉 민법 제404조는 "채권자는 자기의 채권을 보전하기 위하여 채무자의 권리를 행사할 수 있다" 규정한다. 따라서 乙의 丙에 대한 권리행사가 인용될지를 검토하기 위하여서는 채권자대위권의 요건이 충족되었는지를 검토하여야 한다.

2. 乙의 丙에 대한 채권자대위권의 행사허용여부

채권자대위권을 행사하기 위한 요건으로 민법 제404조는 피보전채권의 존재, 채권보전의 필요성, 변제기의 도래, 채권자의 권리 불행사 등을 요구한다. 그런데 사안과 관련하여 재산분할청구권이 피보전채권이 될 수 있는지에 관하여 학설이 대립한다. 통설과 판례는 "이혼으로 인한 재산분할청구권은 협의 또는 심판에 의하여 그 구체적 내용이 형성되기까지는 그 범위 및 내용이 불명확, 불확정이기 때문에 구체적으로 권리가 발생하였다고 할 수 없으므로, 이를 보전하기 위하여 채권자대위권을 행사할 수 없다"[1]는 입장을 취한다. 이러한 견해는 가사소송법 제2조가 재산분할청구권을 마류 가사비송사건으로 분류하고 있는 데에 기인한다. 즉 비송사건이란 소송사건과 달리 법원이 재량적, 후견적 입장에서 당사자에게 구체적인 법률관계를 형성하는 것이라고 이해되므로 이러한 구체적인 법률관계가 심판에 의하

1) 대판 1999. 4. 9, 98다58016; 대판 2001. 9. 25, 2001므725, 732.

여 형성되기 전까지는 그 범위나 내용이 불확정이고 불명확하여 이를 보전하기 위한 채권자대위권도 행사할 수 없다고 보는 것이다.[2)]

그러나 이러한 결과는 재산분할청구권의 부양적 성격만을 부각시킨 것으로 기본적으로 부부재산의 청산을 위한 권리라는 재산적 성격을 고려하지 않은 주장이다. 즉, 가사소송법의 입법 당시에는 재산분할에 있어서 정산적 요소보다 부양적 요소를 중요시하였던 것으로 보여지고, 특히 부양적 재산분할을 정함에 있어서 법원의 재량적, 후견적 역할, 사정변경에 상응하는 심판의 변경가능성 등이 예상되어 그 범위나 내용이 불확정적이고 불명확할 것이라는 기대에서 이를 가사소송법 제2조의 마류 가사비송사건으로 분류한 것이다.[3)] 그러나 이러한 입법 당시의 의도는 현재의 실무와 많은 차이를 보인다. 현대의 실무에서는 부양적 재산분할의 경우보다는 당해 재산의 형성경위에 대한 자세한 심리와 판단이 재판의 핵심을 이루고 있다. 또한 일방배우자가 상대방 배우자에 대하여 재산분할을 청구하는 즈음에 제3자가 그 재산을 다시 처분하는 것을 방지하는 다른 제도가 현행 가사소송법에서 허용되지 않는 점을 감안한다면 재산분할청구권을 실질적으로 운용하는 데 채권자대위권은 중요한 수단이 된다.[4)] 나아가 민법은 이러한 불확정의 재산분할청구권을 피보전채권으로 한 채권자취소권을 인정하고 있는데(제839조의3), 이러한 채권자취소권보다 피보전채권에 대한 요건이 완화되어 있고 거래의 안전에도 크게 영향을 미치지 않는 채권자대위권을 행사하지 못한다고 보는 것은 두 제도의 균형적 해석에도 맞지 않다. 재산분할청구권도 확정판결에 의하여 아직 그 구체적인 내용이 형성되기 전이라도 피보전채권으로서 인정됨이 타당하다.

---

2) 민유숙, "가사비송사건으로서의 재산분할," 재판자료101집(2003.12): 가정법원사건의 제문제(상), 167면 이하 참조.

3) 민유숙, "가사비송사건으로서의 재산분할," 재판자료101집(2003. 12): 가정법원사건의 제문제(상), 182면.

4) 민유숙, "가사비송사건으로서의 재산분할," 재판자료101집(2003. 12): 가정법원사건의 제문제(상), 197면 이하.

3. 결　론

乙은 甲을 대위하여 丙에 대한 등기말소청구권을 행사할 수 있다.

30. 재산분할을 사해행위로 하는 채권자취소권

사 례 甲남은 乙녀와 세 자녀를 두면서 약 25년간 부부로서 혼인생활을 했다. 그러나 甲의 가정에 대한 소홀함과 乙에 대한 폭행 등으로 인하여 두 사람 사이에는 자주 불화가 발생하였다. 결국 乙의 요구로 두 사람은 협의이혼을 하게 되었고 甲은 자신의 유일한 재산인 1억 6천만원 상당의 X 부동산을 재산분할 및 위자료 등의 명목으로 乙에게 주었다. 그런데 그 일이 있은 지 20일 만에 甲은 약 25년간 근무하던 직장을 갑작스레 퇴직하게 되었다. 甲은 퇴직 당시에 丙에게 주택구입자금, 생활안정자금 등으로 채무를 지고 있었는데, 회사를 그만두며 받게 된 퇴직금(1억 2천만원)에서 압류가 금지된 금액을 제외하고 총 채권액 6천5백만원 중에서 500만원 정도를 변제받을 수가 없게 되었다. 丙은 乙을 상대로 채권자취소권을 행사한다.[1] 법원의 입장은?

丙이 乙을 상대로 민법 제406조의 채권자취소권을 행사할 수 있는지 여부

1. 문제의 제기

甲에 대하여 채권을 가지고 있던 丙은 甲이 직장을 가지고 있을 당시에는 甲에게 안정적인 소득이 있어서 자신의 채권을 충분히 실현할 수 있을 것이라고 예상했을 것이다. 그러나 甲이 갑자기 직장을 그만두게 됨으로써 甲의 정기적인 수입은 중단되었고 丙은 甲이 현재 보유하고 있는 재산으로부터 채권의 만족을 얻어야만 하는 상황에 직면하게 되었다. 그런데 퇴직이 결정되기 20일 전에 甲은 乙과 협의이혼을 하고 자신의 유일한 부동산을 위자료 등의 명목으로 乙에게 이전하여 주어 甲은 채무초과 상태에 있게 된다. 이러한 정황은 채권자

1) 대판 2005. 1. 28, 2004다58963의 사안을 변형한 것임.

丙으로 하여금 甲이 퇴직을 미리 예상하고 乙과의 합의하에 재산을 은닉한 것으로 비추어질 수 있다. 여기서 丙이 민법 제406조를 근거로 그 법률행위를 취소하려고 하는 것이다. 그런데 민법 제406조의 채권자취소권이 행사되기 위하여는 객관적 요건으로 사해행위가 있어야 하고 주관적 요건으로 사해의사가 있어야 한다. 여기서 부부가 이혼하면서 재산분할을 하는 것도 사해행위가 될 수 있느냐의 문제가 제기된다.

2. 부부재산분할과 사해행위

사해행위가 되기 위하여는 채무자의 법률행위로 채무자의 책임재산이 채무를 변제하기에 부족하게 되어야 한다. 사안에서 甲은 자신의 유일한 X 부동산을 乙에게 위자료 명목으로 양도하여 퇴직금만으로는 채권자의 채권을 변제하기에 부족한 상황이 되었다. 표면상으로 보면 이러한 사해행위의 요건은 충족된다.

그러나 통설[2]과 판례[3]는 재산분할청구권의 행사로 인하여 채무에 부족이 생긴 경우 이러한 사해행위로서의 성격을 원칙적으로 부정한다. 재산분할의 대상이 되는 재산은 실질적으로 부부의 공동재산이라고 볼 수 있으며, 배우자가 재산분할을 통하여 받게 되는 재산은 자신이 기여한 몫을 돌려받는 것과 같으므로, 재산형성에 대한 기여에 상당하는 재산분할은 책임재산을 감소시키는 결과가 된다고 볼 수 없다는 것이다.[4]

나아가 대법원은 재산분할청구권이 이혼일방의 정신적 고통에 대한 위자료청구도 함께 포함할 수 있는 것으로 보고 있다. 즉 "분할자의 유책행위에 의하여 이혼함으로 인하여 입게 되는 정신적 손해(위자료)를 배상하기 위한 급부로서의 성질까지 포함하여 분할할 수도 있다"[5]고 본다. 사안에서 甲과 乙의 이혼은 혼인 중에 가정에 소홀하

2) 김주수/김상용, 친족상속법(2009), 242면 등.
3) 대판 2001. 2. 9, 2000다63516; 대판 2005. 1. 28, 2004다58963 등.
4) 김주수/김상용, 친족상속법(2009), 242면.

고 乙을 폭행하는 등 그 책임이 甲에게 있다고 보여지므로 甲이 乙에게 위자료의 명목으로 X 부동산을 준 것도 甲이 乙에게 부담하는 손해배상채무를 이행한 것에 불과하다.

甲의 배우자인 乙은 부양 및 위자료의 기능을 포함하는 재산분할 청구를 통하여 甲에 대한 채권자보다 우선적으로 변제를 받게 되고 이러한 한도에서 丙은 일반채권자로서의 권리를 침해받았다고 주장할 수 있다. 하지만 채권자취소권의 경우에 특정 채권자에 대한 변제 자체는 일부채권자와의 통모가 없는 한 사해행위가 아니라는 것이 통설[6]과 판례[7]의 태도이다. 즉 총채권자 중 일부 채권자에게만 변제를 하더라도 원칙적으로 사해행위에 해당하지 않는 것이다.

재산분할이 민법 제839조의2 제2항의 규정 취지에 반하여 상당하다고 할 수 없을 정도로 과대하고, 재산분할을 구실로 이루어진 재산처분이라고 인정할 만한 특별한 사정이 있는 경우에는 사해행위로서 채권자취소권의 대상이 된다.[8] 그러나 혼인의 기간, 재산의 분할, 전처에 대한 부양, 폭행 등에 대한 위자료 등을 감안하면 1억 6천만원 상당의 부동산을 증여한 것은 불합리하다고 볼 수 없다.[9]

3. 결 론

丙이 乙을 상대로 제기한 채권자취소소송은 법원에 의하여 인용되지 못할 것이다.

---

5) 대판 2001. 5. 8, 2000다58804.

6) 이은영, 채권총론(2009), 468면 이하; 곽윤직, 채권총론(2016), 150면 등.

7) 대판 1967. 4. 25, 67다75 등.

8) 그러나 그러한 경우에도 취소되는 범위는 그 상당한 부분을 초과하는 부분에 한정된다(대판 2001. 5. 8, 2000다58804).

9) 대판 2001. 5. 8, 2000다58804.

31. 협의이혼을 전제로 한 재산분할의 약정과 재판상 이혼

사 례 乙은 남편인 甲이 丙과 간통한 사실을 알고 협의이혼하기로 합의하였다. 다만 이혼에 대한 합의에 부가하여 甲의 간통사실에 대하여서 비밀을 유지하며 이혼 이후 상대방의 사생활에 대하여 일체 간섭하지 않고 甲의 명의로 되어 있는 X 부동산의 1/2지분을 乙에게 양도하기로 하였다. 그러나 乙은 甲에 대한 미운 감정을 참지 못하고 甲의 직장에 甲의 간통사실을 알린 후 甲을 상대로 재판상 이혼을 청구하였다. 그러면서 합의한 대로 X 부동산 지분의 1/2을 이전할 것을 주장한다. 甲은 乙이 약속을 어겼으므로 이를 이행할 의무가 없다는 입장이다.[1] 누구의 주장이 옳은가?

乙이 甲에 대하여 재산분할에 관한 약정을 근거로 X부동산의 1/2의 지분을 요구할 수 있는지 여부

1. 문제의 제기

甲과 乙은 협의이혼을 하면서 재산분할의 일환으로 X부동산의 1/2의 지분을 乙에게 양도하기로 합의하였다. 그런데 이러한 약정 후에 당사자 사이에는 협의이혼이 성립하지 못하였고 乙은 甲을 상대로 재판상 이혼을 청구하게 되었다. 그럼에도 乙은 합의한 대로 여전히 甲에 대하여 재산분할약정에 따른 X 부동산의 지분 1/2을 청구할 수 있는지의 문제가 발생한다.

1) 대판 2000. 10. 24, 99다33458의 사안을 변형한 것임.

2. 협의이혼을 전제로 한 재산분할협의의 효력

甲이 X 부동산의 1/2 지분을 넘겨주겠다고 乙과 재산분할의 합의를 한 것은 간통을 저지른 자신의 잘못에 대하여 乙에게 용서를 구함과 동시에 甲의 간통 사실에 대하여 乙이 비밀을 지켜 주기로 한 약속에 대한 대가적 의미가 강하다. 즉 丙과의 간통으로 직장생활을 포함한 사회생활에서 난처한 입장에 빠진 甲이 사태를 수습하기 위하여 乙과 협의이혼을 하면서 간통사실에 대한 비밀을 지켜 주면 X 부동산의 절반을 대가로 지불한다는 성격이 강한 것이다. 이러한 측면에서 보면 乙이 甲의 간통사실을 甲의 직장에 알리게 되어 협의이혼에 이르지 못하게 된 경우 甲도 이를 전제로 한 재산분할의 합의에 더 이상 구속될 필요는 없다. 乙이 甲의 간통사실을 비밀유지 및 협의이혼을 전제로 甲이 X부동산의 지분을 乙에게 이전할 채무를 부담하기로 합의한 것인데 간통사실의 비밀이 지켜지지 않고 협의이혼도 이루어지지 않게 되었으므로 재산분할합의는 재산분할합의에 이르게 한 원인 내지 목적의 부도달로 효력을 상실하였기 때문이다.

대법원도 동일한 취지에서 "아직 이혼하지 않은 당사자가 장차 협의상 이혼할 것을 약정하면서 이를 전제로 하여 위 재산분할에 관한 협의를 하는 경우에 있어서는, 특별한 사정이 없는 한, 장차 당사자 사이에 협의상 이혼이 이루어질 것을 조건으로 하여 조건부 의사표시가 행하여지는 것이라 할 것이므로, 그 협의 후 당사자가 약정한 대로 협의상 이혼이 이루어진 경우에 한하여 그 협의의 효력이 발생하는 것이지, 어떠한 원인으로든지 협의상 이혼이 이루어지지 아니하고 혼인관계가 존속하게 되거나 당사자 일방이 제기한 이혼청구의 소에 의하여 재판상 이혼이 이루어진 경우에는 위 협의는 조건의 불성취로 인하여 효력이 발생하지 않는다"[2]고 보았다.

다만 대법원이 이 사안에서 협의이혼의 성립을 재산분할협의의 효력발생을 위한 조건으로 보고 있으나 당사자 사이에 명시적인 혹은

---

2) 대판 2000. 10. 24, 99다33458.

묵시적인 조건이 부가되었는지는 의문이다. 乙이 甲을 상대로 X부동산의 1/2지분의 이전을 요구하는 것은 협의이혼을 전제로 한 재산분할합의에 근거하는 것인데 그 전제가 되는 협의이혼이 이루어지지 않은 상황에서 재산분할합의는 목적의 부도달로 효력이 인정되지 않게 된다는 법리구성이 타당하다.

3. 결　론

甲은 乙에게 X 부동산의 지분을 이전해 줄 의무가 없다.

32. 사실혼의 부당파기와 손해배상청구

사 례 甲남과 乙녀는 결혼식을 올리고 신혼여행을 다녀와 혼인신고는 하지 않은 채 서울에 있는 甲 소유의 아파트에서 신혼생활을 시작하였다. 그런데 결혼준비과정에서 있었던 양가 사이의 갈등으로 甲과 乙은 불편한 관계에 있었고, 결혼식 후 8일 만에 甲은 변호사 사무실 개업 준비를 한다며 대전에 내려갔다. 그 후 4일이 지나 甲은 신혼집에 올라왔으나 자신의 물건과 패물 등을 가지고 다시 대전으로 내려가 버렸다. 乙은 그 후 10여 일 지나도 甲에게서 아무런 연락이 없자 직장을 결근한 채 대전의 시댁에 찾아갔지만 甲은 이미 마음이 돌아선 상태였고, 가족회의에서도 그렇게 결정된 사항이라며 파혼을 선언한다.[1] 그 후 甲은 다섯 달 정도가 지나 乙에게 자신의 집에서 나가줄 것을 요구한다. 乙은 甲에게 어떠한 권리를 행사할 수 있는가?

1. 문제의 제기

甲과 乙은 아직 혼인신고는 하지 않은 상황이었으니 甲이 헤어질 것을 요구하게 되면 乙은 혼인을 강제할 수 없고(제803조) 파혼에 응할 수밖에 없다. 다만 정당한 사유가 없이 일방적으로 파혼을 하게 될 경우 파혼을 당한 입장에서는 손해배상을 청구할 수 있다. 문제는 제806조를 근거로 한 부당한 약혼해제 이외에 사실상의 혼인관계를 파기한 경우에도 손해배상을 청구할 수 있느냐의 여부이다.

2. 乙이 甲에 대하여 민법 제806조를 근거로 위자료를 청구할 수 있는지 여부

甲은 乙과 혼인을 하고 신혼여행을 다녀왔다. 이러한 경우에 판례는 최소한 혼인의 예약 즉, 약혼이 성립한 것으로 이해한다.[2] 결혼

1) 대판 1998. 8. 21, 97므544의 사안을 변형한 것임.
2) 대판 1998. 12. 8, 98므961.

식을 하면서 당사자는 통상 혼인할 것을 약속할 것이므로 당사자 사이에 혼인의 예약에 해당하는 약혼이 있다고 볼 수 있을 것이다. 그러나 약혼의 경우에도 당사자는 상대방에 대하여 혼인을 강제하지는 못한다(제803조). 따라서 甲남의 파혼선언은 약혼의 유효한 해제로서 두 사람의 약혼은 파기된다. 그러나 약혼의 당사자는 정당한 이유 없이 혼인을 거절하거나 그 시기를 지연하는 때에 귀책사유 있는 상대방에 대하여 손해배상을 청구할 수 있다(제806조). 사안에서 甲은 결혼식의 준비기간에 있었던 乙 및 처가와의 감정상의 갈등으로 결혼식을 올린 후 8일 만에 파혼을 선언하였다. 통상 혼인이라는 중대사를 두고 혼인의 당사자와 양가 사이의 의견의 불일치나 갈등은 흔히 있는 일이라는 점을 감안한다면 이러한 갈등을 이유로 파혼을 선언한다는 것은 법률적으로 인정받을 만한 정당한 파혼의 사유에 해당하지 않을 것이다. 더욱이 양가의 갈등으로 결혼식을 치르지 않은 것도 아니고 이미 결혼식을 치르고 신혼여행까지 다녀와 신혼생활을 시작한 상황에서 파혼을 선언한 것은 매우 부당한 처사라고 판단된다. 결국 甲이 파혼을 선언한 것은 약혼의 부당한 해제라고 할 것이므로 乙은 甲에게 민법 제806조에 따른 위자료를 청구할 수 있을 것이다.

3. 乙이 甲에 대하여 사실혼의 부당파기로 인한 손해배상을 청구할 수 있는지 여부

통설과 판례는 약혼의 경우보다 더 밀접한 당사자 관계가 인정되는 사실혼의 개념을 인정한다. 즉 장래의 혼인의 의사만 있을 뿐 아직 부부공동생활의 실체가 없는 약혼과 달리 사실혼은 혼인의사의 합치와 부부공동생활의 실체를 모두 갖추었으되 혼인신고만 없는 경우로 혼인신고와 관련이 없는 사항에 대하여는 혼인에 준하는 법률관계를 인정한다.[3] 이러한 입장을 그대로 인정한다면 약혼에 대한 파혼보다 사실혼

---

3) 대판 1994. 11. 4, 94므1133; 대판 1989. 2. 14, 88므146; 김주수/김상용, 친족상속법(2009), 252면.

의 부당파기의 경우에 손해배상의 정도나 범위가 보다 클 수 있다.

사안에서 甲과 乙은 결혼식을 올리고 신혼여행을 다녀온 것으로 보아 당시 甲과 乙에게 혼인의 의사가 존재하였음을 추단할 수 있다. 문제는 甲과 乙 사이에 부부공동생활의 실체도 인정할 수 있느냐의 문제이다. 외형적으로만 보면 이를 부정하는 것이 타당하다. 甲과 乙은 신혼여행을 다녀온 후 8일 정도 동거를 하였고, 甲은 곧 대전에 내려간 후 4일 만에 신혼집에 있는 자신의 물건들을 찾아갔다. 그리고는 대전에 내려온 乙에게 파혼을 선언하였다. 여기서 8일의 동거만으로는 두 사람의 부부공동체의 실체를 인정하기 어렵기 때문이다.

그러나 판례는 유사한 사안에서 두 사람 사이의 사실혼을 인정하여 사실혼의 파기로 인한 손해배상청구권을 인정하였다. 사실혼 관계에 있어서의 부부는 민법 제826조 제1항의 동거, 부양, 협조의무가 있어서 서로 협조하고 애정과 인내로써 상대방을 이해하며 보호하여 혼인생활의 유지를 위하여 최선의 노력을 기울여야 하는 것인바, 사실혼 배우자의 일방이 정당한 이유없이 서로 동거, 부양 협조의무를 포기한 경우에는 악의의 유기에 의하여 사실혼관계를 부당하게 파기한 것이 된다는 것이다.[4] 이러한 대법원의 태도는 甲이 대전에 있는 동안에 乙이 甲을 기다리며 홀로 신혼집에서 생활한 것을 동거기간에 산입하여 부부공동체의 실체가 있었음을 인정하였기 때문이다. 즉 사안에서 甲이 대전에 내려온 乙에게 파혼을 선언함으로써 약혼의 해제가 이루어진 것이 아니라 이러한 파혼의 선언에도 불구하고 약 5개월간 혼인관계의 실체는 유지되었던 것이고, 오히려 이 기간 동안에 甲이 乙을 악의로 유기하여 사실혼관계가 파기된 것이라는 입장이다. 하지만 이러한 대법원의 입장은 타당하지 않다. 사실혼 관계에 있으려면 당사자 사이에 혼인의사가 있어야 하는데 결혼식 후 22일 정도 만에 甲이 파혼을 선언하였으므로 늦어도 그 이후에는 甲에게 혼인의사가 존재하지 않는다고 보아야 하는 것이다. 사실혼을 인정하는 대법원의 태도에는 의문이 남는다.

---

4) 대판 1998. 8. 21, 97므544,551.

33. 중혼적 사실혼과 재산분할청구

사 례　甲남은 아내가 가출하여 행방불명이 되자 乙에게 "7개월 이내에 아내와의 혼인 관계를 정리하고 乙과 혼인하겠다"고 제의하여 동거를 시작하였다. 그러나 甲은 이혼절차를 밟지 않았고 동거를 시작한 지 약 18년이 되는 때부터는 丙을 사귀었다. 이때부터 乙은 甲에 대하여 불만을 토로하였고, 甲은 이러한 乙을 폭행하기 시작하였다. 이제 乙은 더 이상 동거관계를 유지하고 싶지 않아 甲에 대하여 사실혼의 부당파기로 인한 손해배상과 재산분할을 청구한다.[1] 이 청구는 법원에 인용될 것인가?

乙의 甲에 대한 손해배상 및 재산분할청구(제843조 유추)

1. 문제의 제기

甲은 법률상의 배우자와 이혼을 하지 않은 상태에서 乙과 사실혼 관계를 형성하게 되었고 18년의 동거 이후에는 丙과 사귀면서 사실혼 관계를 파탄에 이르게 하였다. 이 경우 乙은 혼인한 자와 사실혼 관계를 형성함으로써 형식적으로는 甲의 배우자에 대하여 부정을 저지른 경우에 해당한다. 이를 중혼적 사실혼이라고 하는데 乙이 이러한 중혼적 사실혼에도 불구하고 甲에 대하여 사실혼의 부당파기로 인한 손해배상과 재산분할을 청구할 수 있는지의 여부가 문제된다.

2. 중혼적 사실혼의 배우자의 보호

혼인의사와 실질적인 배우자관계를 갖고 있지만 혼인신고가 되

1) 대판 1996. 9. 20, 96므530의 사안을 변형한 것임.

어 있지 않는 사실혼의 배우자는 혼인신고와 관련이 없는 사항에 대하여는 법률상 배우자관계에 관한 규정이 적용된다. 대표적으로 당사자 사이의 정조의무(제840조 참조), 동거 · 부양 · 협조의무(제826조), 일상가사대리권(제827조), 사실혼 해소 시 재산분할청구권(제839조의 2), 손해배상청구권(제840조 및 제806조) 등이 그것이다. 그런데 학설[2]과 판례[3]는 여기에 사실혼으로 보호를 받기 위한 요건으로 사실혼이 선량한 풍속 기타 사회질서에 반하지 않아야 한다는 점을 추가한다. 그리고 선량한 풍속 기타 사회질서에 위반하는 사실혼의 대표적인 예로 법률상 혼인관계에 있는 자가 제3자와 사실혼관계를 맺게 되는 중혼적 사실혼을 든다.

사안에서 甲은 법률상 배우자와의 혼인관계를 완전히 정리하지 않은 상태에서 乙과 사실혼관계를 갖게 되었다. 대법원은 이러한 경우에 "법률상의 혼인을 한 부부의 어느 한쪽이 집을 나가 장기간 돌아오지 아니하고 있는 상태에서 부부의 다른 한쪽이 제3자와 혼인의 의사로 실질적인 혼인생활을 하고 있다고 하더라도 특별한 사정이 없는 한, 이를 사실혼으로 인정하여 법률혼에 준하는 보호를 허여할 수는 없다"[4]는 입장을 취하였다. 이러한 입장을 따를 경우 사실혼관계를 부당하게 파기한 甲에 대하여 乙은 손해배상을 청구할 수 없을 뿐만 아니라 쌍방의 협력으로 모은 재산에 대한 재산분할청구권을 행사할 수도 없다.

기본적으로 중혼적 사실혼이 보호를 받을 수 없다는 점은 타당하다. 법률혼의 배우자에게 있어서 사실혼관계는 부정한 행위로 그러한 사실혼을 보호하게 되면 오히려 법률상 배우자의 권리가 침해될 수 있기 때문이다. 그러나 사안과 같이 甲의 법률상 배우자가 가출하여 행방불명인 상황이라면 甲의 전처는 돌아올 가능성이 거의 없으므로 법률상 혼인관계는 실질적으로 해소된 상황이라고 볼 수 있다. 그럼에도 불구하고 일률적으로 여전히 법률상 혼인관계가 존재하는 중혼

2) 김주수/김상용, 친족상속법(2009), 254면; 양수산, 친족상속법(1998), 322면 등.
3) 대결 1995. 7. 3, 94스30 등.
4) 대판 1995. 9. 26, 94므1638.

적 사실혼의 관계임을 내세워 사실혼에 대한 보호를 하지 않는다는 것은 사실혼의 배우자로서 보호받아 마땅한 자를 방치하는 결과가 된다. 더욱이 甲은 乙에게 전처와의 관계를 정리하기로 하면서 동거를 시작하였다. 그러한 甲이 乙과의 관계가 불륜임을 내세워 손해배상이나 재산분할을 하지 않겠다고 하는 것은 모순행위금지의 원칙에도 반한다.

대법원도 최근에는 중혼적 사실혼에 대한 엄격한 태도에서 벗어나 점차 그 배우자를 보호할 필요성을 인정하는 경향을 보이고 있다. 비록 일반론적인 가능성을 언급한 것이기는 하지만 "비록 중혼적 사실혼관계일지라도 법률혼인 전 혼인이 사실상 이혼상태에 있다는 등의 특별한 사정이 있다면 법률혼에 준하는 보호를 할 필요가 있을 수 있다"[5]는 입장을 취한다.

3. 결 론

甲과 乙이 사실혼의 관계를 맺을 당시에 甲과 그의 법률상의 아내는 사실상의 이혼상태에 있었고, 이러한 경우는 선량한 풍속 기타 사회질서에 반하는 중혼적 사실혼이라고 할 수 없다. 甲은 乙에 대하여 사실혼 관계를 부당하게 파기한 것을 원인으로 손해배상책임을 져야 하고 재산분할의 의무도 부담한다.

5) 대판 2009. 12. 24, 2009다64161.

34. 사실상혼인관계존재확인의 소

사 례 乙녀와 동거생활을 하던 甲남은 지하철공사현장에서 작업중 재해를 당하여 사망하였다. 乙은 살길이 막막하여 일자리를 구하고 있던 중 甲의 사망으로 사실혼의 배우자가 산업재해보상보험법의 규정에 의하여 유족급여를 받을 수 있다는 말을 듣게 되었다. 乙은 담당부서인 서울관악지방노동사무소에 유족급여를 신청하였다. 그러나 서울관악지방노동사무소장은 乙이 甲과 사실상 혼인관계에 있었던 사람인지를 확인할 수 없다는 이유로 유족급여의 지급을 보류하였다.[1] 乙은 어떠한 조치를 취할 수 있는가?

1. 문제의 제기

甲의 사실혼 배우자였던 乙은 원칙적으로 甲의 법률상 배우자가 아니므로 상속인이 되지 못한다. 따라서 甲의 재해로 발생한 손해배상청구권을 상속받지 못하게 될 것이다. 다만 사실혼의 배우자는 실질적인 혼인관계를 형성하고 있다는 점을 감안하여 몇몇의 법률은 사실혼배우자를 보호하기 위한 특별규정을 두고 있다. 이러한 경우 사실혼의 배우자라는 사실은 이해관계인이 스스로 입증하여야 하는데, 그 방편으로 사실상혼인관계존재확인청구의 소를 제기하는 방법이 있다.

2. 사실상혼인관계존재확인의 소

乙이 甲의 사실상 배우자이었다는 사실을 증명하여야 하는 방법으로 사실상혼인관계존재확인의 소(가사소송법 제2조 제1항 제1호 나)

1) 대판 1995. 3. 28, 94므1447의 사안을 변형한 것임.

를 제기할 수 있다. 대법원[2]은 원칙적으로 과거의 법률관계에 대하여는 확인의 소의 대상이 될 수 없다는 입장에서 사실상의 배우자 일방이 사망한 경우에 사실상혼인관계존재확인청구는 원칙적으로 할 수 없다는 태도를 취하고 있다. 다만 사실혼관계에 있던 당사자 일방이 사망하였더라도, 현재적 또는 잠재적 법적 분쟁을 일거에 해결하는 유효 적절한 수단이 될 수 있는 한 확인의 이익이 인정되므로 예외적으로 과거의 사실혼관계에 대한 존부확인청구를 할 수 있다는 태도를 취한다. 그리고 사안과 같이 산업재해보상보험법 제5조 제3호, 공무원연금법 제3조 제1항 제2호, 선원법시행령 제29조 제1호, 근로기준법시행령 제61조 제1항 제1호, 군인연금법 제3조 제1항 제4호, 독립유공자예우에 관한 법률 제5조 제1항 제1호 등의 규정에 의하여 사실혼의 배우자가 법률상의 배우자와 동일하게 각종의 급여를 받을 수 있는 경우 사실상혼인관계존부확인청구는 그 법률관계들과 관련된 분쟁을 일거에 해결하는 유효 적절한 수단일 수 있다.[3]

3. 결　론

甲의 사실혼 배우자인 乙은 사실상 혼인관계존재확인의 소를 가정법원에 제기하여 받은 판결문을 서울관악지방노동사무소장에게 제출함으로써 산업재해보상금을 수령할 수 있다.

2) 대판 1998. 7. 24, 97므18.
3) 대판 1995. 3. 28, 94므1447; 대구고판 1994. 9. 16, 93르202.

35. 의식불명자에 대한 사실혼 해소의 의사표시의 효력

사 례 혼인 후 두 자녀(B, C)를 둔 甲과 A는 부부 사이가 원만하지 못하여 혼인 후 20년 정도가 지나 재판상 이혼을 하게 되었다. 그 후 7년 정도가 지나 甲은 乙을 만나 주민등록상 주소를 乙의 주소지로 옮기고 사실상 부부로서 생활하였다. 그런데 동거한 지 약 5년 정도가 지나 배드민턴을 치던 甲이 갑자기 의식을 잃고 쓰러져 국립병원응급실로 이송되었고, 이러한 사실을 알게 된 甲의 자녀들은 甲을 다른 요양병원으로 옮겼지만 甲은 여전히 의식을 회복하지 못하였다. 한편 乙은 甲의 자녀들이 甲을 데려간 직후 사실혼관계 해소를 선언하고 가정법원에 재산분할심판청구를 하였으나 甲은 입원 후 1개월 만에 사망하였다. 乙은 甲의 상속인인 A와 B가 소송을 수계하여야 한다는 내용의 소송수계신청을 법원에 제출하였다.[1] 가정법원은 乙의 소송수계신청을 허가하여야 하는가?

乙의 A, B에 대한 소송수계신청의 허가

1. 문제의 제기

乙이 가정법원에 A와 B를 소송의 당사자로 인정해 주어야 한다는 소송수계신청을 한 것은 재산분할채무를 부담하는 甲의 사망으로 그 상속인인 A와 B가 그 채무를 계속 부담하게 되었으므로 그 채무의 확정절차에 참여하여야 한다는 것을 주장하는 것이다. 따라서 이러한 乙의 소송수계신청이 인정되기 위하여서는 甲의 사망 전에 甲과의 사실혼 관계가 해소되고 그로 인하여 甲에게 재산분할채무가 발생하여야 한다. 이는 직접적으로 의식불명자에 대한 사실혼 해소의 의사표시도 효력이 있느냐의 문제와 관련된다.

1) 대결 2009. 2. 9, 2008스105의 사안을 변형한 것임.

2. 의식불명자에 대한 사실혼 해소의 의사표시

의사표시에 대한 도달주의원칙을 취하는 우리 민법의 경우 상대방 있는 의사표시는 상대방에게 도달하여야 비로소 효력이 발생한다(제111조 제1항). 그리고 이러한 도달주의의 원칙은 의사표시의 상대방 보호를 위한 것으로 의사표시 상대방의 의사능력을 전제한다. 즉 의사능력이 없는 상대방에 대하여서는 의사표시가 도달을 하더라도 그 효력이 발생하지 않게 된다. 민법 제112조가 행위제한능력자에 대한 의사표시로 대항할 수 없다고 한 것은 의사표시의 상대방에게 대한 의사능력의 존재를 당연한 것으로 전제하는 민법의 입장에 기인한다.

사실혼관계의 일방적인 해소의 의사표시도 이러한 의사표시의 원칙에 따른다면 사실혼의 배우자의 의사능력과 도달이 있어야 비로소 효력을 발생한다고 볼 것이다. 그런데 사안에서는 乙의 사실혼 해소에 관한 의사표시가 甲에게 도달하였는지도 의문이 있을 뿐만 아니라 甲이 의식을 회복하지 못하였다고 하고 있으므로 乙의 의사표시 당시 甲에게 의사능력도 없었음을 알 수 있다. 여기서 乙의 의사표시가 효력을 갖지 못하였다고 한다면 甲과 乙의 사실혼은 해소가 되지 않은 상황이 되고 이러한 상황에서 甲이 사망을 하였으므로 乙은 甲의 재산에 대하여 아무런 지분의 주장을 할 수 없게 된다. 즉 乙은 甲의 사실혼 배우자에 불과하기 때문에 법정상속인이 되지 못하여 상속에서 제외가 된다. 또한 우리 민법은 사망으로 인한 법률상 배우자 관계의 상실을 재산분할의 원인으로 인정하고 있지 않으니 이에 준하는 사실혼 배우자도 마찬가지가 되어 乙은 甲에 대한 재산분할을 요구할 수도 없게 되고 마찬가지로 그 상속인, A, B에 대하여서도 이를 주장할 수 없게 된다.

반면 민법은 약혼해제의 의사표시와 관련하여 도달주의의 예외를 인정하는 규정을 두고 있다. 즉 민법 제804조 제6호는 "약혼 후 1년 이상 생사가 불명한 경우" 상대방은 약혼을 해제할 수 있다고 보는 것이다. 약혼의 해제도 의사표시로서 도달주의의 원칙에 따라야 할 것인데 민법은 예외적으로 생사가 불명한 상대방에 대한 의사표시의 도달 없이 일방적으로, 나아가 내심의 결정만에 의하여서도 정당하게 파혼을 할 수 있다고 보는 것이다. 또한 재판상 이혼사유로 '배우자의 생사가 3년 이상 분명하지 아니한 때'에 재판상 이혼이 가능하고 이렇게 내려진 이혼판결의 효력은 배우자에게 전달되었느냐의 여부와 상관없이 효력을 갖는다. 민법의 이러한 예외적 태도는 당사자의 개인적 의사를 절대적으로 중시하는 가족법상 의사주의의 원칙에 기인하는 것으로 정당하다고 평가된다.

사실혼관계도 민법의 이러한 태도에 비추어 상대방에의 도달이나 인식이 불가능한 경우에도 예외적으로 당사자의 일방적 의사표시에 의하여 해소가 가능하다고 볼 수 있다. 즉 사안의 의식불명의 경우에도 이러한 예외적 해석이 적용되어 乙의 사실혼 해소의 의사표시는 표시와 동시에 효력을 갖는 것으로 해석하여야 한다. 대법원도 동일한 입장에서 "상대방이 의사능력이 없거나 생사가 3년 이상 불명인 경우 등에서의 재판상 이혼과의 균형상으로도 굳이 상대방에 대한 의사표시 및 그 수령 등을 그 해소의 요건으로 할 필요는 없다"[2]고 보았다.

3. 결 론

乙의 사실혼 해소의 의사표시로 甲과 사실혼관계는 종료되었으므로, 이를 원인으로 한 甲에 대한 재산분할청구소송은 인용되어야 하며, 이러한 소송 중에 甲이 사망한 경우 그 상속인이 그 채무를 지게 되므로 乙의 A, B에 대한 소송수계신청은 받아들여져야 한다.

---

2) 대결 2009. 2. 9, 2008스105.

제4장 부모(父母)와 자(子)

제1절 친생자

36. 친생부인의 소와 친생자관계부존재확인의 소

사 례 사업을 하는 甲을 만나 혼인한 乙은 혼인 후에도 남편이 사업을 하면서 집에 잘 들어오지 않게 되자 사교클럽에서 丙을 만나 불륜을 저지르게 되었고, 乙은 결국 甲과 혼인한 지 10여 년이 지나서 가출하여 丙과 동거하기에 이르렀다. 그 후 乙은 丙과의 사이에서 丁을 출산하게 되었는데 丁을 甲의 친생자로 출생신고하였다. 甲과 乙은 그 후 5년이 지나 협의이혼을 하였다. (아래 지문은 별개의 사실관계임)

(1) 이혼 후에 甲은 丁이 자신의 친생자로 되어 있는 사실을 발견하고 가족관계등록부를 정정하기를 원한다. 甲이 취할 수 있는 조치로는 무엇이 있는가?

(2) 甲이 丁에 대한 친생자출생신고의 사실을 알지 못한 채 사망을 한 경우, 甲의 동생인 戊는 丁이 甲의 자녀가 아니라는 사실을 입증하여 상속에서 丁을 제외하기를 원한다. 戊가 취할 수 있는 조치로는 무엇이 있는가?

1. 문제의 제기

혼인 중에 자녀가 태어나면 그 자녀를 출산한 아내는 당연히 자녀의 모친이 된다. 반면 남편의 혼인 중의 자녀는 친생의 추정을 받게 된다(제844조 제1항). 여기서 남편이 아내에게서 태어난 자녀가 자신의 자녀가 아니라는 점을 공식적으로 확인받기 위하여 취할 수 있는 조치가 문제된다. 민법은 이러한 방법으로 민법 제846조의 친생부인의 방법과 제865조의 친생자관계부존재확인의 방법을 규정하고 있다.

2. 甲의 丁을 상대로 한 친생자관계를 부정할 수 있는 방법

(1) 甲의 丁을 상대로 한 친생부인의 소

甲은 丁이 자신의 친생자가 아니라는 것을 인정받기 위하여서 할 수 있는 방법으로 먼저 친생부인의 방법이 있다(제846조). 이러한 친생부인은 ① 친생추정을 받는 자녀를 상대로 ② 남편이나 아내가 ③ 그 사유를 안 날로부터 2년 내에 ④ 친생을 부인하는 소를 제기하는 방법으로 이루어진다(제847조).

먼저 친생부인이 되기 위하여서는 丁이 甲의 친생추정을 받아야 한다. 그런데 민법은 아내가 혼인 중에 임신한 자녀는 남편의 자녀로 추정하고 있다(제844조 제1항). 사안에서 丁은 甲과 乙이 혼인한 후 이혼을 하기 이전에 태어났다. 따라서 丁은 일단 甲의 혼인 중의 자녀로 甲의 자녀로 추정을 받게 될 것이다. 첫 번째 요건은 충족된다.

두 번째 요건으로 남편이나 아내가 다른 일방이나 자녀를 상대로 제기하여야 한다. 남편인 甲이 丁을 상대로 친생부인의 소를 제기하였으므로 두 번째 요건도 충족된다.

세 번째로 사유 있음을 안 날로부터 2년 내에 가정법원에 친생부인의 소를 제기하여야 한다. 사안의 경우 이 요건도 충족된다.

그 외에 甲과 丁의 친생자관계는 추정되므로 甲은 법원에서 丁이 실제로 자신의 자녀가 아니라는 점을 당연히 입증하여야 한다. 근래에는 유전자감별에 의하여 친생자관계가 아님을 손쉽게 확인할 수 있으나, 사안에서는 乙이 가출하여 별거하는 중에 丁을 임신하고 출산하였다는 점을 입증하는 것만으로도 친생자관계를 부정할 수 있을 것이다.

(2) 甲의 丁에 대한 친생자관계부존재확인의 소

친생자관계부존재확인의 소는 친생부인의 소, 부를 정하는 소, 인지청구의 소, 인지이의의 소 등에 해당하지 않는 '다른 사유'를 원인으로 하여서만 제기할 수 있다(제865조). 그런데 甲은 친생추정을 받는 丁에 대하여 친생부인의 소를 제기할 수 있는 지위에 있다. 따라서 다른 사유를 원인으로 해야 하는 친생자관계부존재확인의 소는 甲이 제기하지 못한다. 다만 대법원은 "동서의 결여로 처가 부의 자를 포태할 수 없는 것이 외관상 명백한 사정이 있는 경우에는 친생추정이 미치지 않고 친생자관계존부확인의 소의 제기가 가능하다"는 입장을 취한다.[1] 혼인 중의 자녀임에도 불구하고 명백히 친생자관계가 부정되는 예외적인 경우에는 친생자관계부존재확인의 소에 의하는 것도 가능하도록 함으로서 실체적 진실관계에 부합하도록 하려는 의도이다. 이러한 대법원의 입장에 따를 경우 甲이 친생부인의 소가 아니라 친생자관계부존재확인의 소를 제기한 경우에도 법원은 이를 인용해야 할 것이다.

(3) 결　론

甲은 丁을 상대로 친생부인의 소나 친생자관계부존재확인의 소를 제기하여 가족관계등록부를 정정할 수 있다.

3. 戊가 甲과 戊의 친생자관계를 부정할 수 있는 방법

(1) 戊의 丁을 상대로 한 친생부인의 소

친생부인의 소는 친생추정을 받는 자녀에 대하여 부부의 일방만이 제기할 수 있는 소송이다(제846조). 따라서 甲의 동생인 戊는 친생부인의 소를 제기할 수 없다. 그가 제기한 친생부인의 소는 각하될 것이다.

---

1) 대판 1983. 7. 12, 82므59.

(2) 戊의 丁을 상대로 한 친생자관계부존재확인의 소

친생부인의 소, 부를 정하는 소, 인지청구의 소, 인지이의의 소 등에 해당하지 않는 '다른 사유'를 원인으로 친자관계를 확인하기 위한 소송을 제기할 수 있다(제865조). 사안에서는 친생부인의 소와 다른 사유를 원인으로 하여서만 친생자관계부존재확인의 소를 제기할 수 있다. 특히 이 요건과 관련하여 친생추정을 받는 자녀에 대하여서는 친생부인의 소를 제기할 수 있으므로 원칙적으로 친생자관계부존재확인의 소를 제기할 수는 없다. 반면 甲과 丁의 친생자관계는 추정을 깨뜨리는 사실이 입증된 경우 친생자관계부존재 확인의 소를 제기할 수 있다. 사안에서는 乙이 가출하여 甲과 별거하는 중에 丁을 임신하고 출산하였다는 점을 입증하는 것으로 친생자관계의 추정은 깨어진다. 더욱이 사안과 같이 甲과 별거 중인 乙이 甲이 알지 못하는 사이에 丁을 친생자로 출생신고를 하였고, 그 상태에서 甲이 사망을 하였다면 친생부인의 소가 제기될 수 없는 경우로 친생부인의 소와 다른 사유에 해당하게 된다.

다음으로 戊가 친생자관계부존재확인의 소의 원고가 될 수 있느냐의 문제이다. 친생자관계부존재확인의 소의 원고가 될 수 있는 자는 부를 정하는 소, 친생부인의 소, 인지에 대한 이의의 소, 인지청구의 소의 규정에 의해서 원고적격이 인정되는 모든 자이다(민법 제865조). 따라서 부(夫) 또는 처(妻), 부 또는 처의 후견인, 부 또는 처의 유언집행자, 부 또는 처의 직계존속 및 직계비속, 부(父) 또는 모(母), 자(子), 자의 법정대리인, 자의 직계비속 및 기타 이해관계인이 친생자관계존부확인의 소를 제기할 수 있다. 그런데 친생자관계부존재확인의 소를 제기하는 자는 戊로 甲의 동생이다. 따라서 戊가 이 소를 제기할 수 있는 이해관계인에 해당하는지 검토되어야 한다.

판례도 친족관계에 있다는 이유만으로도 별도의 이해관계를 요하지 않고 당연히 청구적격을 인정하여 왔고,[2] 이러한 태도는 제777조의 친족도 친생자관계부존재확인의 소를 제기할 수 있다고 규정한

2) 대판 1981. 10. 13. 80므6.

인사소송법이 폐지되고 가사소송법이 시행되고 있는 상황에서도 여전히 유지되고 있다.[3] 반면 친족관계에 있다는 것만으로는 이해관계인이라고 할 수 없고 별도의 이해관계가 있어야 한다는 견해[4]와 인사소송법이 폐지된 현재에는 위의 판례는 유지될 수 없다는 견해가 있으나,[5] 판례의 태도에 찬성하는 견해도 있다.[6]

종래의 호적제도가 없어지고 유교적 가족관념에서 탈피하여 개인의 인격과 남녀평등이 강조되고 있는 상황에서 여전히 제777조의 친족이라는 이유만으로 친자관계에 관여하도록 하는 것은 부당하다고 볼 것이다. 8촌 이내의 친족이라고 하더라도 구체적인 이해관계가 있는지의 여부를 따져 구체적으로 원고적격을 판단할 필요가 있다.

사안에서 戊는 형인 甲이 배우자 없이 자녀 丁만을 남기고 사망한 상황이어서 만약 甲과 丁 사이에 친생자관계가 부정된다면 제1000조에 의하여 甲의 재산을 상속받을 수 있는 위치에 있다. 즉 甲과 丁 사이의 친생자관계를 부정할 법률상 이익이 존재하는 것이다. 따라서 戊는 친생자관계부존재확인의 소를 제기할 원고적격이 인정된다.

(3) 결　론

戊는 丁을 상대로 친생자관계부존재확인의 소를 제기하여 丁을 甲의 상속에서 제외할 수 있다.

---

3) 대판 2004. 2. 12. 2003므2503.
4) 박병호, 가족법(1992), 176면.
5) 송덕수, 민법강의(하)(2007), 804면.
6) 김주수/김상용, 친족상속법(2009), 302면; 박동섭, 친족상속법(2006), 292면.

37. 타인의 정자를 이용한 체외수정과 친생자관계

사 례 甲은 무정자증인 관계로 乙과 혼인 후에도 아이를 가질 수 없는 상황이었다. 결혼 초기에는 아이가 없어도 괜찮다고 생각하였지만 그 후 마음이 바뀌어 부부는 다른 사람의 정자를 체외수정하는 방법에 의하여서라도 자녀를 갖기로 합의하였다. 이렇게 하여 丙의 정자와 乙의 난자를 체외수정하는 방법으로 丁을 출산하게 되었고 甲은 丁을 자신의 친생자로 출생신고하였다. 그런데 처음의 생각과 달리 출산 후 3년이 지난 甲은 乙이 자신의 모습과 너무나 다른 丁을 예뻐하고 애지중지하는 것을 보고 丁에 대한 서운한 감정을 품게 되었다. 이렇게 시작된 감정은 乙에 대한 미움으로 번져 甲과 乙은 잦은 부부싸움을 하게 되었다. 甲은 丁과의 법률상 친자관계를 부정하고 가족관계등록부의 기재를 정정하기를 원한다. 가능한가?

1. 문제의 제기

甲이 丁과의 친생자관계를 부정하고 이러한 내용의 가족관계등록부도 정정하기 위하여서는 법원의 판결이 있어야 한다. 甲이 丁과의 친생자관계를 부정하는 방법으로는 두 가지를 생각해 볼 수 있다. 하나는 제847조의 친생자관계부인의 소를 제기하는 방법이고 다른 하나는 제865조가 규정하는 친생자관계부존재확인의 소를 제기하는 방법이다.

2. 친생부인의 소

민법 제846조의 친생부인의 소는 민법 제844조에 의하여 혼인 중의 출생자로 추정을 받는 자녀가 사실은 남편이 아니라 다른 남자와의 성적 교섭을 하여 낳은 자녀일 경우에 남편이 제기하는 소송이다. 따라서 친생부인의 소가 제기되기 위하여는 丁이 甲의 혼인 중의 자녀이면서 친생추정이 부정되지 않아야 한다.

그런데 민법 제844조는 제1항에서 "아내가 혼인 중에 임신한 자녀는 남편의 자녀로 추정한다"고 규정하고 있고 丁이 태어날 당시에 乙은 甲과 혼인 중이었으므로 丁은 甲의 자녀로 추정을 받게 된다.

반면 민법 제844조의 규정을 학설과 판례는 다소 유연하게 해석하고 있다. 민법 제844조의 규정은 정상적인 부부관계를 예정하여 만들어진 것이므로 이러한 정상적인 부부관계를 상정할 수 없는 경우, 예를 들어 남편이 실종 중인 경우나 형무소에 수감되어 있는 경우, 장기간 외국에 출장 중이었던 경우 등에는 부부 사이의 성관계는 불가능한 경우이므로 이 경우 남편과 자녀 사이의 친생자관계는 추정될 수 없다는 것이다. 대법원도 "동서의 결여로 처가 부의 자를 포태할 수 없는 것이 외관상 명백한 사정이 있는 경우에는 친생추정이 미치지 않고 친생자관계존부확인의 소의 제기가 가능하다"는 입장을 취한다.[1] 이러한 입장에서 보면 남편 甲은 무정자증이 있어서 乙과의 성관계에도 불구하고 자녀를 가질 수 없는 상황이었고 실제로 丁도 甲이 아니라 丙의 정자를 통하여 얻은 것이므로 甲과 丁의 친생자관계는 추정되지 않을 수 있다. 하지만 학설과 판례는 다른 사람의 정자를 이용하여 체외수정이 이루어졌고 남편도 여기에 동의를 한 것이라면 여전히 친생자의 추정이 미친다고 보고 있다.[2]

민법은 먼저 출생한 자녀에 대하여 친생자임을 승인한 경우에는 다시 친생부인을 못하도록 하고 있다(제852조). 이러한 민법의 태도는 일단 그러한 친생부인을 하지 않겠다는 의사를 표시한 경우에는 자녀의 복리 등을 고려하여 획일적으로 친생자관계를 확정하겠다는 의지가 담겨 있다. 그리고 이러한 취지는 사전에 남편이 아내의 체외수정에 의한 임신을 동의한 경우에도 마찬가지로 적용되어 대법원도 "남편이 인공수정에 동의하였다가 나중에 이를 번복하고 친생부인의 소

---

1) 대판 1983. 7. 12, 82므59.

2) 양수산, 친족상속법(1998), 379면; 이상태, "부부의 인공수정과 법적 문제," 아세아여성문제연구소 23집(1984), 289(299)면; 이경희, "비배우자간 인공수정의 입법화를 위한 몇 가지 제언," 인권과 정의 202호(1993), 72면 등.

를 제기하는 것은 허용되지 않는다"[3]고 하였고, 나아가 친생자 출생신고를 통해 유효하게 입양이 된 경우에 파양의 사유가 존재하지 않는 한 친생자부인의 소는 물론 친생자관계부존재확인의 소도 제기하지 못한다고 보는 대법원의 태도에서도 발견된다.[4]

결론적으로 친생부인의 소를 허용할 것이냐의 여부는 자연적 혈연관계가 존재하느냐의 여부 보다는 부모가 자녀에 대하여 친자의 지위를 부여하였는지에 따라 획일적으로 판단되어야 한다.

사안에서 甲은 丙의 정자로 乙이 임신하는 것에 동의하였고 그렇게 출생한 丁을 자신의 친생자로 출생신고하였다. 이러한 甲의 일련의 행위는 丁에 대하여 자신에 대한 친생자의 지위를 인정하겠다는 의사를 명확히 표시한 것이므로 丁을 甲의 친생자로 인정하건 혹은 친생자출생신고에 의한 입양의 효력을 인정하건 친생부인의 소는 더 이상 허용되지 못한다.

3. 친생자관계부존재확인의 소

甲은 丁을 상대로 민법 제865조의 친생자관계부존재확인의 소를 제기하는 것에 대하여서도 검토가 필요하다. 그런데 친생자관계부존재확인의 소를 제기하기 위하여서는 부(父)를 정하는 소(제845조), 친생부인의 소(제846조 이하)나 인지청구의 소(제863조)를 제기할 수 있는 사유와 다른 사유를 원인으로 할 것을 요구한다(제865조). 사안과 관련하여 보면 甲이 丁에 대하여 친생자관계부존재확인의 소를 제기하려면 친생부인의 소에 해당하지 않는 사유 즉, 丁이 甲의 친생자라는 추정을 받지 않는 경우에만 가능하다. 반면 丁은 甲과 자연적인 혈연관계가 존재하지 않지만 여전히 甲의 자녀로 추정을 받는 자이다. 또한 친생부인에 의하여 친생자관계가 부정될 수도 없는 경우이다. 결국 丁에 대하여서 甲은 친생자관계부존재확인의 소를 제기하지 못

3) 대판(전) 2019. 10. 23, 2016므2510.

4) 대판(전) 2001. 5. 24, 2000므1493.

하며 제기하더라도 부적법을 원인으로 각하된다.[5)]

4. 결　론

甲의 丁에 대한 친생부인의 소는 기각될 것이며, 甲의 丁에 대한 친생자관계부존재확인의 소는 부적법하여 각하될 것이다.

5) 대판 2000. 8. 22, 2000므292.

38. 모자(母子) 사이의 친생자관계의 발생

사 례 乙녀는 혼인하지 아니한 상태에서 甲남과의 사이에 丙을 출산하였다. 그러나 甲이 乙과 丙에 대하여 부양책임을 회피하자 甲과 헤어진 乙은 사촌언니 부부에게 부탁하여 丙을 그들의 자녀로 출생신고를 하도록 하였다. 그러나 丙에 대한 양육은 자신이 하였고, 어려운 상황 중에서도 丙을 대학까지 교육시켰다. 그런데 대학을 졸업하고 어느 정도 사회적 지위를 가져 경제적으로도 여유가 생긴 丙은 노년의 乙을 어머니로 인정하지도 않고 부양하기도 거부하였다. 이러한 경우 甲은 丙에게 부양의무의 이행을 청구할 수 있는가?[1)]

1. 문제의 제기

민법 제974조는 제1호에서 직계혈족 및 그 배우자 간에 부양의무가 있음을 규정하고 있다. 따라서 乙이 丙의 모친으로 인정된다면 乙은 직계비속인 丙에게 부양의무의 이행을 청구할 수 있다. 그런데 丙은 乙이 甲과의 법률상 혼인을 하여 낳은 혼인 중의 자녀도 아니었고, 가족관계등록부에 乙의 자녀로 등재되어 있지도 않았다. 이러한 경우에도 乙이 丙의 모친으로 인정될 수 있는지가 문제된다.

2. 모자관계의 발생

민법 제855조는 제1항에서 "혼인 외의 출생자는 그 생부나 생모가 인지할 수 있다"고 규정하고 있다. 그런데 인지란 혼인 외의 출생자에 대한 관계에서 부모가 그 자와의 친생자관계를 형성하는 신분상 행위를 말하는 것이므로, 인지 전에는 혼인 외의 출생자와 부모는 친생자관계가 존재하지 않게 된다.

---

1) 대판 1967. 10. 4, 67다1791의 사안을 변형한 것임.

하지만 이러한 설명은 부(父)와 그 친생자 사이의 관계에서만 옳은 설명이다. 혼인 외의 출생자와 부는 인지 전에는 친생자관계가 인정되지 않으므로 부와 자 사이에 발생하는 가족법상의 법률관계가 발생하지 않고, 인지에 의하여 비로소 부자간의 법률관계가 발생하게 된다. 그러나 모(母)와 그 자녀와의 사이에는 민법 제855조의 규정에도 불구하고 인지의 절차 없이 포태와 출산이라는 사실에 의하여 당연히 친자관계가 발생한다. 이는 가족관계의 등록부에 모로 등재되어 있느냐의 여부에 의하여 영향을 받는 것도 아니다.

대법원도 "민법 제855조 제1항 본문, 같은 법 제859조의 규정에 의하면 혼인 외의 출생자는 그 생부나 생모가 이를 인지할 수 있고 인지는 호적법에 정하는 바에 의하여 신고함으로써 효력이 생긴다고 되어 있기는 하나, 기아와 같은 특수한 경우를 제외하고는 혼인의 생모자 관계는 분만하였다는 사실로써 명백한 것이며, 생부의 혼인 외의 출생자에 대한 인지가 형성적인 것에 대하여 생모의 혼인 외의 출생자에 대한 인지는 확인적인 것인 점을 고려하면 혼인 외의 출생자와 생모 간에는 그 생모의 인지나 출생신고를 기다리지 아니하고 자의 출생으로 당연히 법률상의 친족관계가 생긴다고 해석하는 것이 타당하다"[2]는 입장을 취한다.

결국 乙은 별도의 인지나 가족관계등록부상의 등록여부와 상관없이 丙에 대한 임신과 출산만으로 丙의 모친으로서의 법률상 지위를 취득하게 되고 이로서 민법 제974조의 요건을 충족시키게 되므로 丙에게 부양의무를 이행할 것을 청구할 수 있다.

3. 결 론

丙은 모친으로서의 乙을 부양할 의무를 부담한다(제974조).

---

2) 대판 1967. 10. 4, 67다1791.

39. 대리모계약의 유효성과 모(母)의 결정

사 례 甲과 乙은 혼인 이후에도 오랫동안 아이가 생기지 않자 자신들의 정자와 난자를 체외수정하여 그 배아를 다른 여성의 자궁에 착상시키는 방법으로 아이를 갖기로 하였다. 인터넷의 광고를 통하여 그러한 사정을 알게 된 丙은 甲에게 연락하여 대리모계약을 체결하였다. 그 계약에는 甲과 乙의 수정된 배아를 착상하는 방법으로 丙이 임신하고 출산하되, 임신 및 출산과 산후 요양에 필요한 모든 비용은 甲의 부부가 부담하고 그 외에 추가로 丙에게 천만원을 주며 출생한 자녀에 대하여서는 丙이 아무런 권리를 주장하지 않는다는 내용을 담고 있었다. 이렇게 하여 丙은 丁을 출산하게 되었고, 甲은 출산 직후 丙의 계좌에 약속한 천만원을 이체하여 주었다. 그런데 막상 丙은 대리모계약은 무효이며 丁을 甲에게 넘겨줄 수 없고 자신이 丁을 양육하겠다고 주장한다. 甲과 乙은 丙을 상대로 丁의 인도를 청구하는 소송을 제기한다. 법원의 입장은?

민법 제913조를 근거로 한 甲과 乙의 丙에 대한 유아인도청구권

1. 문제의 제기

甲과 乙이 丙을 상대로 丁의 인도청구소송을 제기하는 것은 甲과 乙이 丁의 부모인 친권자로서 타인에 대하여 친권의 내용인 유아인도청구권을 행사하는 것이다. 즉 친권자인 부모는 자녀를 보호하고 교양할 권리와 의무가 있는데(제913조), 이를 위하여서는 미성년자녀를 자신의 보호영역에 두어야 하는 것이고 이를 침해하는 타인에 대하여 인도청구권을 행사할 수 있는 것이다. 여기서 문제는 甲과 乙이 丁의 친권자인 부모인가, 특히 난자를 제공한 乙과 임신과 출산을 한 丙 중에 丁의 모(母)는 누가 되느냐이다. 그런데 사안에서 甲과 乙은 丙과 사전에 丙이 어머니로서의 권리를 주장하지 않기로 합의하였다. 따라서 丁의 모(母)를 결정하는 문제는 당사자 사이의 대리모계약의 합의의 유효성의 문제와 난자의 제공자와 임신 및 출산을 한 산모 중 누구를 출생아의 모로 보아야 하느냐의 문제로 구별되어 설명되어야 한다.

2. 대리모계약의 유효성

대리모계약이란 혼인관계에 있는 부부와 특정 여성(대리모)과의 합의로 대리모가 임신을 하여 출산을 하되 출생한 자녀는 부부에게 인도하며 대리모는 자녀에 대한 모성을 주장하지 않기로 하는 내용의 계약을 말한다. 즉 대리모가 임신과 출산을 하되 그 자녀는 배우자 관계에 있는 부부의 자녀가 되는 것을 내용으로 하는 합의를 말한다. 대리모계약에서 대리모가 되는 여성이 임신을 하는 유형은 매우 다양하다. 배우자관계에 있는 부부가 체외수정을 하여 대리모에게 착상시켜 임신 및 출산하도록 하는 경우, 배우자관계에 있는 남성의 정자와 대리모의 난자를 통하여 대리모가 임신 및 출산을 하는 경우, 배우자관계에 있는 여성과 비배우자인 남자의 정자를 체외수정하여 대리모가 임신 및 출산을 하는 경우 및 배우자관계 아닌 다른 남자의 정자와 대리모의 난자를 통하여 대리모가 임신 및 출산을 하는 경우 등이다. 이러한 임신 및 출산의 다양한 유형과 상관없이 통설[1]은 대리모계약이 선량한 풍속 기타 사회질서에 반하는 법률행위에 해당하여 무효라는 입장을 취한다.

실제로 대리모계약은 여성을 임신 및 출산의 도구로 보는 계약으로 인간의 존엄을 해치며 나아가 임신 및 출산을 한 여성의 자녀에 대한 모성을 부정하여 인륜에도 반한다. 민법 제103조의 반사회적 법률행위로 무효라고 보는 것이 타당하다. 결국 丁을 임신하고 출산을 한 丙이 丁의 모친의 지위를 포기하기로 한 약정은 효력이 없다.

1) 윤진수, 친족상속법(2018), 190면 참조.

3. 모(母)의 결정

민법은 출생한 자녀의 부자(父子)관계에 대하여서는 규정들(제844조 이하)을 두고 있는 반면 모자관계에 대하여서는 특별한 규정을 두고 있지 않다. 다만 민법 제855조는 혼인외의 출생자를 생모가 인지할 수 있다고 할 뿐이다. 여기서 학설[2)]과 판례[3)]는 제855조가 기아 등 모자관계가 불분명한 특수한 경우에 한하여 허용되는 것으로 출생자와 생모는 '출산'이라는 자연적 사실에 의하여 당연히 법률상 친족관계가 생긴다고 해석하고 있다.

이러한 해석은 누구의 난자를 통하여 출생한 것인지도 묻지 않겠다는 것으로 가정법원은 "'출산'이라는 자연적 사실은 다른 기준에 비해 그 판단이 분명하고 쉬운 점, 모자관계는 단순히 법률관계에 그치는 것이 아니라, 수정, 약 40주의 임신 기간, 출산의 고통과 수유 등 오랜 시간을 거쳐 형성된 정서적인 부분이 포함되어 있고, 그러한 정서적인 유대관계 역시 '모성'으로서 법률상 보호받는 것이 타당한 점, 그런데 유전적 공통성 또는 관계인들의 의사를 기준으로 부모를 결정할 경우 이러한 모성이 보호받지 못하게 되고, 이는 결과적으로 출생자의 복리에도 반할 수 있는 점, 또한 유전적인 공통성 또는 수정체의 제공자를 부모로 볼 경우 여성이 출산에만 봉사하게 되거나 형성된 모성을 억제하여야 하는 결과를 초래할 수 있고, 그러한 결과는 우리 사회의 가치와 정서에도 맞지 않는 점, 정자나 난자를 제공한 사람은 민법상 '입양', 특히 친양자입양을 통하여 출생자의 친생부모와 같은 지위를 가질 수 있는 점 등"을 고려하여야 한다는 입장이다.[4)] 이러한 가정법원의 태도는 특히 40주의 임신기간이나 출산의 고통과 수유의 기간 동안에 태아에 대하여 갖게 될 대리모의 애정을 생각하면 타당한 것이다. 반면 대리모계약을 통하여서라도 아이를 갖기를 바라는 부부의 바람도 고려되어야 할 것이다. 명확하면서도 당사자의 이익이

---

2) 윤진수, 친족상속법(2018), 174면.

3) 대판 1967. 10. 4, 67다1791.

4) 서울가법 2018. 5. 9, 2018브15.

모두 고려되는 입법적인 해결이 필요해 보인다.

4. 결　론

임신과 출산의 사실에도 불구하고 어머니가 되지 않기로 하는 대리모계약은 인륜에 반하는 반사회적 법률행위에 해당하여 효력이 없다(제103조). 대법원의 입장과 같이 출생한 자녀의 모를 결정하는 것은 임신과 출산이라는 사실에 기초하여 판단하는 것이 타당하다. 사안에서 실제로 丁을 임신하고 출산한 사람은 丙이다. 따라서 甲과 乙이 丁의 모친인 丙을 상대로 유아인도청구권을 행사하는 것은 丁의 친권자에 대한 청구로 법원은 그 청구를 인용하지 않을 것이다.

40. 친생부인의 소를 제기할 수 있는 아내의 의미

사 례 A남은 B녀와 혼인하여 12년 동안 자녀 C와 甲을 낳은 후 이혼하였고 乙녀와 재혼하여 자녀 D를 낳고 사망하였다. A가 사망하자 상속재산과 관련하여 甲과 乙 사이에 분쟁이 발생하였는데, 그 와중에 乙은 甲이 A의 자녀가 아니라 B가 바람을 피워 낳은 자녀라는 이야기를 전해 듣게 되었다. 실제로 유전자 감정의 결과 甲이 A남의 자녀일 수 없다는 소견이 나왔다. 乙은 甲이 A의 상속재산의 분할에 관여하기를 원하지 않았다.[1)]

(1) 乙은 甲을 상대로 A와 甲이 친생자관계가 아니라는 점을 들어 친생자관계부존재확인의 소를 제기한다. 법원의 입장은?

(2) 乙은 甲을 상대로 A가 甲의 친생자가 아니라는 친생부인의 소를 제기한다. 법원의 입장은?

乙이 甲의 상속인의 지위를 부정할 수 있는지 여부

1. 문제의 제기

乙이 甲의 상속인의 지위를 부정하기 위하여서 甲이 A의 자녀가 아니라는 것을 입증하여 친생자관계를 부정하면 된다. 그 수단으로 친생자관계부존재확인의 소(865조)와 친생부인의 소(제844조)를 생각해 볼 수 있다.

2. 친생자관계부존재확인의 소

乙이 甲을 상대로 친생자관계부존재확인의 소를 제기할 수 있는 경우는 부(父)를 정하는 소(제845조), 친생부인의 소(제846조 이하)나

1) 대판 2014. 12. 11, 2013므4591의 사안을 변형한 것임.

인지청구의 소(제863조)를 제기할 수 있는 사유와 다른 사유를 원인으로만 가능하다. 그런데 甲은 A와 B가 혼인 중에 낳은 자녀로 A의 친생자로 추정을 받는 자이다. 이렇게 친생추정을 받는 자녀에 대하여 부(父)와의 친생자관계를 부정하는 것은 원칙적으로 친생부인의 소로만 가능하다. 다만 학설과 판례는 부의 자녀가 될 수 없는 명백한 사유가 있는 경우에는 이러한 친생추정은 미치지 않으므로 친생자관계부존재확인의 소가 가능하다는 입장을 취하고 있다.

그렇다면 유전자감정을 한 결과 남편의 자녀가 아니라는 소견이 나온 경우도 친생자추정이 부정되는 명백한 사유가 되느냐의 문제가 발생하는데 대법원은 이를 부정한다.[2] 민법이 친생추정을 인정하고 친생부인에 대하여 획일적이면서도 매우 엄격한 태도를 취하는 것은 혈연진실주의뿐만 아니라 가정의 평화와 자녀의 복리 등이 종합적으로 고려한 결과라고 볼 것이다. 따라서 특별한 사정이 없는 한 친생의 부인과 관련된 사항은 자녀의 부모인 남편과 아내가 결정하도록 하는 친생부인의 소를 통해서만 결정하는 것이 타당하다. 따라서 乙의 甲에 대한 친생자관계부존재확인의 소는 각하될 것이다.

3. 친생부인의 소

친생부인은 ① 친생추정을 받는 자녀를 상대로, ② 남편이나 아내가, ③ 그 사유를 안 날로부터 2년 내에, ④ 친생을 부인하는 소를 제기하는 방법에 의하여 이루어진다(제847조).

먼저 이 소의 상대방이 되는 자녀 甲은 A와 B사이의 혼인 중의 자녀로 비록 유전자 감정결과 A의 자녀는 아님이 밝혀졌더라도 여전히 민법에 의하여 친생추정을 받는 자로 보아야 한다. 따라서 친생부인의 소는 친생추정을 받는 자녀를 상대로 하여야 한다는 요건은 충족된다.

두 번째로 친생부인의 소는 남편이나 아내에 의하여 제기되어야

2) 대판 2012. 10. 11, 2012므1892.

하는데 乙이 민법 제847조의 아내가 될 수 있는지 의문이다. 먼저 민법 제846조는 "부부의 일방은 제844조의 경우에 그 자가 친생자임을 부인하는 소를 제기할 수 있다"고 하는데, 제844조는 "아내가 혼인 중에 임신한 자녀는 남편의 자녀로 추정한다"고 한다. 따라서 제844조의 아내와 제846조의 부부는 동일한 사람을 가리키게 되고 따라서 자녀를 임신하고 출산한 생모로서의 아내를 의미하게 된다. 또한 민법 제847조에서 아내를 친생부인의 소를 제기할 수 있도록 2005년에 개정한 것은 친생자관계가 없는 자신의 자녀가 남편으로부터 학대받는 것을 막거나 친부로부터 인지 등을 받을 수 있도록 하기 위함이었다. 이러한 점을 종합하여 보면 제847조의 친생부인의 소를 제기할 수 있는 자는 자녀의 생모로 제한된다.

반면 사안의 乙은 A가 甲의 생모인 B와 이혼을 한 후에 재혼을 통하여 아내가 된 자로 甲의 계모이다. 따라서 乙은 친생부인의 소를 제기할 아내에 해당하지 않게 된다. 결국 두 번째 요건이 충족되지 못하여 乙이 甲을 상대로 제기한 친생부인의 소는 부적법하여 각하될 것이다.[3)]

4. 결　론

乙은 甲의 상속인의 지위를 부정하지 못한다. 민법 제1000조 및 제1003조에 의하여 甲과 乙은 A의 공동상속인이 된다.

---

3) 대판 2014. 12. 11, 2013므4591.

41. 출생신고에 의한 인지와 친생자관계부존재확인의 소

사 례 甲남은 乙녀와 혼인 후에도 오랫동안 아이가 생기지 않자 丙녀와의 관계를 통하여 丁을 출산하고 丁을 甲과 乙의 친생자로 출생신고를 하였다. 그런데 甲은 丁에 대한 유전자 검사를 통하여 丁이 자신의 친자가 아니라는 사실에 충격을 받고 심장마비로 사망한다. 乙은 甲의 재산을 丁이 상속받는 것을 막기를 원한다.[1] 乙이 丁을 상대로 취할 수 있는 조치로는 무엇이 있는가?

1. 친생자의 출생신고에 의한 인지

아내가 아닌 제3자와의 성관계로 낳은 丁을 甲은 乙과의 사이에 낳은 혼인 중의 자녀로 출생신고한다. 하지만 이러한 출생신고는 실체관계에 부합하지 않는 것으로 원칙적으로 아무런 효력이 발생하지 않는다. 그런데 판례는 종래부터 생부(生父)가 혼인 외의 자에 대하여 친생자출생신고를 한 때에는 그 신고는 인지로서의 효력을 가진다는 입장을 취하여 왔다.[2] 따라서 甲이 丁을 가족관계등록부에 등록함으로써 甲의 임의인지의 형식적인 절차는 적법하게 갖추어진 것이다.

그런데 인지가 유효하기 위하여는 실질적인 요건도 또한 갖추어져야 한다. 즉, 인지자와 피인지자 사이에 자연적인 혈연관계가 존재하여야 한다. 그러나 사안에서 甲과 丁 사이에는 유전적으로 자연적 혈연관계가 존재하지 않았다. 즉 丙이 출산한 丁은 甲의 아이가 아닌 다른 제3자의 아이인 것이다. 이러한 경우에도 甲과 乙에게 丁에 대

1) 대판 1993. 7. 27, 91므306의 사안을 변형한 것임.
2) 이러한 대법원의 태도는 현행 가족관계의 등록 등에 관한 법률에 명문화되어 규정되어 있다(동법 제57조).

한 입양의 의사가 있다면 유효한 입양으로 인정되어 법정 혈족관계가 발생할 수 있을 것이다. 그러나 사안에서는 그러한 甲의 의사는 전혀 발견되지 않는다. 甲은 丁을 자신의 아이라고 생각하고 출생신고를 한 것이고 만약 丁이 자신의 아이가 아니었다고 했다면 친생자출생신고를 하지 않았을 것이다.

이러한 경우 인지는 법률상 요건의 불충족으로 아무런 효력을 갖지 못하게 되고, 따라서 丁은 甲과 친생자관계가 인정되지 않아 甲의 상속인이 되지 못하고 따라서 甲의 재산을 상속받지 못하게 될 것이다.

하지만 이렇게 인지가 무효라고 하여도 가족관계등록부상에는 丁이 여전히 甲의 자녀로 되어 있을 것이고, 이러한 현실에서 乙은 丁의 상속이나 그 이후의 재산처분 등을 효율적으로 막지는 못하게 된다. 丁은 등기소에서 자신의 상속분에 해당하는 지분의 이전을 신청하는 것이 가능하고 이 등기를 기화로 甲의 재산을 현실적으로 처분할 수 있는 것이다. 이럴 경우 乙은 그러한 재산을 회수하는 데에 많은 어려움이 발생한다. 전득자가 민법상 선의의 제3자 보호규정에 의하여 재산권을 유효하게 취득하게 될 수도 있고 이럴 경우 丁에 대하여 부당이득이나 손해배상 등을 청구하여야 하는데 丁이 그러한 청구에 응할 만한 경제적 능력을 유지한다는 것도 장담하기 어렵다. 여기서 乙은 甲의 인지가 효력이 없다는 법원의 판단을 받아 가족관계등록부의 정정을 할 필요성이 있게 된다.

2. 인지무효의 확인을 받는 방법

문제는 乙이 甲에 의한 인지가 효력이 없다는 것을 형식적으로 어떠한 소송을 통하여 확인을 받을 수 있느냐이다. 왜냐하면 친생자관계를 부인하는 방법으로 혼인 외의 자에 대하여는 기본적으로 친생자관계부존재확인의 소(제865조)가 있고, 인지로 인한 경우에는 인지이의의 소(제862조)나 인지무효의 소(가소법 제2조, 가류사건)가 있는데, 사안에서는 친생자출생신고에 의한 인지의 효력이 문제되기 때문이다. 친생자관계부존재확인의 소를 제기하는 것이 타당한지 아니면 인지이의의 소나 인지무효의 소가 타당한지 판단되어야 하는 것이다.

친생자출생신고가 효력의 측면에서 인지신고로 전환되므로 인지에 관한 소 즉, 인지이의의 소 혹은 인지무효의 소로 다투어야 한다고 보는 견해가 있을 수 있으나, 판례는 인지무효나 인지이의의 소를 제기하기 위해서는 인지신고가 있어야 한다는 입장이다. 따라서 설문과 같이 혼인중의 자로 친생자출생신고가 되어 있는 경우에는 인지에 관한 소가 아닌 친생자관계부존재확인의 소를 제기하여야 한다고 본다. 즉 대법원은 "인지에 대한 이의의 소 또는 인지무효의 소는 민법 제855조 제1항, 호적법 제60조(현재는 가족관계등록 등에 관한 법률 제55조)의 규정에 의하여 생부 또는 생모가 인지신고를 함으로써 혼인 외의 자를 인지한 경우에 그 효력을 다투기 위한 소송이며, 위 각 법조에 의한 인지신고에 의함이 없이 일반 출생신고에 의하여 호적부상 등재된 친자관계를 다투기 위하여는 위의 각 소송과는 별도로 민법 제856조가 규정하고 있는 친생자관계부존재확인의 소에 의하여야"[3] 한다고 판시하였다. 乙의 丁에 대한 친생자관계부존재확인의 소는 인용되게 될 것이다.

3. 결 론

乙은 丁을 상대로 친생자관계부존재확인의 소를 제기하여 丁이 甲의 상속인이 아니라는 점을 밝힐 수 있다.

---

3) 대판 1993. 7. 27, 91므306.

42. 친생자관계부존재확인 및 인지청구의 소의 제소기간

사 례 甲은 2013년 7월경 친척으로부터 자신의 친부가 A가 아니라 1952년에 돌아가신 큰아버지 B라는 이야기를 전해 들었다. B가 외도를 하여 자신을 낳았는데 A의 자녀로 허위로 출생신고를 하였다는 것이다. 사망 당시 B는 엄청난 재력가였고 사망 후 B의 자녀들이 토지를 포함한 그의 상속재산을 분할하여 소유하고 있었다. 한편 甲은 A가 1999년 7월경 사망할 당시에 그 임종을 지켰었다. 甲은 B에 대한 자신의 상속권을 주장하기를 원하였다. 甲이 취할 수 있는 조치는 무엇이 있는가?

1. 문제의 제기

甲이 자신의 상속권을 주장하기 위하여서는 자신이 B의 자녀라는 점을 인정받아야 한다(제1000조). 즉 자신이 B의 친생자라는 점을 인정받아야 하는데 이는 인지청구의 소에 의하여서만 가능하다. 그런데 이러한 인지청구의 소는 甲이 다른 사람의 친생추정을 받지 않아야 하고 사망을 안 날로부터 2년 내에 검사를 상대로 제기하여야 한다(제864조).

2. 친생자관계부존재확인의 소와 인지청구의 소

친생자로 추정을 받는 자녀인 경우에는 다른 사람을 부친으로 인정하여 달라는 인지청구의 소가 허용되지 않는다.[1] 따라서 A의 자녀로 친생추정을 받고 있는 甲이 B를 상대로 인지청구의 소를 제기하기 위하여서는 친생부인의 소나 친생자관계부존재확인의 소를 통하여

1) 대판 2000. 1. 28, 99므1817.

甲이 A의 자녀가 아니라는 점이 먼저 증명되어야 한다.

친생부인의 소는 친생추정을 받는 자녀에 대하여 남편이나 아내가 상대방 배우자 혹은 자녀를 상대로 제기하는 소송이다(제846조). 즉 자녀인 甲은 친생부인의 소를 제기할 자격이 없다. 그런데 甲의 부친인 A는 이미 사망한 상황이고 친모에 대하여서는 사안에 아무런 언급이 없다. 따라서 친생부인의 소송이 제기될 여지는 없다.

이러한 상황에서 甲은 A의 친생자로 신고되었지만 친생추정을 받지 않는 경우에 해당한다는 점을 입증하여 친생자관계부존재확인의 소(제865조)에 의하여 A의 자녀가 아니라는 점을 인정받아야 한다. 그런데 친생자관계부존재확인의 소는 상대방의 사망을 안 날로부터 2년 내에 제기하여야 하고(제865조 제2항), '사망을 안 날'에 대하여 대법원은 '사망을 객관적으로 안 날'이라고 하고 있다. 즉 친생자관계가 없었다는 점에 대하여 알았는지의 여부와 상관없이 사망을 객관적으로 알았을 때라고 보고 있다.[2] 그런데 사안에서 A는 1999년 7월경에 사망하였고 甲이 그 임종을 지켰으므로 甲이 B의 자녀라는 사실을 안 2013년에는 이미 이 기간이 도과한 후이다. 제865조 제2항의 제소기간은 법원이 직권으로 조사하여야 할 제척기간에 해당하므로 甲의 친생자관계부존재확인의 소는 본안에 대한 판단없이 부적법 각하될 것이다.

甲은 친생자관계부존재확인의 소를 제기할 수 없어서 인지청구의 소를 제기해도 법원이 이를 인용하지 않을 것이다. 하지만 인지청구의 소도 '사망을 안 날'로 부터 2년 내에 제기하여야 하는데(제846조) 대법원은 이 기간에 대하여서도 '사망한 사실을 객관적으로 안 날'로부터 기산한다는 입장이다.[3]

대법원이 친생자관계부존재확인의 소나 인지청구의 소에서 제척기간에 대한 다소 엄격한 태도를 취하는 이유는 법률관계의 조속한 안정이라는 규정의 취지에 기반한다. 즉 "인지청구 등의 소에서 제소

2) 대판 2015. 2. 12, 2014므4871.

3) 대판 1977. 6. 24, 77므7.

기간을 둔 것은 친생자관계를 진실에 부합시키고자 하는 사람의 이익과 친생자관계의 신속한 확정을 통하여 법적 안정을 찾고자 하는 사람의 이익을 조화시킨다는 의미가 있는데, ① 당사자가 사망함과 동시에 상속이 개시되어 신분과 재산에 대한 새로운 법률관계가 형성되는데, 오랜 시간이 지난 후에 인지청구 등의 소를 허용하게 되면 상속에 따라 형성된 법률관계를 불안정하게 할 우려가 있는 점, ② 친생자관계의 존부에 관하여 알게 된 때를 제소기간의 시점으로 삼을 경우에는 사실상 이해관계인이 주장하는 시기가 제소기간의 기산점이 되어 제소기간을 두는 취지를 살리기 어렵게 되는 점 등을 고려할 때, 인지청구 등의 소에서 제소기간의 기산점이 되는 '사망을 안 날'은 사망이라는 객관적 사실을 아는 것을 의미하고, 사망자와 친생자관계에 있다는 사실까지 알아야 하는 것은 아니라고 해석함이 타당하다"[4]는 것이다. 법적 안정성의 측면에서 타당한 해석이라고 생각된다. 따라서 1952년에 사망한 B에 대하여 인지청구의 소를 제기하는 것도 이미 사망한 사실을 안 날로부터 2년이 경과하였으므로 법원에 의하여 각하될 것이다.

3. 결　론

甲의 A에 대한 친생자관계부존재확인의 소와 B에 대한 인지청구의 소는 제소기간의 경과로 본안에 대한 판단없이 각하될 것이다.

4) 대판 2015. 2. 12, 2014므4871.

43. 사후 인지와 후순위 상속인의 손해배상금 수령

사 례 乙회사에서 근무하던 甲은 근무 도중 사망하였다. 甲은 유족으로 모친 丙이 있었다. 丙은 乙을 상대로 甲에 대한 손해배상금의 이행을 내용으로 하는 손해배상청구소송을 제기하여 1991. 9. 6. 일부승소판결을 선고받았다. 그런데 사망 당시 甲에게는 X 와의 사이에 혼인 외의 자녀인 丁이 있었다. 丁은 丙이 乙을 상대로 손해배상청구소송을 제기하였다는 소식을 듣고 1991. 3. 9. 乙에게 내용증명우편으로 "자신이 甲의 친생자이므로 丙에게 손해배상금을 지급하지 말 것"을 요구하였고, 1991. 5. 18. 인지청구소송을 제기한 후 소제기접수증 및 소장 등의 사본을 乙에게 보냈다. 그러나 乙과 丙은 손해배상금액에 합의하여 乙은 지연손해금을 포함한 97,677,047원에서 일부를 면제받고, 합의한 금 85,000,000의 손해배상액을 丙에게 지급하였다. 丁의 인지청구소송은 1991. 12. 27. 승소로 확정되었다.[1] 丁은 乙을 상대로 손해배상금의 지급을 청구하는 소송을 제기하고 동시에 丙을 상대로 부당이득반환청구소송을 제기하였다. 법원의 입장은?

1. 문제의 제기

丁이 乙을 상대로 손해배상금의 지급을 구하는 소송을 제기한 것은 자신이 甲의 아들로서 丙보다 선순위의 상속인이고(제1000조) 따라서 甲의 乙에 대한 손해배상청구권은 甲의 사망으로 인하여 자신에게 귀속됨을 전제로 한다. 먼저 丁이 甲의 상속인의 지위를 취득하게 되는지 검토되어야 한다.

그러나 丁에 대하여 상속인의 지위를 인정한다고 하더라도 乙은 이미 甲의 모친인 丙과 손해배상액에 관하여 합의를 하였고 합의한 금액을 지급한 상태이다. 그리고 丙은 그 금액을 수령할 당시 丁의 인지판결이 아직 확정되지 않아, 사망한 甲의 직계존속으로서 상속인으

1) 대판 1995. 1. 24, 93다32200의 사안을 변형한 것임.

로서의 지위도 갖고 있었다. 여기서 乙의 丙에 대한 손해배상금의 지급이 채권의 준점유자에 대한 변제에 해당하여 乙이 자신의 채무로부터 벗어날 수 있는지가 검토되어야 한다.

만약 채권이 준점유자에 대한 변제로 乙의 채무가 소멸하게 되면 甲은 乙에게 더 이상 채무의 이행을 청구하지 못한다. 이 경우 채권자 아님에도 변제를 받아 이익을 취한 丙에 대한 부당이득반환청구의 문제가 제기된다.

2. 丁의 민법 제864조를 근거로 한 인지청구의 소

丁은 혼인을 하지 않은 甲과 X 사이에서 출생한 자녀로 어머니인 X와는 별도의 절차 없이 당연히 친생자관계를 인정받지만 아버지인 甲에 대하여는 혼인 외의 자녀로 인지절차를 거쳐야만 친생자로 인정을 받는다.[2] 통상 친자관계는 아버지의 임의인지로 발생하지만 아버지가 임의로 인지하지 않는 경우 혼인 외의 출생자는 인지청구의 소를 제기할 수 있고(강제인지), 아버지가 사망한 경우에도 그 사망을 안 날로부터 2년 내에 검사를 상대로 인지청구의 소를 제기할 수 있다(제864조).

丁은 검사를 상대로 이러한 인지청구의 소를 제기하여 승소판결을 받았다. 따라서 丁은 태어날 때로 소급하여 甲의 자녀가 되고(제860조), 甲이 사망한 때로부터 소급하여 상속권을 취득하게 된다. 비록 민법 제860조가 인지의 소급효에도 불구하고 "제3자의 취득한 권리를 해하지 못한다"고 규정하고 있지만 피인지자의 공동상속인이나 후순위상속인은 이 규정의 제3자에 해당하지 않는다.[3] 공동상속인이나 후순위상속인으로부터 상속재산에 대한 권리를 취득한 자만이 이 규정의 제3자에 해당한다고 보는 것이 타당하다. 그렇지 않게 되면 인지로 인하여 상속인이 된 자는 결국 상속권을 주장하지 못하게 되

2) 대판 1984. 9. 25, 84므73.
3) 대판 1974. 2. 26, 72다1739.

는 불합리한 결과가 발생하기 때문이다.

그런데 甲의 직계존속인 丙은 직계비속인 丁보다 후순위의 상속인이다(제1000조 제1항). 결국 사안의 丙에 대한 乙의 손해배상금지급은 甲으로부터 손해배상청구권을 상속받지 않은 무권리자에 대한 변제, 즉 비채변제가 된다.

3. 민법 제470조의 채권의 준점유자에 대한 변제

민법은 예외적으로 채권을 사실상 행사하는 사람에 대하여 변제자가 선의이며 과실이 없는 경우에 변제의 효력이 있다고 규정하고 있다(제470조). 즉 채권자로 오인될 만한 외관을 갖추고 있는 자에 대한 변제의 경우 변제자가 선의이며 무과실이면 채무자는 채무로부터 해방되는 것이다. 문제는 사안의 경우 변제자에게 선의 및 무과실의 요건이 충족되느냐의 여부이다.

丁은 손해배상소송판결이 선고되기 전에 乙에게 자신이 甲의 친생자임을 알려 주었고 이미 인지청구의 소를 제기한 사실도 고지하였다. 이러한 상황에서 乙이 재판상 이러한 사정을 담당재판부에 고지하여 인지청구소송의 판결이 선고되기까지 손해배상청구소송의 재판을 연기해 줄 것을 요청하지도 않았고, 패소판결을 받은 후에도 항소도 하지 않았으며 오히려 丙과의 합의를 통하여 손해배상금의 일부를 면제받고 나머지를 변제한 것은 과실에 기초한 변제로 변제의 효력을 부인하여야 한다는 입장이 있다.[4] 반면 통설과 판례는 채권의 유효한 변제를 인정한다. 인지청구의 소를 제기하였다고 하더라도 인지판결이 확정되기 전에는 상속인으로서의 권리를 행사할 수 없고, 그러한 인지판결이 확정되기 전의 정당한 상속인이 채무자에 대하여 소를 제기하고, 나아가 승소판결까지 받았다면, 채무자로서는 그 권리행사를 거부할 수 없으므로 채무자가 표현상속인이 정당한 권리자라고 믿은 데에 과실이 있다 할 수 없으므로, 채권의 준점유자에 대한 변제로서

4) 이화숙 외, 가족법 판례해설(2009), 288면 이하.

적법하다고 본 것이다.[5] 채무자로서는 불확정한 장래의 사정을 들어 자신의 지체책임을 면할 수 없는 입장이었으므로 통설과 판례의 태도가 타당하다. 따라서 乙의 丙에 대한 손해배상채무의 변제로 丁의 채권은 소멸하였다.

4. 丁의 丙에 대한 민법 제741조의 부당이득반환청구

丁의 손해배상청구권이 채권의 준점유자에 대한 변제규정에 의하여 소멸하게 된 경우 丁은 민법 제741조를 근거로 하여 丙에게 부당이득반환청구권을 행사할 수 있다. 丙은 손해배상금을 지급받아 이득을 보았고, 그로 인해 정당한 상속인인 丁에게 손해배상청구권 상실이라는 손해를 입혔으며, 丙의 이득과 丁의 손해 사이에는 인과관계가 있으므로 丁은 丙이 얻은 이익의 반환을 청구할 수 있는 것이다.

5. 결 론

丁의 乙에 대한 청구는 변제를 하여 채무가 소멸한 자에 대한 청구로 기각될 것이고 丙에 대한 부당이득반환청구는 인용될 것이다.

5) 예를 들어 이은영, 채권총론(2009), 693면; 대판 1995. 1. 24, 93다32200 등.

44. 인지청구권의 포기 및 실효

사 례 甲은 아내 丁과 사별하였다고 속이고 乙녀에게 혼인을 약속하고 동거하면서 1974년 그들 사이에서 丙을 낳게 된다. 그러나 甲이 그 후 乙과 丙을 떠나 丁에게 가자 乙은 甲을 상대로 위자료 청구 및 丙에 대한 양육자지정신청을 하였다. 이 과정에서 丁과 丙을 대리한 乙은 "甲은 乙과 丙에게 특정 토지와 일정액의 금액을 주되 그에 대한 대가로 乙과 丙은 丙이 甲의 친생자가 아님을 확인하고 더 이상 甲에게 금전을 요구하지 않기로 한다"는 조정 및 재판상 화해를 하였다. 그러나 그로부터 30여 년이 지난 후 丙은 甲이 많은 재산을 남기고 사망하였다는 소식을 듣고 며칠이 지나 검사를 상대로 인지청구의 소를 제기하였다.[1] 법원의 입장은?

민법 제864조를 근거로 하여 丙이 인지청구의 소를 제기할 수 있는지 여부

1. 문제의 제기

혼인 외의 자녀는 부친과의 친생자관계를 형성하기 위하여, 그가 생존하여 있는 경우에는 민법 제863조를 근거로, 그가 사망한 경우에는 민법 제864조를 근거로 인지청구의 소를 제기할 수 있다. 인지청구의 소가 인용되면 혼인외의 자녀는 출생 시부터 부친과 친생자관계가 있는 것으로 인정되어 적법한 상속인의 지위를 취득하게 된다. 그런데 丙을 대리한 乙은 30년 전에 조정과 재판상 화해를 통하여 丙이 甲의 친생자가 아니라고 확인하여 줌과 동시에 인지청구권을 포기하면서 그에 대한 대가를 지급받았다. 이러한 丁과의 합의에도 불구하고 여전히 丙이 인지청구권을 행사할 수 있는지가 문제된다. 특

1) 대판 2007. 7. 26, 2006므2757의 사안을 변형한 것임.

히 판결의 효력이 있는 재판상 화해를 통하여 인지청구권을 포기하기로 한 사안의 경우에 그 효력이 문제 된다.

2. 인지청구권 포기의 효력

우리나라의 통설[2)]과 판례[3)]는 인지청구권은 본인의 일신전속적인 신분관계상의 권리로서 포기할 수도 없으며 포기하였더라도 그 효력이 발생하지 않는다는 입장을 취한다. 기본적으로 통설과 판례의 입장이 타당하다. 인지청구권의 핵심적인 내용은 자신의 부친을 찾음으로써 혈연관계 내에서 스스로의 정체성을 찾는 작업이다. 인지청구권의 행사가 대체로 상속과 같은 재산상의 권리와 관련되지만, 이러한 재산상의 권리주장도 부친와의 관계를 확인하면서 그와 불가분적으로 결합된 부양 내지 상속의 권리를 주장하는 것이므로 부자간의 친자관계가 인정되는 한 인지청구권도 함께 인정되어야 하는 것이다.

3. 조정이나 재판상 화해를 통한 인지청구권 포기의 효력

당사자 사이에 조정이나 재판상 화해에 의하여 친생자관계부존재확인청구나 인지청구권을 포기하기로 한 경우도 그 효력이 없는 것은 마찬가지이다. 친생자관계존부의 문제는 당사자가 임의로 처분할 수 없는 사항에 관한 것으로 조정이나 화해의 대상이 되지 못하기 때문이다. 이러한 합의를 내용으로 하는 조정이나 재판상 화해도 효력을 갖지 못한다.[4)]

---

2) 양수산, 친족상속법(1998), 367면; 김주수/김상용, 친족상속법(2009), 288면; 조승현, 친족상속법(2009), 190면 등.

3) 대판 2007. 7. 26, 2006므2757.

4) 대판 2007. 7. 26, 2006므2757.

4. 인지청구포기의 합의와 신의성실의 원칙

비록 丙이 甲의 상속재산을 받기 위하여 인지청구권을 행사한다고 하더라도 이를 사회도덕관념에 비추어 도저히 용인될 수 없는 권리의 행사로 볼 수 없다.[5] 혼인 외의 자인 丙이 부친으로부터 과거에 받지 못한 것에 대한 정당한 보상을 요구하고 친자관계라면 누릴 수 있었던 많은 것들을 자녀로서 요구하는 것을 비윤리적인 것으로 비난할 수는 없을 것이기 때문이다.

30년 동안 권리의 행사를 하지 않다가 그의 사망 후에 인지청구권을 주장한 것이 실효의 법리에 의하여 소멸하였다는 주장도 타당하지 않다. 인지청구권은 부모가 살아 있는 한 언제나 주장할 수 있는 것이며, 부모가 사망한 경우에도 2년 안에 검사를 상대로 제기하면 된다(제864조). 이러한 민법의 규정은 인지청구권이 실효의 대상이 될 수 없음을 전제하는 것이다. 대법원도 권리자가 장기간 권리를 행사하지 아니하여 상대방이 권리불행사에 대한 신뢰를 가지게 되었다 하더라도 실효의 법리가 적용될 수 없다는 입장을 취하고 있다.[6]

5. 결　론

丙의 인지청구의 소는 정당한 것으로 丙은 인지의 판결을 받은 후 다른 공동상속인들에 대하여 자신의 상속분을 주장할 수 있다(제1014조).

---

5) 대판 2001. 11. 27, 2001므1353.
6) 대판 2001. 11. 27, 2001므1353.

제2절 양　자

45. 친생자출생신고에 의한 입양

사 례 1940년 5월경 A는 B와 혼인하였으나 그 사이에 자녀가 없어서 9촌 조카인 甲을 그 부모의 동의를 받고 데려와 친생 장남으로 출생신고하였다. A는 그 후 C를 소실로 얻어 동거하던 중 1957년 7월에 그 사이에서 乙을 출산하여 자신의 친생 차남으로 출생신고를 하였다. A는 B가 사망하자 C와 혼인신고를 하였다. 그런데 A는 乙이 출생한 후부터 甲을 자식으로 생각하지 않았고 甲도 집을 나와 따로 살아 왔다. A가 1978년 8월에 사망하자 甲과 乙은 함께 상주노릇을 하였지만 그 후 제사 등은 乙이 단독으로 하였고 유산도 乙이 단독으로 관리하였다. 甲은 乙을 상대로 상속재산분할청구소송을 제기한다.[1] 乙은 甲에게도 A의 재산을 분할해 주어야 하는가?

甲이 민법 제1013조 제1항을 근거로 상속재산의 분할을 청구할 수 있는지 여부

1. 문제의 제기

甲이 제1013조 제1항을 근거로 A의 재산을 분할받기 위하여서는 A의 친생자인 乙과 함께 공동상속인의 지위를 취득하여야 한다(제1000조). 그런데 甲은 A의 친생자가 아니므로 A의 자녀로 상속인의 지위를 취득하기 위하여서는 A와 법정혈족관계를 창설하는 입양이

1) 대판(전) 1977. 7. 26, 77다492의 사안을 변형한 것임.

있어야 한다. 2013년에 개정된 현행 법률은 입양을 하기 위하여서는 무엇보다도 가정법원의 허가가 있어야 한다(제867조 제1항). 반면 개정 이전에는 양부모가 될 사람과 입양될 자녀의 합의, 자녀의 입양에 대한 부모의 동의 및 입양신고만 있으면 입양이 유효하게 이루어졌었다. 이 사례는 바로 개정 전 민법이 적용되는 입양에 관한 사안으로 친생자출생신고에 의하여서도 입양이 인정될 것이냐의 문제가 주된 쟁점이다.

2. 친생자출생신고에 의한 입양의 효력

A와 B가 甲을 입양하기 위해서는 법률이 정하는 바에 의하여 입양신고를 하여야 할 것인데 A는 그 대신 甲을 친생자로 출생신고를 하였다. 이 경우 원칙적으로 입양신고와 친생자 출생신고 모두 효력이 없다. 먼저 친생자 출생신고는 보고적 효력을 갖는 것에 불과하여 그 신고로 친생자관계가 창설될 수는 없고 A와 甲 사이에는 친생자관계도 존재하지 않으므로 친생자 출생신고는 아무런 효력이 없다. 또한 입양은 당사자 사이의 입양의 의사와 입양의 신고가 있어야 하는데 이렇게 입양과 같은 가족법상의 법률행위는 엄격한 요식행위로 형식을 갖추지 않거나 맞지 않는 형식의 법률행위는 아무런 효력을 갖지 못한다. 따라서 입양의 의사가 있었더라도 입양은 효력이 없다.

반면 대법원은 개정 전 민법이 적용될 당시에 "당사자 사이에 양친자 관계를 창설하려는 명백한 의사가 있고 기타 입양의 실질적 요건이 모두 구비된 경우에는 요식성을 갖춘 입양신고 대신 친생자 출생신고를 하더라도 입양의 효력이 있다"[2]는 태도를 보여 왔다. "양친자관계는 파양에 의하여 해소될 수 있다는 점을 제외하고는 법률적으로 친생자관계와 똑같은 내용을 가지고 있는 것이므로 허위의 친생자 출생신고는 법률상 친자관계의 존재를 공시하는 신고로서 입양신고

2) 대판(전) 1977. 7. 26, 77다492; 대판 1984. 11. 27, 84다458; 대판 1998. 5. 26, 97므25 등.

의 기능을 발휘한다고도 볼 수 있다"[3]는 것이다.

이러한 대법원의 태도는 자녀의 복리와 가족관계의 안정을 고려할 경우 타당한 입장이었다. 당사자에게 법정혈족관계를 창설하려는 입양의 의사가 있었고 다른 입양에 필요한 실질적인 요건이 충족되는 한 입양의 신고가 아니라 친생자 출생신고를 하였다고 하더라도 그 효력을 부정할 중대한 사유가 되지 못한다. 입양의 신고나 친생자 출생신고가 그 실질적 효과에 있어서 차이가 보이지 않기 때문이다. 형식적 절차의 위반으로 입양의 효력을 부정하는 것은 오히려 자녀의 복리를 크게 해칠 뿐만 아니라 장기간 지속되어 온 가족관계의 안정을 파괴할 수 있다.

3. 결 론

甲은 혼인 중 자녀와 동일한 지위가 인정되는 양자로서의 지위를 가지므로 민법 제1013조 제1항에 의하여 상속재산분할을 청구할 권리를 갖는다.

---

3) 대판(전) 1977. 7. 26, 77다492; 대판 2001. 5. 24, 2000므1493 등.

46. 양친자관계의 실질이 없는 입양의 효력

사 례 A는 1966년 5월경 B와 혼인하고 자녀 甲을 낳았다. 1985년 3월경 A는 자신의 암자 앞에 영아 상태의 乙이 방치되어 있는 것을 보고 불쌍히 여겨 B의 반대에도 불구하고 집에 데려다가 친생자출생신고를 하고 양육하였다. 그러던 중 1985년 5월 초순에 한 군인이 아이의 생부라고 하면서 포승줄에 묶인 채 헌병들과 함께 암자에 찾아와 '자신이 아이를 키울 형편이 안 되니 대신 양육해 줄 것을 부탁'하며 서울에 사는 乙의 생모의 연락처를 주었다. B는 생모에게 연락을 하여 아이를 데려갈 것을 종용하였고 여의치 않자 5세 무렵의 乙을 고아원에 보내고 주민등록을 가출을 원인으로 말소하였다. 다음 해에 A는 乙을 고아원에서 데리고 나와 다른 사찰에 보내 그곳에서 양육되도록 하면서 교육비 등을 부담하기도 하였다. 乙은 고등학교에 다닐 즈음 출가하여 승려가 되었다. A는 2002년 4월에 사망하였다. 甲은 A와 乙 사이의 친생자관계부존재확인의 소를 제기하였다.[1] 법원의 입장은?

1. 문제의 제기

친생자가 아닌 자에 대한 친생자출생신고로 입양의 효력이 발생하는 경우가 있다. 이를 위해서는 친생자출생신고 이외에 입양의 실질적 요건이 모두 갖추어져야 한다. 대법원은 이러한 실질적 요건으로 친생자출생신고 당시의 입양의 의사와 더불어 실질적인 양친자관계가 존재할 것을 요구하고 있다. 사안에서 이러한 요건이 충족되었는지 검토되어야 한다.

2. 입양의 의사

친생자출생신고에 의한 입양의 효력을 인정하기 위하여서는 먼

1) 대판 2004. 11. 11, 2004므1484의 사안을 변형한 것임.

저 신고를 할 당시에 당사자 사이에 입양의 합의가 있어야 한다. 2012년 개정 전 민법 제883조는 15세 미만(현행 민법은 13세 미만)의 미성년자를 양자로 하는 경우에는 법정대리인의 대락을 요구하였다. 그리고 15세 미만의 자에 대한 부모의 대락이 없는 입양은 무효였다(제883조).

사안에서 먼저 양부가 될 A에게 입양의 의사가 있었다고 볼 수 있다. 아내 B에게는 그러한 의사가 없는 것이 확실해 보이는데 아내의 만류에도 불구하고 A는 B를 친생자로 출생신고하고 아이의 양육을 스스로 하려고 하였으며 아내의 반대로 여의치 않자 乙이 잘 양육될 수 있도록 노력하였다. 최소한 A에게는 입양의사가 있어 보인다.

다음으로 乙이 영아의 상태에서 친생자 출생신고가 되었는데 법정대리인인 부모의 대락이 있었느냐의 문제이다. 일단 아이의 아버지라는 사람이 A를 찾아와 대신 양육을 부탁하였다는 점에서 父의 대락을 인정할 수도 있을 것이지만 그가 정말 아이의 부친인지도 알 수 없는 상황이다. 그리고 서울에 사는 모친의 대락도 있었는지는 의문이다. 미성년자의 대락과 관련하여 대법원은 "대락권자가 존재하지 않거나 대락권자를 알 수 없다고 하여 대락권자인 법정대리인의 승낙이 있었다고 추정할 수도 없다"[2]는 입장을 취한다. 이러한 대법원의 태도에 비추어 대락을 쉽게 인정할 수는 없는 상황이다. 다만 이러한 법정대리인의 대락이 없었다고 하더라도 乙이 15세 이후에도 A와 B를 양부모로 여기고 왕래를 계속하는 등 양친자관계를 유지하였다면 무효행위의 추인을 인정할 수 있을 것이다.[3] 乙은 고아원에 보내졌다가 다른 암자에서 생활하였고, 그가 고등학교를 들어갈 즈음에는 출가하여 승려가 되었다. 그러한 과정에서 乙에게 A를 부친으로, 최소한 자신의 양친으로 인정할 의사가 있을 수도 있다. 하지만 여전히 명확하지는 않다.

---

2) 대판 2004. 11. 26, 2004다40290.

3) 대판 1990. 3. 9, 89므389.

3. 실질적인 친생자관계의 존재

대법원은 비록 친생자출생신고를 할 때에 입양의 의사가 있었다고 하더라도 그 이후에 양친자관계가 실질적으로 존재하지 않는 경우 그 입양은 효력이 없다고 보아 친생자관계부존재확인의 소를 허용한다. 이렇게 입양에도 불구하고 대법원이 입양의 효력을 부인하는 경우는 구체적으로 처음부터 당사자 사이에 양친자관계를 형성할 의사 없이 입양을 하는 가장입양의 경우(실질의사설)[4]와 양친자의 실질적 관계가 해소되어 파양으로 볼 수 있는 경우[5]이다. 즉 입양의 형식적인 요건을 갖추었지만 실질적인 양친자관계가 없는 경우에는 친생자관계부존재확인의 소를 제기하여 그러한 관계가 처음부터 혹은 이미 해소되었음을 확인할 이익이 있다는 것이다.

사안에서 보면 실제로 A와 乙의 사이에는 양친자관계로 인정할 만한 실질적인 관계가 존재하지 않는다. 양친자관계에 있기 위하여서는 양부모와의 동거와, 양부모에 의한 양자의 부양 및 양육의 실체가 있어야 하는데, 乙은 6세 즈음에 암자에 보내져서 그곳에서 양육되었고 고등학교에 들어갈 즈음에는 출가하여 승려가 되었다는 것이므로 양부모의 양자에 대한 부양이나 친권행사의 모습은 보이지 않는다. 결국 甲의 乙에 대한 친생자관계부존재확인의 소는 확인의 이익이 있으므로 인용될 것이다.

다만 일단 입양의 의사에 의한 유효한 입양이 있다고 인정될 경우에는 친양자관계가 형성된 것이므로 그 이후에 친양자관계가 실질적으로 존재하지 않는다고 하여 친생자관계부존재확인의 소를 인용할 수는 없다고 보아야 한다. 입양이 유효하게 이루어진 경우 파양을 위하여서는 법률이 정하는 파양의 요건이 갖추어져야 하고 그것이 형식상 친생자 출생신고에 의하여서도 마찬가지라고 보아야 하기 때문이다. 만약 대법원의 태도와 같이 입양이 있었으나 그 후에 입양의 실

4) 대판 2004. 4. 9, 2003므2411.

5) 대판 2004. 11. 11, 2004므1484.

질적인 관계가 해소된 경우 친생자관계부존재확인의 소를 인정하게 되면 오히려 양자에 대한 부양과 양육을 게을리한 양부모의 이익을 옹호하게 되고 양자의 보호를 등한시하게 되는 결과를 낳는다. 따라서 실질적인 양친자관계가 사후에 부존재하였다는 점만을 들어 친생자관계부존재확인의 소를 인정하는 대법원의 태도는 부당해 보인다.

4. 결 론

대법원의 입장에 따를 경우 A와 乙 사이에는 실질적 양친자관계가 존재하지 않았다고 보아야 하므로 甲의 친생자관계부존재확인의 소는 인용될 것이다.

47. 동성애자에 의한 입양과 반사회적 법률행위

사 례 A는 1969년 7월경에 甲을, 1970년 5월경에는 乙을 데려와 친생자로 출생신고를 하고 동성애 관계로 동거하던 B와 함께 양육하였다. B는 1988년 2월경 乙을 양자로 입양하고 입양신고를 하였다. A와 B는 甲과 乙이 결혼하여 분가할 때까지 함께 거주하였다. 특히 A는 乙이 결혼할 당시에 결혼자금을 보태 주었고 乙은 결혼 이후에도 병원에 입원한 A를 간병하러 자주 들르곤 하면서 계속적인 왕래를 하고 있었다. A가 2010년 12월경에 많은 재산을 남기고 사망하자 甲은 乙을 상대로 친생자관계부존재확인의 소를 제기하였다.[1] 법원의 판단은?

1. 문제의 제기

甲이 乙을 상대로 친생자관계부존재확인의 소를 제기하는 것은 乙이 A의 자녀가 아니고 따라서 A의 재산은 자신이 단독으로 상속하여야 한다는 것이다. 그런데 甲과 乙은 모두 A의 친생자출생신고를 받은 자인데 甲은 乙에 대하여서만 A의 자녀가 아니라고 주장하고 있다. 여기서 甲이 주장하는 바를 검토할 필요가 있다. 즉 친생자 아닌 자녀에 대한 친생자출생신고의 효력과 그 자에 대한 재입양이 가능한지의 여부 특히 재입양의 양친이 되려는 자가 친생자출생신고를 한 자와 동거하는 동성애자인 경우에는 어떠한지 검토되어야 한다.

2. 친생자 아닌 자에 대한 친생자출생신고의 효력

친생자가 아닌 자에 대한 친생자출생신고는 원칙적으로 효력이 없다. 다만 당사자가 양친자관계를 창설할 의사를 가지고서 이러한

1) 대판 2014. 7. 24, 2012므806의 사안을 변형한 것임.

친생자출생신고를 한 경우 대법원은 입양의 효력을 인정하였다.[2] 사안에서 A는 양자를 삼을 의도로 甲과 乙을 친생자로 출생신고하였다. 따라서 A와 甲 및 乙 사이에는 양친자 관계가 창설되었다. A가 동성애자인지의 여부는 입양과 관련하여 전혀 문제가 되지 않는다. 성년이기만 하면 되고(제866조) 동성애자라고 하여 입양을 금지할 이유는 전혀 없기 때문이다. 다만 2012년 개정전 민법 제869조는 양자가 될 사람이 15세 이전의 미성년자인 경우(현행 13세 미만) 법정대리인의 대락이 있어야 하고 이러한 대락이 없는 입양은 효력이 없다고 하였다(개정전 민법 제883조). 사안에서 A가 甲과 乙에 대하여 친생자로 출생신고를 할 당시 甲과 乙이 15세 미만의 미성년자였을 가능성이 크다. 하지만 甲과 乙이 만15세가 지난 이후에도 입양에 대하여 아무런 이의를 제기하지 않고 특히 乙의 경우 A와 계속 왕래하며 A를 간호하기도 하였다. 이러한 경우 대법원은 대락이 없이 이루어져 효력이 없는 입양이더라도 양자에 의하여 입양이 소급적으로 추인된 것으로 본다.[3] 따라서 최소한 乙은 A의 양자가 되었다.

3. 사실상 동성혼 배우자에 의한 입양과 반사회적 법률행위

입양이 된 양자를 다른 사람이 다시 입양하는 것도 가능하다. 따라서 사안에서 甲이 乙을 상대로 A와의 친생자관계를 부정하는 확인의 소를 제기한 것은 이러한 재입양을 근거로 한 것은 아닌 듯하다. 甲의 주장이 만약 사실혼 관계에 있는 동성애자 각자가 한 아이를 입양하게 되면 결국 동성의 사실혼에 있는 부부가 자녀를 공동으로 입양하게 되는 결과를 낳게 되는데 이는 부당하다는 점을 지적하는 것이라면 이러한 주장은 일단 타당해 보인다.

우리 민법은 동성혼을 허용하고 있지 않고, 특히 미성년 자녀가 있는 경우에는 이혼 후라도 성전환이 허용되지 않는다는 대법원의 태

2) 대판(전) 1977. 7. 26, 77다492.

3) 대판 1990. 3. 9, 89므389.

도[4]에 비추어 보면 사실상 동성혼에 있는 사람이 별도의 절차에 의하여 부와 모의 역할을 하며 자녀를 입양하는 것은 동성혼의 부부가 자녀를 공동으로 입양하는 결과가 되어 반사회적 법률행위(제103조)에 해당한다고 보아야 하기 때문이다.

그런데 이럴 경우 반사적 법률행위에 해당하여 무효라고 보아야 하는 입양은 A와 乙 사이의 입양이 아니라 그 후에 이루어진 B와 乙 사이에 이루어진 입양이다. 따라서 甲이 乙을 피고로 하여 제기한 A와 乙 사이의 친생자관계부존재확인의 소는 인용되지 못한다. 甲이 제기한 A와 乙 사이의 친생자관계부존재확인의 소는 A와 乙 사이에 양친자관계도 존재하지 않아야 인용되는 것인데 A가 乙을 B에 앞서 입양한 것은 완전한 효력이 인정되기 때문이다.

4. 결　론

친생자출생신고에 의하여 유효하게 이루어진 입양에 대하여 친생자관계부존재확인의 소가 제기된 경우 법원은 파양 등의 사유가 없는 한 확인의 이익이 없다는 점을 들어 부적법 각하하고 있다.[5] 따라서 A가 乙을 상대로 제기한 친생자관계부존재확인의 소도 법원에 의하여 부적법 각하될 것이다.

---

4) 대결(전) 2011. 9. 2, 2009스117.
5) 대판 2014. 7. 24, 2012므806.

48. 부부공동입양의 원칙

사 례 甲은 乙과 1967년경 혼인하여 생활하다 크게 다투고 별거하던 중 丙을 만나 동거를 시작하였다. 이후 甲은 乙과 협의이혼을 시도하였으나 乙이 협의이혼절차에 협력하지 않아, 이혼을 포기하였다. 甲은 乙은 물론 丙과의 사이에도 자녀가 없자 1982년경 생후 5개월 된 丁을 그 친생부모의 동의를 얻어 데려와 양육하였다. 乙과의 이혼이 이루어지지 않은 상태에서 丁의 취학 연령이 다가오자 1988년 甲은 丁을 甲과 乙 사이의 친생자로 출생신고하였다. 1995년 甲이 상당한 재산을 남기고 사망하였다. 乙은 甲이 사망한 후 1년이 지나 乙과 丁 사이, 甲과 丁 사이에 친생자관계부존재확인소송을 제기하였다.[1] 법원의 입장은?

I. 甲과 丁 사이의 친생자관계부존재확인의 소

1. 문제의 제기

乙이 제기한 甲과 丁 사이의 친생자관계부존재확인의 소가 인정되기 위하여서는 丁이 甲의 혼인중의 자로서 친생추정을 받지 못하여야 하고, 실제로 두 사람 사이에 자연혈족관계가 없어서 인지도 받을 수 없어야 하며(제865조), 나아가 친생자출생신고에도 불구하고 입양의 실질적인 요건이 갖추어지지 않아 유효하게 입양이 이루어지지 않아야 한다.

2. 친생추정의 여부

아내가 혼인 중에 임신한 자녀는 남편의 자녀로 추정한다(제844

1) 대판 1998. 5. 26, 97므25의 사안을 변형한 것임.

조 제1항). 이러한 친생추정을 받는 자에 대하여서는 친생자관계부존재확인을 하지 못한다(제865조 제1항). 반면 丁은 甲과 乙이 혼인 중에 친생자 출생신고가 된 자이지만 乙이 임신하여 낳은 아이가 아니므로 甲의 자녀로 친생추정을 받지 못한다. 따라서 친생부인의 소의 대상이 되지 않으며(제846조), 이 한도에서 친생자관계부존재확인의 소가 제기될 수 있다.

3. 인지의 가능여부

혼인외의 출생자는 그 생부나 생모가 이를 인지할 수 있다. 만약 甲이 丙을 인지하게 되면 친생자관계부존재확인의 소를 제기하지 못한다(제865조 제1항). 하지만 인지가 되기 위하여서는 인지자가 피인지자의 생부나 생모이어야 한다. 하지만 甲은 丁의 생부가 아니고 다른 사람의 자녀였다. 따라서 甲은 丁을 인지할 수 없고 이 점에서는 친생자관계부존재확인의 소가 제기될 수 있다.

4. 부부의 공동입양

친생자출생신고도 당사자 사이에 실질적인 입양의 요건을 갖춘 경우에는 유효한 입양이 될 수 있다고 보는 판례에 따를 경우 양친자관계가 유지되고 있는 한 친생자관계부존재확인의 소는 허용되지 않게 된다.[2)]

실질적인 입양의 요건으로 먼저 입양의 의사가 있어야 하고 입양 이후에도 실질적인 양친자관계가 유지되고 있어야 한다. 사안에서 甲은 丁을 입양의 의사로 친생자 출생신고를 하였고 그 후 甲은 丁을 양육하며 실질적으로 양친자관계를 유지하고 있었다. 따라서 두 요건은 충족된다.

그런데 문제는 양친이 되려는 자가 배우자가 있는 경우에는 배우

---

2) 대판 1988. 2. 23, 85므86.

자와 공동으로 입양하여야 한다는 공동입양의 요건이다(제874조 제1항). 사안에서 甲은 법률상 배우자인 乙이 있었지만 그와는 별거하고 있어서 乙과 함께 丁을 입양할 수 없는 형편이었다. 그럼에도 甲은 乙의 동의 없이 丁에 대한 친생자출생신고를 하였는데 그 효력이 문제된다.

민법 제884조는 이러한 부부공동입양의 요건을 충족하지 못하는 경우 당사자는 가정법원에 그 취소를 청구할 수 있다고 하고 있다. 그런데 이 규정의 의미는 취소가 있기 이전까지는 여전히 입양은 효력을 갖는다는 데에 있다. 따라서 乙은 입양의 취소를 청구한 것이 아니라 친생자관계부존재확인의 소를 제기하였는데, 입양의 취소가 없는 이상 甲과 丁 사이의 입양의 효력은 부정되지 않으므로 친생자관계부존재확인의 소는 확인의 이익이 없어서 각하될 것이다. 나아가 입양의 취소는 그 사실을 안 날로부터 6개월 내에, 사유 있은 날로부터 1년 내에 청구하여야 하는데(제894조), 사안에서 입양은 1988년에 이루어졌고 친생자관계부존재확인의 소는 1996년에 제기되었으므로 이러한 제소기간도 이미 도과한 것으로 보인다. 즉 乙은 더 이상 입양취소의 소송도 제기할 수 없는 상황이다.

5. 결　론

乙이 제기한 甲과 丁 사이의 친생자관계관계부존재확인의 소는 甲과 丁 사이에 양친자관계가 존재하기 때문에 확인의 이익이 없어서 각하된다.

II. 乙과 丁 사이의 친생자관계부존재 확인의 소

친생자출생신고가 입양으로서 효력을 갖기 위하여서는 입양의 실질적 요건이 모두 갖추어져야 한다. 그런데 甲은 乙의 동의 없이 丁을 자신과 乙 사이의 친생자녀로 출생신고를 하였다. 이러한 입양은 乙의 입장에서는 입양의 합의 없이 이루어진 입양으로 효력이 없다

(제883조). 결국 乙과 丁 사이의 친생자관계부존재확인의 소는 확인의 이익이 인정되어 법원은 乙이 제기한 이 소를 인용할 것이다.

49. 배우자관계에 있지 않은 남녀의 공동입양

사 례 甲은 1956년 성명미상자로부터 2살 정도 된 아이 乙을 길러 달라는 부탁을 받고 양자를 삼을 생각으로 乙을 집에 데려와 양육하였다. 甲은 이미 B와 혼인한 A에게 乙을 출생신고해 줄 것을 여러 차례 부탁하였고, 乙이 초등학교에 입학하기 위하여 출생과 관련한 서류가 필요하게 되자 A는 자신을 부(父)로 모(母)를 甲으로 하여 乙을 출생신고하였다. 乙은 甲의 양육하에 성장하면서 甲을 친어머니로 알고 있었고 15세가 된 이후에도 甲을 간병하며 甲이 사망할 때까지 함께 지냈다. 甲이 상당한 재산을 남기고 사망하자 甲의 언니 丙은 甲과 乙의 친자관계가 존재하지 않음을 확인하는 소를 제기하였다.[1] 이 소는 법원에 의하여 인용될 것인가?

1. 문제의 제기

부모와 자녀의 친자관계는 혈연에 기초하고 있는 친생자관계와 당사자의 의사에 기초하여 법률이 인정하는 법정친자관계, 즉 양친자관계가 있다. 친자관계가 인정되면 법률은 이에 대하여 여러 가지 법률효과를 주는데, 특히 피상속인과 친자관계에 있는 자녀는 민법 제1000조 제1항에 따라 최선순위의 상속인의 지위를 갖게 된다. 여기서 乙이 甲과 친자관계가 인정되어 상속인으로서의 지위를 취득하느냐의 문제가 제기된다.

2. 부부 아닌 사람에 의한 공동입양

개정 전 민법에서 입양이 유효하기 위한 실질적인 요건으로 대법원은 당사자 사이의 입양의 합의와 실질적인 친양자관계를 요구하였

1) 대판 1995. 1. 24, 93므1242의 사안을 변형한 것임.

다.[2] 사안에서 乙이 입양될 당시 직접 입양의 합의를 할 수 없는 15세 미만의 연령이어서 당시 민법 규정에 의하여 법정대리인의 대락이 있어야 하는데(개정전 민법 제869조), 15세 이후에도 여전히 乙이 甲과 친양자관계를 유지하고 있었다면 그러한 사유는 묵시적 추인에 의하여 치유가 된다.[3] 따라서 사안의 경우 입양의 합의와 실질적인 친양자관계의 형성이라는 요건은 충족되었다. 문제는 형식적인 요건으로 A가 甲을 생모로 자신을 친부로 乙을 친생자출생신고 하였다는 점이다.

이러한 경우 대법원은 입양의 효력을 부정한다. "호적상의 부와 호적상의 자 사이에 입양의 실질적 요건이 갖추어지지 않았다면 호적상 부가 호적상 자를 혼인 외의 자로 출생신고를 한 것은 아무런 효력이 없는 것이어서 그 출생신고에 관한 호적상의 기재는 두 사람 사이의 친생자관계부존재를 확인하는 판결에 의하여 말소되어야 하므로, 이처럼 무효인 호적상 부의 출생신고에 기하여 호적상의 모와 호적상의 자 사이에서만 양친자관계를 인정할 수는 없고, 호적상의 부와 호적상의 자 사이에 입양의 실질적 요건이 갖추어진 경우라 하더라도 우리 민법이 부부공동입양의 원칙을 채택하고 있는 점에 비추어 보면, 법률상 부부가 아닌 사람들이 공동으로 양부모가 되는 것은 허용될 수 없다고 보아야 하기 때문"이라는 것이다.

하지만 이러한 대법원의 태도는 부당하다.

먼저 첫 번째 논거는 "무효인 호적상 부의 출생신고에 기하여 호적상 모와 자 사이에서만 양친자관계를 인정할 수는 없다"는 것인데 이는 설득력이 없다. 왜냐하면 타인에 의하여 이루어진 무효의 출생신고가 있더라도 그 이후에 양친자관계가 실질적으로 갖추어지면 그러한 무효행위를 당사자가 추인하였다고 볼 수 있기 때문이다. 더욱이 A가 乙에 대한 친생자출생신고를 한 것은 甲의 부탁에 의한 것이었다. 전혀 입양과 무관한 타인에 의하여서가 아니라 양친자관계를 창설하려는 양모의 의사에 기반하여 친생자 출생신고가 이루어진 것

2) 대판 2004. 11. 11, 2004므1484.

3) 대판 1990. 3. 9, 89므389.

으로 그 효력을 부정할 이유가 없어 보인다.

甲과 배우자관계에 있지 않은 A에 의한 출생신고로 부부공동입양의 원칙에 반하기 때문에 그 효력이 없다는 논거도 부당하다. 부부가 아닌 사람이더라도 양부와 양모가 될 수 없는 것은 아니기 때문이다. 예를 들어 부부가 아이를 입양한 후에 이혼하였다고 하더라도 그 아이에 대한 양부 및 양모관계가 해소되지 않는다는 것은 대법원[4)]도 인정하는 바이다.

甲과 乙 사이에 실질적인 양친자관계가 존재하고 乙의 의사에 기초하여 甲을 친생자로 출생신고함으로써 친자관계의 공시도 인정되는 상황에서 甲과 乙의 양친자관계를 부정할 이유가 없다.

3. 결 론

대법원의 태도에 따르면 甲의 乙에 대한 입양은 효력이 없어서 丙에 의한 甲과 乙 사이의 친생자관계부존재 확인의 소는 법원에 의하여 인용될 것이다. 하지만 이러한 태도는 부당하며 결론에 있어서도 합리적이지 않다. 甲과 乙 사이의 입양은 유효하게 이루어졌으므로 丙에 의한 친생자관계부존재확인의 소는 부적법 각하되어야 한다.

---

4) 대판(전) 2001. 5. 24, 2000므1493.

50. 양부모의 이혼과 양친자관계

사 례

甲남은 아내인 乙녀가 임신이 불가능하다는 사실을 알자 乙녀를 설득하여 丙을 입양하기로 합의하였다. 그리고 甲은 곧 丙의 부모의 승낙을 받아 丙을 친생자로 출생신고를 하였다. 그러나 甲과 乙은 성격상의 차이로 별거하게 되었고, 乙은 丁을 만나 그 사이에 戊를 출산하였다. 그 후 乙은 甲과 이혼을 하고 丁과 정식으로 혼인한 후 戊의 출생신고를 하였다. 그런데 戊는 乙이 사망 후 丙이 가족관계등록부상 乙의 자녀로 되어 있는 것을 발견하고 丙과 乙 사이에 친생자관계부존재확인의 소를 제기하였다. 소송에서 戊는 乙이 甲과 이혼함으로써 丙과 乙 사이의 양모자관계는 소멸하였다고 주장하였다. 법원의 입장은?

戊가 丙과 乙 사이의 친생자관계부존재확인의 소를 제기할 수 있는지 여부

가계(家系)와 제사가 중시되던 구관습시대에는 가계계승을 위하여만 양자제도가 인정되었기 때문에 입양을 할 때 아내는 전혀 입양당사자가 되지 못하였다. 이 경우 양부모가 이혼하여 양모가 남편의 가(家)를 떠났을 때에는 입양당사자가 아니었던 양모와 양자의 친족관계가 소멸하는 것은 논리상 가능하였다.

실제로 1990년 개정전 민법 제874조 제1항은 "처가 있는 자(者)는 공동으로 함이 아니면 양자를 할 수 없고 양자가 되지 못한다"고 규정하여 마치 남편이 입양의 주체가 되는 것처럼 규정하고 있었다. 아내는 남편의 결정에 동의만을 하였던 것이고 이혼으로 남편과의 관계가 종료하게 되면 양자와의 관계도 더 이상 유지시킬 필요가 없었던 것이었다. 이러한 이유로 당시의 대법원은 "양부모가 이혼하여 양모가 양부의 가를 떠났을 경우에는 양부관계는 존속하지만 양모관계는 소멸한다"는 취지의 판결[1]을 내리고 있었다.

---

1) 대판 1979. 9. 11, 79므35.

반면 현행 민법 제874조 제1항은 이를 개정하여 "배우자가 있는 사람은 배우자와 공동으로 입양하여야 한다"고 규정하여 입양의 주체를 아내와 남편의 구별 없이 부부의 공동으로 명시하고 있다. 즉 남편의 입양을 단순히 승낙하거나 동의함으로써 남편의 입양에 협조하는 것이 아니라 아내 자신도 독립된 입양 당사자가 되어 양자가 될 자와 입양절차를 독립적으로 진행하고 그 효과도 독립적으로 발생하는 것이다. 이러한 양자와 양부모 사이의 독립된 관계는 양부모가 이혼을 한다고 하여 영향을 받을 이유가 없으므로 입양 후에 양모가 양부인 남편과 이혼하였다고 하더라도 양자와의 입양관계가 소멸하지 않게 된다. 그리고 이러한 개별적인 양친자관계는 양부모가 다른 사람과 다시 재혼을 한다고 하더라도 여전히 유지된다.

대법원도 "처도 부와 마찬가지로 입양당사자가 되기 때문에 양부모가 이혼하였다고 하여 양모를 양부와 다르게 취급하여 양모자관계만 소멸한다고 볼 수는 없는 것이다"라고 하면서 종래의 판례를 변경하였다.[2)]

결론적으로 戊가 제기한 乙과 丙 사이의 친생자관계부존재확인의 소는 양친자관계의 존재를 이유로 부적법 각하될 것이다.

---

2) 대판(전) 2001. 5. 24, 2000므1493.

51. 부부 일방에 의한 파양

사 례 혼인한 甲과 乙은 자녀가 없자 입양의 실질적인 요건을 갖춘 후 丙을 자신들의 친생자로 출생신고하였다. 그런데 그 후 甲 · 乙 사이에 아들 丁이 출생하였다. 丙은 丁과 함께 甲과 乙의 양육을 받으며 성장하였지만 丁의 출생으로 자신이 양부모인 甲과 乙에게 짐이 될 것이라고 생각하고 고등학교를 졸업할 무렵 가출하여 행방불명이 되었다. 丙이 행방불명된 지 5년이 지나고 甲은 암으로 쓰러져 사망하였다. 乙은 甲이 사망하자 그의 재산을 정리하는 과정에서 丙이 돌아오면 상속재산상 불화가 있을 것을 염려하여 자신과 丙은 물론 甲과 丙 사이의 친생자관계부존재확인을 구하는 소를 제기한다.[1] 법원의 입장은?

I. 문제의 제기

민법은 입양과 관련하여 부부공동입양의 원칙을 견지하고 있다. 따라서 배우자가 있는 사람은 배우자와 공동으로 입양하여야 한다(제874조). 그런데 파양에 대하여서는 아무런 언급이 없어서 배우자가 공동으로 파양을 해야 하는지가 문제된다. 부부공동입양의 취지에 비추어 부부가 파양을 할 당시에 혼인관계가 유지되고 있는 경우라면 공동으로 파양을 하여야 한다고 보는 것이 타당하다.[2] 반면 양부모의 일방이 사망하였거나 혹은 이혼을 한 경우에도 파양이 공동으로 이루어져야 하는지는 의문이다. 특히 사안에서는 자신과 양자 사이의 파양뿐만 아니라 사망하였거나 이혼한 배우자와 양자 사이의 파양도 가능한지가 문제된다.

1) 대판 2001. 8. 21, 99므2230의 사안을 변형한 것임.
2) 대법원도 “양자가 미성년자인 경우에는 양자제도를 둔 취지에 비추어 그와 같이 해석하여야 할 필요성이 크다”는 입장이다(대판 2001. 8. 21, 99므2230).

II. 乙이 민법 제905조 제3호를 근거로 乙과 丙 사이의 입양관계를 소멸시킬 수 있는지 여부

1. 문제의 제기

허위의 친생자출생신고라도 입양의 요건을 갖춘 경우 입양신고로서 효력을 갖게 된다는 것이 판례의 태도이므로,[3] 사안에서 이루어진 친생자 출생신고는 입양신고로서 효력이 발생하여 甲·乙과 丙 사이에는 양친자관계가 성립하게 된다. 그런데 일단 양친자관계가 성립하면 입양은 입양의 취소나 파양에 의해서만 해소될 수 있다(제776조). 그리고 민법 제905조는 제3호에서 "양자의 생사가 3년 이상 분명하지 아니한 때"에 재판상 파양을 할 수 있다고 규정한다. 乙은 이 조항을 근거로 자신과 丙 사이의 입양관계를 해소시키고 그로 인하여 丙을 甲의 상속인의 지위에서 배제하려는 것이다.

2. 부부일방에 의한 파양

부부공동입양의 원칙은 부부공동파양의 원칙으로 이어진다. 즉 공동으로 자녀를 입양한 부부는 그 자녀와의 파양도 공동으로 하여야 한다. 반면 이러한 원칙은 양부모 중 일방이 사망하거나 이혼 등으로 더 이상 배우자관계가 존속하지 않는 경우에는 적용되지 않는다. 부부공동입양의 원칙과 부부공동파양의 원칙은 입양이나 파양으로 인하여 부부관계에 부정적인 영향을 미치는 것을 막으려는 의도가 있는 것인데, 더 이상 이러한 부부관계가 존재하지 않는 경우에는 오히려 각각에 대한 신분관계가 독립성을 가지며 이에 따른 신분행위도 독립적으로 이루어져야 하기 때문이다. 따라서 양부모의 일방이 사망하거나 양부모가 이혼한 경우에 양부모는 각자가 독립적으로 양자와 협의

---

3) 대판 2000. 6. 9, 99므1633, 1640.

상 또는 재판상 파양을 할 수 있다고 보아야 한다.[4)]

그런데 사안에서 丙은 고등학교를 졸업할 무렵 가출하여 5년 이상 행방불명된 상태이다. 5년 이상의 생사불명이면 족하고 실종선고가 이루어질 필요는 없으므로 乙은 이를 근거로 자신과 丙 사이의 재판상 파양을 청구할 수 있다.

3. 재판상 파양의 형식

유효한 입양에 대하여 파양을 하는 경우 일반적으로는 가정법원에 파양을 청구하는 방법에 의한다(제905조). 반면 친생자출생신고에 의하여 형성된 양친자관계는 친생자출생신고에 의하여 공시되는 것이므로 재판상파양이 아니라 친생자관계부존재확인의 소에 의하여야 한다.[5)]

4. 소 결

乙이 민법 제905조 제3호를 근거로 제기한 자신과 丙 사이의 친생자관계부존재확인의 소는 법원에 의하여 인용될 것이다.

III. 乙이 민법 제905조 제3호를 근거로 甲과 丙의 사이에 파양을 할 수 있는지 여부

배우자 일방이 사망한 경우나 이혼한 경우에는 양부모는 양자에 대하여 개별적, 독립적으로 파양여부를 결정할 수 있다는 의미는 바꿔 말하면 부부 일방이 다른 일방에 갈음하거나 다른 일방을 위하여 파양할 수 없다는 것을 의미한다. 파양을 할 권리는 일신에 전속한 권

4) 대판 2001. 8. 21, 99므2230.
5) 대판 1994. 5. 24, 93므119.

리로 이혼으로 인하여 더 이상 부부가 아닌 일방이 다른 일방의 파양을 결정할 수 있도록 한다는 것은 일신에 전속하는 권리의 본질에 반하는 것이다. 대법원도 "양친 부부 중 일방이 사망하거나 또는 양친이 이혼한 때에는 부부의 공동파양의 원칙이 적용될 여지가 없다고 할 것이고, 따라서 양부가 사망한 때에는 양모는 단독으로 양자와 협의상 또는 재판상 파양을 할 수 있으되 이는 양부와 양자 사이의 양친자관계에 영향을 미칠 수 없는 것이고, 또 양모가 사망한 양부에 갈음하거나 또는 양부를 위하여 파양을 할 수는 없다"[6]고 판시한다.

乙이 제기한 甲과 丙 사이의 친생자관계부존재확인의 소는 부적법 각하될 것이다.

IV. 결 론

乙이 제기한 자신과 丙 사이의 친생자관계부존재확인의 소는 인용될 것이지만 甲과 丙 사이의 친생자관계부존재확인의 소는 부적법 각하될 것이다.

6) 대판 2009. 4. 23, 2008므3600.

제5장 친권과 후견

제1절 친　권

52. 친권의 남용

사례

A와 B는 1999년 11월경 혼인신고를 마치고 그 사이에 甲을 낳은 후 2007년 5월경에 이혼하였다. 이혼 당시 甲에 대한 양육권은 A가 갖기로 합의하여 甲은 A와 A의 모친 C에 의하여 양육되었다. 2011년 3월에 A가 사망하였고 X 부동산은 甲에게 상속되었다. 한편 A가 사망 전부터 X 부동산을 임차해 사용하던 乙은 甲의 친권자였던 B를 찾아가 X 부동산을 자신에게 매도할 것을 요청하였다. 당시 X 부동산의 시가는 1억 6천만원 정도였는데 B는 3천만원에 乙에게 양도하고 소유권이전등기를 마쳐 주었다. 양도 당시 18세였던 甲은 이러한 사실을 1년이 지나서야 알고 乙을 상대로 등기의 말소를 구하는 소송을 제기하였다. 법원의 입장은?

1. 문제의 제기

甲이 乙을 상대로 X 부동산에 대한 소유권이전등기의 말소를 구하는 것은 甲이 소유권자로서 민법 제214조에 근거하여 소유물방해배제청구권을 행사하는 것이다. 이를 위해서는 甲이 X 부동산의 소유권자이어야 하는데 소송 당시 X 부동산은 甲의 친권자였던 B에 의해 乙에게 양도된 상황이다. 그럼에도 X 부동산이 甲의 소유이기 위하여서는 이러한 등기가 무효이어야 하는데 이는 B의 친권의 행사가 효력이 없어야 가능하다.

2. 친권의 남용

(1) 처분행위와 친권

친권이란 부모가 미성년의 자녀를 보호·교양할 권리·의무를 말한다(제913조). 친권의 내용으로는 자녀의 신상에 관한 것으로서 자녀를 보호·교양할 권리와 의무(제913조), 자녀에 대한 거소지정권(제914조), 자녀에 대한 징계권(제915조) 등이 있고, 자녀의 재산에 관한 것으로서 자녀의 특유재산에 대한 관리권(제916조), 자녀의 재산에 대한 대리권(제920조) 등이 있다.

사안의 경우 친권자인 B는 甲의 재산을 乙에게 처분하는 계약을 체결하였다. 이는 자녀의 재산에 대하여 대리행위를 한 것으로 그 효력이 인정되기 위해서는 처분행위가 대리권 내의 행위이어야 한다. 대법원은 미성년 자녀의 재산과 관련한 친권은 자녀를 둘러싼 여러 사정을 고려하여 재량에 따라 행사될 수 있는 것으로 특별한 사정이 없는 한 그 범위에 재산에 대한 처분행위도 포함된다는 입장이다.[1] 따라서 미성년 자녀의 재산을 처분하는 경우에도 원칙적으로 대리행위는 효력을 갖는다. 반면 친권이 부당한 목적을 위해 행사되는 경우 그 효력을 무조건 인정하게 되면 미성년 자녀의 이익이 침해될 여지가 있다. 대법원은 이러한 경우 대리권 남용의 이론을 들어 친권의 효력을 제한한다.

(2) 대리권남용이론

대리권남용이론이란 대리인이 대리권의 범위 내에서 대리행위를 하지만 본인의 이익이 아닌 대리인 자신의 이익을 위하여 대리행위를

1) 대판 2009. 1. 30, 2008다73731.

하고 그러한 사정을 상대방이 알았거나 알 수 있었을 경우 그 효력이 본인에게 미치지 않는다는 법리를 말한다.[2] 대리권남용의 인정 근거로 대법원은 비진의의사표시에 관한 제107조의 규정을 들고 있다.[3] 그리고 이러한 대리권남용이론은 친권자가 대리권을 행사하는 경우에도 마찬가지로 적용된다는 것이 대법원의 태도이다.[4] 친권의 남용이 인정되기 위하여서는 대리권남용이론과 마찬가지로 친권자의 이익을 위하여 친권이 행사되어야 하고 그로 인하여 미성년자녀의 이익이 침해되고 그러한 사정을 상대방이 알았거나 알 수 있었어야 한다. 상대방이 대리인의 표시의사가 진의아님을 알았거나 알 수 있었는가의 여부는 표의자인 대리인과 상대방 사이에 있었던 의사표시의 형성과정과 그 내용 및 그로 인하여 나타나는 효과 등을 객관적인 사정에 따라 합리적으로 판단하여 결정하여야 한다.[5]

사안에서 B가 甲의 1억 6천만원에 상당하는 X 부동산을 乙에게 3천만원에 처분한 것은 특별한 사정이 없는 한 甲의 이익을 위한 대리행위라고 볼 수 없다. 매각이 필요한 급박한 사정이 존재하였다면 18세로 거의 성년에 달한 자녀의 동의를 받아서 매도하여도 될 터인데 乙이 알지 못하게 X 부동산을 헐값에 매도한 것은 객관적으로 정당한 대리가 아니라고 볼 것이다. 그리고 乙은 A가 생존해 있을 때부터 X 부동산을 임차하던 자로 그 부동산의 가치를 잘 알고 있었을 것이다. B의 매도도 乙 자신의 요청에 의하여 이루어진 것이라는 점에서 X 부동산의 매도가 본인의 이익이 침해되는 대리인 혹은 제3자의 이익을 위한 것이라는 점을 잘 알고 있었을 것이다. 결국 판례가 요구하는 친권남용의 요건이 모두 충족되므로 B의 대리행위는 무권대리가 되어 그 효력은 본인에게 미치지 않게 된다. 즉 乙은 등기명의에도 불구하고 X 부동산의 소유권을 취득하지 못한다.

---

2) 대판 2007. 4. 12, 2004다51542.

3) 대판 2001. 1. 19, 2000다20694.

4) 대판 2011. 12. 22, 2011다64669.

5) 대판 1987. 11. 10, 86다카371.

3. 결　론

甲은 X 부동산의 소유자이고 乙의 등기는 효력이 없으므로 乙에 대한 등기말소청구의 소는 법원에 의하여 인용될 것이다.

53. 친권과 이해상반행위

사 례 甲은 남편 A가 1990년 사망하자 남편의 X 토지를 미성년의 자녀 乙, 성년 자녀 丙과 함께 공동상속한다. 그 후 1995년 甲은 B로부터 1억 2천만원을 차용한 후 1998년 이 금액을 丙의 동의를 얻어 주채무자를 丙, 자신을 연대보증인으로 하는 채무인수계약을 체결하였다. 이때 甲은 丙의 채무를 담보하기 위하여 X 토지 중 자신의 공유지분에 관하여는 공유지분권자로서, 미성년인 乙의 공유지분에 관하여는 법정대리인으로서 각각 근저당권설정계약을 체결하고, 동시에 등기도 경료해 주었다. 한편 甲은 차용한 돈의 대부분을 미성년자인 乙을 양육하는 데 사용하였다. 乙은 丙의 채무를 위하여 설정된 근저당권설정등기의 말소를 청구할 수 있는가?[1]

제214조를 근거로 한 乙의 丙에 대한 근저당권설등기의 말소 여부

1. 문제의 제기

미성년자의 친권자인 부모는 미성년자녀의 법정대리인으로서 자녀의 재산을 관리하고(제916조) 재산상의 법률행위를 대리할 권한(제920조)을 갖는다. 그러나 친권자와 자녀 사이(제921조 제1항) 혹은 친권에 따르는 수인의 자녀 사이에 상호 이해가 상반되는 행위를 하는 경우(제921조 제2항)에는 친권자는 법원에 자녀의 특별대리인의 선임을 청구하여 특별대리인과 법률행위를 하여야 한다. 이해상반행위에 해당함에도 특별대리인을 선임하지 않고 친권자가 대리인으로 행위한 경우 그 대리행위는 무권대리로 효력이 없다.[2]

사안에서 甲은 자신이 차용한 1억 2천만원을 丙으로 하여금 인수

1) 대판 2002. 1. 11, 2001다65960의 사안을 변형한 것임.
2) 대판 1993. 4. 13, 92다54524.

하도록 하면서 스스로는 그 채무의 연대보증인이 되고 乙의 X 토지에 대한 지분에도 乙을 대리하여 B에게 근저당권을 설정하여 주었다. 그런데 그렇게 차용한 돈은 乙을 양육하는 데 대부분 사용하였다. 이러한 상황에서 미성년자인 乙에 대한 법정대리인인 甲의 행위를 이해상반행위라고 볼 수 있느냐의 문제가 제기된다.

2. 乙의 지분에 대한 B의 근저당권설정이 甲의 이해와 상반되는 행위인지의 여부

민법 제921조의 구성요건에 해당하는 이해상반행위는 "친권자를 위해서 이익이 되고, 미성년자를 위해서 불이익한 행위"[3] 또는 "친권에 복종하는 자(子)의 일방을 위해서 이익이 되고 다른 일방을 위해서 불이익한 행위"[4]라고 정의될 수 있다. 그런데 이러한 추상적인 설명만으로는 실제로 이해상반행위를 판단하는 것이 쉽지 않다.

여기서 이해상반행위에 대한 형식적 판단설은 이해상반되는 행위인가의 여부는 그 행위 자체를 객관적으로 판단하여 결정하여야 하며 친권자의 의도, 동기나 연유 등을 고려해서는 안 된다는 입장이다.[5] 이 견해에 따를 경우 예를 들어 친권자가 미성년자인 자의 대학입학금을 마련하기 위하여 친권자인 본인 명의로 금전을 차용하는 계약을 체결하면서 자녀의 부동산에 근저당권을 설정하였다면 이해상반에 해당된다. 외형상으로만 보면 친권자가 금전을 차용하는 계약에 자녀의 재산에 근저당권을 설정한 결과가 되기 때문이다. 반면에 친권자가 자기의 사업자금을 마련하기 위하여 미성년자인 자녀를 대리하여 자녀 소유의 부동산을 매각하였다면 이해상반행위에 해당하지 않는다. 목적이나 동기가 무엇이건 미성년자의 재산을 매각하는 행위 자체를 이해상반행위라고 볼 수 없기 때문이다. 이 견해는 거래의 안전에 중점을 두는 견해이다.

3) 대판 1971. 7. 27, 71다1113.
4) 대판 1976. 3. 9, 75다2340.
5) 김주수/김상용, 친족상속법, 2009, 386면.

이에 반하여 실질적 판단설[6]은 행위의 형식 여하를 불문하고 친권자가 그 행위를 한 의도, 동기, 결과 등을 고려하여 실질적으로 이해상반행위를 판단하여야 한다는 입장이다. 예를 들어 친권자가 자기의 사업자금을 마련하기 위하여 미성년자인 자녀를 대리하여 자녀 소유의 부동산을 매각한 경우도 이해상반행위에 해당하지만 자녀의 학자금을 위하여 자신이 대출을 받고 대출에 대한 담보로 그 자녀의 부동산에 근저당권을 설정하는 행위는 이해상반행위에 해당하지 않게 된다. 실질적 판단설은 미성년 자녀의 이익을 보호하는 데 중점을 두고 있다.

대법원은 형식적 판단설을 따르고 있다. 이에 따라 사안과 같이 친권자인 모가 자신이 연대보증한 차용금 채무의 담보로 자신과 자녀의 공유인 토지 중 자신의 공유지분에 관하여는 공유지분권자로서, 자녀의 공유지분에 관하여는 그 법정대리인의 자격으로 각각 근저당권설정계약을 체결한 경우 "위 채권의 만족을 얻기 위하여 채권자가 위 토지 중 자(子)의 공유지분에 관한 저당권의 실행을 선택한 때에는, 그 경매대금이 변제에 충당되는 한도에 있어서 모의 책임이 경감되고, 또한 채권자가 모에 대한 연대보증책임의 추구를 선택하여 변제를 받은 때에는, 모는 채권자를 대위하여 위 토지 중 자의 공유지분에 대한 저당권을 실행할 수 있는 것으로 되는바, 위와 같이 친권자인 모와 자 사이에 이해의 충돌이 발생할 수 있는 것이, 친권자인 모가 한 행위 자체의 외형상 객관적으로 당연히 예상되는 것이어서, 모가 자를 대리하여 위 토지 중 자의 공유지분에 관하여 위 근저당권설정계약을 체결한 행위는 이해상반행위"라고 보았다.[7]

이에 반해 친권자인 모친이 오빠의 제3자에 대한 채무의 담보로 미성년 자녀 소유의 부동산에 근저당권을 설정한 행위는 "법정대리인인 친권자와 그 자 사이에 이해상반되는 행위"라고 볼 수 없다는 입장을 취하였다.[8]

---

6) 김유미, "민법 제921조의 이해상반행위에 관한 몇 가지 문제," 박병호 교수 화갑기념, 1991, 517면 이하.

7) 대판 2002. 1. 11, 2001다65960.

8) 대판 1991. 11. 26, 91다32466.

모든 법률행위에는 그 목적이 있는 것이고 이러한 목적의 고려 없이 형식적으로만 법률행위의 이해충돌의 여부를 판단한다는 것은 타당하지도 않고 합리적이지도 않다. 이해충돌에 대하여 실질적 판단설이 타당하다.

사안과 관련하여 형식적 판단설에 따를 경우 甲의 행위는 이해상반행위에 해당할 것이다. 그러나 실질적 판단설에 따를 경우 甲은 차용한 돈의 거의 대부분을 乙의 양육을 위하여 사용하였으므로 이해상반행위에 해당하지 않게 된다. 따라서 甲이 B를 위하여 乙의 토지지분에 설정한 근저당권은 정당한 친권의 행사로 본인인 乙에게도 효력이 있다.

3. 결　론

B의 근저당권설정등기는 甲의 친권에 따라 유효하게 이루어진 근저당권설정계약에 따른 것이므로 乙의 등기말소청구는 법원에 의하여 기각될 것이다.

54. 친권상실선고

사 례 乙과의 사이에서 두 명의 자녀를 두고 있던 甲은 유치원을 경영하면서 유치원 버스의 운전수인 丙과 불륜관계를 맺어 왔다. 丙은 甲에게 수차례 이혼을 권유하였으나 甲이 거절하자 丙은 乙이 죽으면 甲이 자신과 결혼할 것이라고 생각하고 乙을 살해하였다. 살해 사건에서 甲의 개입여부는 밝혀지지 않아 甲은 당시 간통죄로만 징역 1년에 집행유예 2년의 유죄판결을 받았다. 그런데 이러한 사실을 알게 된 아이들의 할머니 丁은 비록 자신이 76세였고 아이들과 함께 생활한 적도 없었지만 "아이들을 못된 어미에게 맡겨 놓을 수 없다"고 생각하여 甲의 친권에 대한 상실과 함께 자신을 후견인으로 지정해 줄 것을 법원에 청구하였다. 당시 큰 아이는 자폐증을 앓고 있었고 이제 4세가 된 동생도 이상비대증의 증세를 보이고 있었다. 이러한 상황에서 丁의 청구는 인용되어야 하는가?[1)]

丁이 민법 제924조에 근거하여 甲의 친권상실을 청구할 수 있는지 여부

1. 문제의 제기

친권은 부모의 자녀에 대한 자연법적 권리이면서도 미성년 자녀의 복리를 위한 의무적 성격을 갖는다. 따라서 아무리 부모라고 하더라도 친권이 함부로 행사될 수 없는 반면 친권의 부적절한 행사가 있더라도 곧 부모로부터 친권을 함부로 박탈할 수도 없다. 민법은 제924조 이하에서 친권의 제한 및 박탈에 관한 규정을 두고 있다. 이 규정을 바탕으로 법원은 부모의 친권을 일부 제한하거나 박탈할 수 있다.

1) 대결 1993. 3. 4, 93스3의 사안을 변형한 것임.

사안에서 아이들의 할머니 丁은 아이들의 모친인 甲에 대하여 친권상실의 청구를 하고 있다. 친권상실의 선고가 있기 위한 요건으로는 甲이 친권을 남용하여 자녀의 복리를 현저히 해치거나 해칠 우려가 있어야 하고, 자녀나 자녀의 친족, 검사 또는 지방자치단체의 장의 청구가 있어야 한다(제924조 제1항).

우선 자녀의 친족은 민법 제777조의 친족이 여기에 해당되므로 아이들의 할머니 丁은 친권상실심판청구의 청구권자가 될 수 있다. 문제는 아이들의 어머니인 甲이 친권상실의 요건을 충족하였는지에 있다.

2. 친권상실의 실질적인 요건

친권이 상실되기 위하여서는 친권자가 친권을 남용하여 자녀의 복리를 현저히 해치거나 해칠 우려가 있어야 한다(제924조 제1항). 이 요건을 판단하는 중요한 척도는 자녀의 복리이다. 즉 현재의 친권자를 대신하여 다른 사람으로 하여금 친권을 행사하도록 하거나 후견을 하게 하는 것이 자녀의 복리를 위하여 더 나을 것이냐가 기준이 되어야 한다.[2] 실제로 2014년에 개정된 민법 제924조는 친권상실선고의 요건과 관련하여 자녀의 복리에 보다 초점을 맞추고 있다. 즉 개정전 민법은 "현저한 비행 기타 친권을 행사시킬 수 없는 중대한 사유"를 친권상실선고의 요건으로 보았는데 여기서 친권의 행사와 직접적인 관련이 없는 '현저한 비행'의 내용을 삭제하였다.

이러한 점을 고려하여 대법원은 모친이 남편 이외의 사람과 간통하였다는 것만으로는 일반적으로 친권상실의 사유가 되지 않는 것으로 보고 있다.[3] 물론 사안에서는 甲과 乙이 불륜관계를 맺었던 것이 연유가 되어 종국에 가서는 아이들의 아버지의 사망이라는 결과를 초래하였다. 이 점에서 甲에 대한 윤리적 비난가능성은 통상의 간통행

2) 대결 1993. 3. 4, 93스3.
3) 대판 1959. 4. 16, 58다659; 대판 1963. 9. 12, 63다197.

위보다도 더 크다고 볼 수도 있다. 그러나 남편의 사망에 관여한 것이 인정된 것도 아니고 아이들에 대한 양육이나 보호에 관한 의무 등을 甲이 소홀히 하였다고 볼 만한 사정도 엿보이지 않으며, 더욱이 아이들이 정상적이지 않아 각별한 보호와 치료 및 장기적인 특수교육 등이 필요한 상황에서 따로 살아 오던 76세의 노인에게 아이들의 양육과 감호를 맡긴다는 것은 아이들의 복리를 오히려 해치는 결과에 이를 수 있다. 결국 甲의 친권을 상실시키는 것은 아이들의 복리에 도움이 되지 않는다.[4]

3. 결　론

丁의 甲에 대한 친권상실심판의 청구는 인용되지 않을 것이다.

---

4) 대결 1993. 3. 4, 93스3.

제2절 후 견

55. 법정후견개시의 심판과 후견계약

사 례 일찍 남편을 여읜 甲은 시장에서 장사를 하며 아이 둘을 키워 결혼시킨 후 부동산 임대업을 하며 여생을 보내고 있었다. 그런데 80세가 되면서 건망증이 심해지더니 85세가 되어 치매진단을 받게 되었고, 그 이후 사람을 알아보지 못하는 상황이 반복되게 되었다. 이에 둘째 아들 丙은 첫째 아들 乙의 반대에도 불구하고 가정법원에 자신을 성년후견인으로 하는 성년후견개시심판을 신청하였다.
(1) 법원은 성년후견개시 신청에 대하여 한정후견개시의 결정을 할 수 있는가?
(2) 법정후견개시결정에 대한 즉시항고로 2심이 진행되는 중에 甲은 乙과 임의후견계약을 체결하고 이를 등기하였다. 이 경우에도 법원은 법정후견개시의 심판을 할 수 있는가?

1. 성년후견개시심판의 신청에 대한 한정후견개시의 심판

성년후견개시의 심판은 질병, 장애, 노령, 그 밖의 사유로 인한 정신적 제약으로 사무를 처리할 능력이 지속적으로 결여된 사람에 대하여 본인, 배우자, 4촌 이내의 친족 등이 가정법원에 청구함으로써 이루어진다(제9조 제1항). 반면 한정후견개시의 심판은 질병, 장애, 노령, 그 밖의 사유로 인한 정신적 제약으로 사무를 처리할 능력이 부족한 사람에 대하여 본인, 배우자, 4촌 이내의 친족 등이 가정법원에 청구함으로써 이루어진다(제12조 제1항). 즉 성년후견개시는 정신적 제약이 한정후견의 경우보다 더 심각하여 사무처리능력이 인정되지 않는 경우에 내려지는 심판이다.

그런데 두 심판사항에 대하여 가사소송법 제2조는 이를 가사비송사건(라류사건)으로 규정하고 있다. 이러한 비송사건은 직권탐지주의가 적용되며 소송법상의 처분권주의(민사소송법 제203조)가 배제되는 특징을 갖는다. 즉 사건에 대하여 당사자의 주장에 구애됨이 없이 필요한 경우 법원이 직권으로 관련된 사실에 대한 증거를 수집하고 조사할 수 있으며 당사자의 청구에 구속됨이 없이 가장 적절하다고 판단되는 내용의 결정을 할 수 있다. 이렇게 법정후견개시의 심판을 비송사건으로 규정하는 것은 가정법원으로 하여금 후견적인 입장에서 피후견인인 본인에게 가장 이익이 되는 결정을 내리도록 하려는 취지이다. 이러한 점에서 가정법원은 성년후견개시심판의 청구가 있더라도 의사의 감정이나 기타 사정을 참작하여 한정후견개시의 심판을 할 수 있다.[1)]

2. 법정후견개시의 심리 중에 이루어진 후견계약

후견계약이란 질병, 장애, 노령, 그 밖의 사유로 인한 정신적 제약으로 사무를 처리할 능력이 부족한 상황에 있거나 부족하게 될 상황에 대비하여 재산관리 및 신상보호에 관한 사무의 전부 또는 일부를 다른 자에게 위탁하고 그 위탁사무에 관하여 대리권을 수여하는 것을 내용으로 하는 위탁자와 수탁자 사이의 계약을 말한다(제959조의14 제1항). 법정후견제도와 달리 후견계약은 피후견인 자신이 후견인을 스스로 선임하여 그와 직접 후견계약을 체결하는 것으로 사적자치의 원칙에 기반한 것이다. 후견계약은 공정증서로 체결하여야 한다(제959조의14 제2항). 후견계약은 가정법원이 임의후견감독인을 선임한 때로부터 효력이 발생하며(제959조의14 제3항), 법원의 임의후견감독인의 선임은 후견계약이 등기된 경우에만 가능하다(제959조의15 제1항).

1) 윤진수, 친족상속법(2018), 267면 이하.

그런데 후견계약과 법정후견의 관계에 대하여 민법은 "후견계약이 등기되어 있는 경우에는 가정법원은 본인의 이익을 위하여 특별히 필요할 때에만 임의후견인 또는 임의후견감독인의 청구에 의하여 성년후견, 한정후견 또는 특정후견의 심판을 할 수 있다. 이 경우 후견계약은 본인이 성년후견 또는 한정후견 개시의 심판을 받은 때 종료된다"(제959조의20 제1항)고 한 후 "본인이 피성년후견인, 피한정후견인 또는 피특정후견인인 경우에 가정법원은 임의후견감독인을 선임함에 있어서 종전의 성년후견, 한정후견 또는 특정후견의 종료 심판을 하여야 한다. 다만, 성년후견 또는 한정후견 조치의 계속이 본인의 이익을 위하여 특별히 필요하다고 인정하면 가정법원은 임의후견감독인을 선임하지 아니한다"(제959조의20 제2항)고 하고 있다. 이 규정은 후견제도에 있어서 사적 자치의 원칙을 우선시하여야 한다는 취지이다. 즉 후견계약이 체결된 경우라도 법정후견개시의 심판을 할 수 있고, 법정후견이 개시된 경우 후견계약에 따른 등기가 있더라도 임의후견감독인을 선임하지 않을 수는 있지만 이는 예외적인 경우로 본인의 이익을 위하여 특별히 필요한 경우에만 허용된다는 점을 밝히고 있는 것이다. 그리고 사적 자치의 우선적 고려는 사안과 같이 법정후견개시심판의 청구가 제기된 후 아직 그 심판이 확정되기 전에 후견계약이 체결되고 등기된 경우라고 하더라도 달라지지 않는다.

다만 본인의 이익을 위하여 필요하다고 인정되는 경우에는 예외적으로 법원이 법정후견개시의 심판을 할 수 있는데, 대법원은 "본인의 이익을 위하여 특별히 필요할 때란 후견계약의 내용, 후견계약에서 정한 임의후견인이 그 임무에 적합하지 아니한 사유가 있는지, 본인의 정신적 제약의 정도, 기타 후견계약과 본인을 둘러싼 제반 사정 등을 종합하여, 후견계약에 따른 후견이 본인의 보호에 충분하지 아니하여 법정후견에 의한 보호가 필요하다고 인정되는 경우"[2]라고 보고 있다. 법정후견개시심판이 시작된 이후에 임의후견계약을 체결하는 경우 법정후견개시심판과 함께 선임될 법정후견인을 배제하고 다

2) 대결 2017. 6. 1, 2017스515.

른 사람을 후견인으로 하여 피후견인에 대한 영향력을 행사하려는 의도가 있을 수 있다는 점도 고려되어야 할 것이다.

결국 임의후견계약이 법정후견개시심판 중에 체결되어 등기된 경우 원칙적으로 법정후견개시심판을 할 수 없지만 본인의 이익을 최대한 고려하여 법원은 법정후견개시의 심판을 할 수도 있다.

제6장 친족 간의 부양

56. 친족 간의 부양청구권

사례 1975년 乙과 결혼한 甲은 그 후 장인의 지원을 받아 해외로 유학을 떠나 1988년 귀국하여 경제활동을 시작하였다. 당시 甲은 양육할 두 자녀도 있었지만 연로하신 모친 丙의 생활도 책임을 져야 하는 상황이었다. 甲은 丙에게 전세를 얻어 주고 부족하나마 매달 20만원의 용돈을 지급해 왔다. 물론 아내 乙도 당시 스스로 경제활동을 하고 있었고 자신의 부모로부터 증여받은 재산도 많아 丙을 충분히 도와줄 수 있는 상황이었지만 애써 丙을 부양할 마음은 없었다. 丙은 한 달에 20만원으로는 일상적인 생활을 해 나갈 수가 없었지만 며느리의 눈치가 보여 乙에게 생활비에 대하여 아무런 말도 하지 않았다. 그러던 1999년 5월경 甲이 갑자기 사망을 하였고 丙은 더 이상 수입이 없게 되어 기초적인 생활을 유지하기도 어려운 상황이 되었다.

(1) 丙은 乙을 상대로 甲이 사망할 때까지 乙이 지급하지 않은 과거의 부양료를 청구한다. 법원의 입장은?

(2) 丙은 乙을 상대로 甲이 사망한 이후의 장래의 부양료의 지급을 청구한다. 법원의 입장은?

1. 과거의 부양료에 대한 청구권

직계혈족 및 그 배우자 사이와 기타 생계를 같이하는 친족 사이에서는 상호 부양의 의무가 있다(제974조). 이러한 친족 사이의 부양 의무는 부양을 받을 자의 생활을 부양의무자의 생활과 같은 정도로 보장하는 것을 내용으로 하는 미성년 자녀 및 배우자에 대한 제1차적 부양의무와 달리 부양의무자가 자기의 사회적 지위에 상응하는 생활을 하면서 생활에 여유가 있음을 전제로 하여 부양을 받을 자가 자력 또는 근로에 의하여 생활을 유지할 수 없는 경우에 한하여 그의 생활을 지원하는 것을 내용으로 하는 제2차 부양의무이다.[1] 이러한 친족 간의 부양의무가 성립하기 위하여서는 ① 부양을 청구하는 자가 자기의 자력 또는 근로에 의하여 충당할 수 없는 곤궁한 상태이어야 하고, ② 자신에 대하여 부양의무를 지는 친족 범위 내의 친족에 대한 청구가 있어야 하며, ③ 부양의무자도 자기의 사회적 지위에 상응하는 생활을 하면서 부양의무를 이행할 수 있는 정도의 경제적 여유가 있어야 한다.

사안에서 丙은 비록 甲에게서 매달 20만원을 지급받았지만 이 금액으로는 생활을 유지하기 어려운 상황이었고, 당시 乙은 경제적으로 여유가 있어서 丙을 충분히 부양할 수 있는 상황이었다. 그리고 乙은 丙의 아들인 甲의 아내로 '직계혈족의 배우자'에 해당하여 부양의무를 지는 친족의 범위에 해당한다. 따라서 丙은 甲이 생존할 당시에 乙에 대하여도 부양청구권을 행사할 수 있었다.

그런데 문제는 甲이 생존하고 있었을 때에는 丙이 乙에 대하여 이러한 부양청구권을 행사하지 않고 있다가 甲이 사망한 이후에야 당시 乙에게 청구하지 않았던 과거의 부양료를 지급하라고 청구할 수 있느냐이다. 판례는 이러한 과거의 부양료는 원칙적으로는 청구할 수 없다는 입장이다. 즉 "부모와 성년의 자녀 · 그 배우자 사이의 경우에도 이(부부 사이의 부양청구)와 마찬가지로 과거의 부양료에 관하여는 부양의무 이행청구에도 불구하고 그 부양의무자가 부양의무를 이행하지 아니함으로써 이행지체에 빠진 후의 것이거나, 그렇지 않은 경우에는 부양의무의 성질이나 형평의 관념상 이를 허용해야 할 특별한

1) 대판 2012. 12. 27, 2011다96932.

사정이 있는 경우에 한하여 이행청구 이전의 과거 부양료를 청구할 수 있다"[2]는 것이다. 따라서 丙의 乙에 대한 과거부양료의 청구는 인용되지 않을 것이다.

2. 부양의무를 부담하는 친족의 범위

부양의무를 부담하는 친족의 범위는 직계혈족 및 그 배우자 사이 및 기타 생계를 같이하는 친족 사이이다(제974조). 사안에서 甲이 얻어 준 전셋집에서 丙이 거주하였다는 것으로 보면 甲과 乙은 丙과 동거하며 생계를 같이하는 경우에는 해당하지 않음을 알 수 있다. 따라서 乙이 丙에 대하여 부양의무를 부담하는 경우는 두 사람이 직계혈족 및 그 배우자 사이인 경우여야 한다. 그런데 乙은 丙의 아들인 甲의 아내로 丙의 며느리이다. 즉 乙은 丙의 직계비속의 배우자로 일단 민법 제974조의 요건을 충족하는 것이다. 문제는 丙의 아들 甲이 사망한 경우에도 여전히 며느리로서 시부모를 부양하여야 하는가이다.

일단 형식적인 친족관계만을 놓고 보면 이는 긍정된다. 시부모와 며느리는 혈족의 배우자로 인척관계이다(제769조). 그리고 이러한 인척관계는 배우자가 사망하더라도 생존한 배우자가 재혼을 하지 않는 한 여전히 유지된다(제775조 제2항). 즉 甲이 사망하였더라도 乙이 재혼을 하지 않은 이상 乙과 丙의 시부모-며느리 관계는 여전히 유지된다는 의미가 된다.

반면 乙과 丙의 친족관계에 초점을 맞추는 것이 아니라 甲과 乙의 배우자관계에 초점을 맞추게 되면 다른 결론에 이르게 된다. 즉 직계혈족과 그 배우자 사이의 친족 사이에 부양의무가 존재하는데 배우자 관계가 일방배우자의 사망으로 소멸하게 되었다고 보면 乙은 더 이상 직계비속 甲의 배우자가 아니게 되어 부양의무가 없다는 결론에 이르게 되는 것이다. 대법원은 바로 이러한 후자의 입장에 따르고 있다. 즉 "민법 제775조 제2항에 의하면 부부의 일방이 사망한 경우에

2) 대결 2013. 8. 30, 2013스96.

혼인으로 인하여 발생한 그 직계혈족과 생존한 상대방 사이의 인척관계는 일단 그대로 유지되다가 상대방이 재혼한 때에 비로소 종료하게 되어 있으므로 부부의 일방이 사망하여도 그 부모 등 직계혈족과 생존한 상대방 사이의 친족관계는 그대로 유지되나, 그들 사이의 관계는 민법 제974조 제1호의 '직계혈족 및 그 배우자 간'에 해당한다고 볼 수 없다. 배우자관계는 혼인의 성립에 의하여 발생하여 당사자 일방의 사망, 혼인의 무효·취소, 이혼으로 인하여 소멸하는 것이므로, 그 부모의 직계혈족인 부부 일방이 사망함으로써 그와 생존한 상대방 사이의 배우자관계가 소멸하였기 때문이다. 따라서 부부 일방의 부모 등 그 직계혈족과 상대방 사이에서는, 직계혈족이 생존해 있다면 민법 제974조 제1호에 의하여 생계를 같이하는지와 관계없이 부양의무가 인정되지만, 직계혈족이 사망하면 생존한 상대방이 재혼하지 않았더라도 민법 제974조 제3호에 의하여 생계를 같이하는 경우에 한하여 부양의무가 인정된다."[3]

결국 乙은 丙에 대하여 장래를 향하여서도 부양의무를 부담하지 않는다.

3) 대결 2013. 8. 30, 2013스96.

57. 부양비용의 상환청구

사 례 40세의 A는 직장에 출근하는 도중에 교통사고를 당하여 경막외 출혈, 두개골 골절 등으로 수술을 받게 되었다. 그러나 수술 후에도 의식이 돌아오지 않고 마비증세가 지속되어 병원에 입원하며 간병인의 도움을 지속적으로 받아야 하는 처지가 되었다. 사고가 있기 10년 전에 혼인을 한 배우자 B는 직장생활을 계속해야 했기 때문에 수술 후 며칠 동안 간호를 하다가 간병을 포기하게 되었고, 결국 A의 모친인 C가 A가 입원한 병원 주위에 방을 얻어서 A를 3년간 간병하게 되었다. C는 그 기간 동안 보험회사에서 받은 8천만원을 제외하고도 8천만원을 더 지출해야만 했다. C는 자신이 지출한 8천만원의 비용의 상환을 B에게 청구하였다.[1] 이러한 청구는 법원에 의하여 인용될 것인가?

1. 문제의 제기

C가 B의 사무를 관리하여 줌으로써 발생한 비용의 상환을 제739조 제1항을 근거로 청구할 수 있느냐의 문제이다.

2. 사무관리로 인한 비용상환청구권

C가 B에 대하여 민법 제739조 제1항을 근거로 8천만원의 상환을 청구하기 위하여서는 i) C가 의무 없이 B의 사무를 처리해야 하고 ii) B를 위하여 사무를 관리한다는 의사가 있어야 하며 iii) C의 사무처리가 B에게 불이익이 되거나 그의 명백한 의사에 반하지 않아야 한다.[2]

1) 대판 2012. 12. 27, 2011다96932의 사안을 변형한 것임.
2) 대판 2013. 8. 22, 2013다30882.

(1) 타인의 사무

먼저 C가 자신의 자녀를 치료시키고 간병한 것이 B의 사무이어야 하며 C의 사무가 아니어야 한다. 이는 성년의 부모가 성년 자녀에 대하여 부양의무를 부담하느냐의 문제로 민법은 부양의무와 관련하여 부부간 부양의무(제826조 제1항)와 친족 간 부양의무(제974조)를 구별하여 규정하고 있다. 사안에서 C는 A의 직계혈족이므로 제974조의 부양의무를 부담해야 하는 것이 아니냐의 문제가 제기된다. 그러나 "민법 제826조 제1항에 규정된 부부간 상호부양의무는 혼인관계의 본질적 의무로서 부양을 받을 자의 생활을 부양의무자의 생활과 같은 정도로 보장하여 부부공동생활의 유지를 가능하게 하는 것을 내용으로 하는 제1차 부양의무이고, 반면 부모가 성년의 자녀에 대하여 직계혈족으로서 민법 제974조 제1호, 제975조에 따라 부담하는 부양의무는 부양의무자가 자기의 사회적 지위에 상응하는 생활을 하면서 생활에 여유가 있음을 전제로 하여 부양을 받을 자가 자력 또는 근로에 의하여 생활을 유지할 수 없는 경우에 한하여 그의 생활을 지원하는 것을 내용으로 하는 제2차 부양의무이다. 이러한 제1차 부양의무와 제2차 부양의무는 의무이행의 정도뿐만 아니라 의무이행의 순위도 의미하는 것이므로, 제2차 부양의무자는 제1차 부양의무자보다 후순위로 부양의무를 부담한다. 따라서 제1차 부양의무자와 제2차 부양의무자가 동시에 존재하는 경우에 제1차 부양의무자는 특별한 사정이 없는 한 제2차 부양의무자에 우선하여 부양의무를 부담한다."[3] 즉 제1차 부양의무자가 있는 한도에서 제2차 부양의무자는 부양의무가 없는 것이다. 따라서 C의 부양은 자신의 사무가 아닌 B의 사무를 처리한 것에 해당한다.

그런데 이러한 부부 사이의 부양의무와 관련하여 판례는 "부부간의 부양의무 중 과거의 부양료에 관하여는 특별한 사정이 없는 한 부양을 받을 사람이 부양의무자에게 부양의무의 이행을 청구하였음에도 불구하고 부양의무자가 부양의무를 이행하지 아니함으로써 이행

3) 대판 2012. 12. 27, 2011다96932.

지체에 빠진 후의 것에 관하여만 부양료의 지급을 청구할 수 있을 뿐" 이라는 입장이다.[4] 이러한 판례에 따르게 되면 부양청구를 하지 않은 기간 동안에는 마치 부양의무가 존재하지 않았던 것과 같은 결과가 된다. 그런데 사안에서 A는 의식불명의 상태로 B에 대하여 이러한 부양청구권을 행사한 적이 없다. 따라서 A는 B에 대하여 과거의 부양료를 청구하지 못하게 되는 상황이 되고 이러한 상황이라면 C도 과거의 부양료를 청구할 수 없게 된다. A의 청구 없이는 부양의 사무가 B의 사무가 아니기 때문에 C가 부양을 해도 B의 사무를 처리한 것이 아닌 것이다. 하지만 이는 불합리한 결과이다. 이 경우 판례는 "부양의무의 성질이나 형평의 관념상 이를 허용해야 할 특별한 사정이 있는 경우"에는 이행청구 이전의 과거 부양료도 지급하여야 한다는 입장을 취한다. 사안에서 요부양자인 A는 의식불명의 상태에 있어서 부양청구를 할 수 없는 상황이었고, B가 처음에는 부양을 하였기 때문에 A가 요부양 상태이며 B가 부양을 그친 이후에도 여전히 부양이 필요한 상태라는 것을 알고 있었으므로 부양의 청구가 없더라도 과거의 부양료에 대한 청구를 인정하는 것이 부양의무의 성질이나 형평의 관념에 부합하는 것이다.[5]

결국 B는 A에 대하여 부양의무를 부담하고 있었고 따라서 C의 간병 등은 B의 사무를 처리한 것이 된다.

(2) 타인의 사무에 대한 인식

다음으로 C가 자신의 사무가 아니라 타인의 사무라는 의사를 가지고 사무관리를 하였어야 한다. 사안에서 C는 아들 A에 대한 간병 등을 한 것을 전적으로 남의 일이라고 생각하지는 않았을 것이다. 반면 결혼 10년차 40살이 된 아들에 대한 간호를 당연히 아내가 맡아서 해야 할 것으로도 생각하였을 것이다. 여기서 타인의 사무라는 의사는 자신이 처리하는 사무가 전적으로 타인의 이익만을 위한 것일 필

4) 대결 2008. 6. 12, 2005스50.

5) 대판 2012. 12. 27, 2011다96932.

요는 없다는 것이 판례의 태도이다. 즉 "'타인을 위하여 사무를 처리하는 의사'는 관리자 자신의 이익을 위한 의사와 병존할 수 있고, 반드시 외부적으로 표시될 필요가 없으며, 사무를 관리할 당시에 확정되어 있을 필요가 없다"[6]는 것이 대법원의 태도이다. 모친인 C의 입장에서는 간병을 할 당시에 자신의 일이기도 하지만 A의 아내인 B가 우선적으로 해야 할 일이라고 인식하고 있었을 것이다. 따라서 이 요건도 충족된다.

(3) 타인에게 불이익이 되거나 명백한 반대의 의사가 없을 것

본인인 아내 B의 반대의 의사가 있을 경우 사무관리가 성립하지 않는다는 견해[7]가 있으나 사안과 같이 공익적인 측면이 있는 경우에는 본인의 반대에서 불구하고 경우에 따라 사무관리가 가능하다고 보아야 할 것이다. 더욱이 사안에서는 B는 C의 간호에 대한 명시적인 반대를 하지 않았고 C가 간병을 하고 있다는 것을 알면서도 아무런 반대의 의사를 표시하지 않았다는 점에서 이 요건도 충족된다.

3. 결 론

C는 B에 대하여 자신이 지출한 비용 8천만원을 제739조 제1항을 근거로 상환청구할 수 있다.

6) 대판 2013. 8. 22, 2013다30882.
7) 대판 2013. 8. 22, 2013다30882.

제2편

상속법

제1장 상속의 개시

58. 동시사망의 추정

사 례 어머니 丁과 아내 乙 그리고 아들 丙이 있는 甲은 휴일을 맞아 丙을 데리고 모처럼 지리산에 등산을 갔다. 그런데 이날 갑작스런 폭우로 계곡물이 불어나 甲과 丙은 모두 사망하였다.

(1) 누가 먼저 사망하였는지 알 수 없는 경우와 甲이 丙보다 먼저 사망한 사실이 밝혀진 경우를 구별하여 甲의 10억원에 대한 상속관계를 설명하라.

(2) 사망의 시기에 관한 입증책임을 부담하는 자는 누구이며 어느 정도의 증명이 있어야 하는가?

1. 문제의 제기

상속인이 되기 위하여서는 법정상속인로서 상속의 우선 순위에 있어야 하며 상속이 개시될 당시에 상속인은 권리의무의 승계자로 생존하고 있어야 한다. 그런데 경우에 따라서는 사안과 같이 피상속인이 사망할 당시에 법정상속인의 지위에 있는 자가 생존하고 있었는지 불분명한 경우가 있다. 이러한 경우 민법이 취하는 태도와 그에 따른 상속과 관련한 법률효과가 쟁점이 된다.

2. 누가 먼저 사망하였는지 불명인 경우

2인 이상이 동일한 위난으로 사망한 경우에는 동시에 사망한 것으로 추정한다(제30조). 이러한 동시사망의 추정의 결과로 두 자연인 사이에는 법정상속관계가 있더라도 상속이 발생하지 않는다. 상속이 이루어지기 위하여는 피상속인이 사망할 당시에 상속인이 생존하고 있어야 하는데, 피상속인의 사망과 동시에 직계비속으로서 제1순위의 상속인인 丙도 사망하였기 때문이다. 따라서 丙은 甲의 직계비속이더라도 상속인이 되지 못한다. 따라서 다음 순위인 甲의 직계존속 丁이 상속인이 된다(제1000조). 그리고 甲의 배우자인 乙은 민법 제1003조 제1항에 의하여 丁과 공동상속인이 된다. 상속분은 배우자의 경우 직계존속과 공동으로 상속하는 경우 직계존속의 상속분의 5할을 가산하여 받게 된다. 결국 丁은 10억원의 2/5인 4억원을, 乙은 3/5인 6억원을 상속하게 된다.

3. 甲이 丙보다 먼저 사망한 경우

甲이 丙보다 먼저 사망하였다면 甲의 제1순위의 상속인은 丙이 되고(제1000조), 乙은 甲의 배우자로서 丙과 공동상속인이 된다(제1003조). 이때 상속분은 丙이 4억원, 乙이 6억원이 된다. 하지만 丙이 곧 사망을 하였으므로 丙의 재산에 대한 상속이 다시 개시되는데, 이 경우 제1순위 상속인은 직계존속으로서 丁보다 선순위인 丙이 단독상속인이 된다(제1000조 제2항). 따라서 丙의 4억원은 乙이 다시 상속한다. 결론적으로 乙은 甲의 10억원을 모두 상속하게 된다.

4. 입증책임의 문제

민법 제30조는 동일한 위난의 경우 이러한 동시사망을 추정하고 있으므로 그 입증책임은 동시사망의 사실을 부인하려는 자가 지게 된다. 대법원은 증명의 정도에 대하여 "이 추정은 법률상 추정으로서 이를 번복하기 위하여는 동일한 위난으로 사망하였다는 전제 사실에 대하여 법원의 확신을 흔들리게 하는 반증을 제출하거나 또는 각자 다른 시각에 사망하였다는 점에 대하여 법원에 확신을 줄 수 있는 본증을 제출하여야 하는"[1] 것으로 보고 있다.

1) 대판 1998. 8. 21, 98다8974.

제2장 상속인

59. 피상속인의 배우자

사 례

甲은 사업차 한국에서 일시 거주하는 재미교포 사업가인 乙을 만나 결혼식을 올리고 서울에서 동거를 시작하였다. 혼인신고는 급하지 않으니 나중에 시간이 되면 하기로 하였다. 그 후 乙은 출근을 하는 도중에 불의의 사고로 목숨을 잃고 말았다. 甲은 사망 당시 한국과 미국에 많은 재산을 가지고 있었고 유족으로는 서로 연락이 끊긴 지 오래된 형 丙이 생존하고 있었다.

(1) 乙이 사망하자 甲은 乙과의 혼인신고를 먼저 한 후 乙의 사망신고를 하였다. 이 경우 甲은 乙의 재산을 상속받을 수 있는가?

(2) 만약 甲과 乙이 혼인신고서를 작성하여 우편으로 발송한 후 乙이 사고를 당하였고 그 이후에 혼인신고서가 관청에 도달하였다면, 甲은 乙의 상속인이 될 수 있는가?

1. 문제의 제기

피상속인의 배우자는 피상속인의 직계비속이 있는 경우에는 그와 공동으로, 직계비속이 없고 직계존속만 있는 경우에는 직계존속과 공동으로, 직계비속과 직계존속도 없는 경우에는 단독으로 상속인이 된다(제1003조 제1항). 따라서 만약 甲이 乙의 사망 당시에 乙의 배우자로서의 지위를 가지고 있었다면 乙의 형인 丙보다 선순위의 상속인으로 乙의 재산을 단독상속하게 된다. 문제는 甲이 乙의 사망 당시에 배우자의 지위를 가지고 있었느냐이다.

2. 피상속인의 사망 후 이루어진 혼인신고의 효력

상속인으로 인정되는 민법 제1003조의 배우자 관계는 혼인에 의하여 형성된다. 그리고 혼인은 혼인의사의 합치와 함께 혼인신고가 있어야 한다.

사안에서 甲과 乙은 혼인하기로 약속을 하였으므로 일단 두 사람 사이에 혼인의사의 합치가 있었다. 나아가 甲과 乙 사이의 형식적인 혼인신고도 있었다. 하지만 이러한 혼인신고는 효력이 없다. 왜냐하면 혼인도 권리능력이 인정되는 생존한 사람 사이에 체결되어야 하는 가족법상의 계약으로 혼인이 유효하기 위하여서는 혼인 당시에 권리능력이 존재하여야 하기 때문이다. 즉 유효한 혼인이 있기 위하여서는 실질적 요건으로서의 혼인의사의 합치의 시기뿐만 아니라 형식적인 요건으로서의 혼인신고의 시기에도 당사자는 모두 생존하여 권리능력이 있어야 하는 것이다.

반면 甲이 乙과의 혼인신고를 할 당시에 乙은 이미 사망한 상태이다. 결국 甲의 혼인신고는 효력이 없고 이러한 효력 없는 혼인신고로 인하여 甲은 乙과 유효한 배우자관계를 형성하지 못하였다.

甲이 제출한 혼인신고서가 관청에 의하여 접수가 되었다고 하더라도 그 혼인신고는 효력이 없다. 또한 혼인신고가 乙의 사망신고 이전에 이루어진 경우에도 마찬가지이다. 가족관계등록부상의 출생신고나 사망신고는 권리관계에 영향을 주지 못하는 보고적 신고에 불과한 것으로 그러한 신고가 없다고 하여 사망의 법률상 효과가 발생하지 않는 것은 아니기 때문이다.

다만 사망 이후의 혼인신고는 효력이 없다는 원칙에 대하여 혼인신고특례법은 그 예외를 인정한다. 즉 동법은 혼인 당사자 중 어느 한쪽이 전쟁이나 사변으로 전투에 참가하거나 전투 수행을 위한 공무에 종사함으로 인하여 혼인신고를 하지 못하고 사망한 경우, 다른 한쪽이 가정법원의 확인을 받아 단독으로 혼인신고를 할 수 있도록 하였다(동법 제2조). 이러한 혼인신고가 있게 되면 배우자의 사망 시에 신고가 있었던 것으로 되어 당사자 사이에는 유효한 배우자관계가 형성된다(동법 제4조). 그런데 사안에서 乙은 이러한 전투나 공무를 수행하다가 사망한 것이 아니므로 이 법률의 요건도 충족하지 못한다.

결국 甲은 乙의 상속인이 되지 못한다.

3. 혼인신고서 발송 후 도달 전의 사망

혼인신고는 신고서가 수리된 때에 효력을 갖는 것이 원칙이다. 반면 민법의 특별법인 가족관계등록법 제41조 제1항은 "신고인의 생존 중에 우송한 신고서는 그 사망 후라도 시 · 읍 · 면의 장은 수리하여야 한다"고 하고 동조 제2항은 "제1항에 따라 신고서가 수리된 때에는 신고인의 사망시에 신고한 것으로 본다"고 하고 있다. 이 규정에 따르면 甲과 乙이 혼인신고서를 작성하여 우편으로 발송한 후 乙이 사고를 당하였고 그 이후에 혼인신고서가 관청에 도달한 경우, 甲은 乙의 상속인이 될 수 있게 된다. 乙이 사망할 때에 혼인신고서가 수리된 것으로 간주되기 때문이다.

60. 피상속인의 형제자매

사 례 甲은 부친이 사망하자 丙과 재혼한 모친을 따라 丙의 집에서 함께 생활하게 되었다. 甲의 모친은 丙과의 사이에 丁을 낳고 사망하였다. 甲은 그 후 아내와 혼인하여 그 사이에서 乙을 낳았다. 그러나 甲은 아내와 원만한 관계를 갖지 못하고 곧 이혼을 하였다. 어려운 생활 가운데에서도 아들 乙만을 바라보며 살아 왔던 甲은 乙이 교통사고로 사망하였다는 소식을 듣고 심장마비를 일으켜 사망하였다. 사망 당시에 甲은 X 보험회사에 생명보험을 들어 놓은 상태였고, 계약 당시에 甲은 수익자란에 상속인이라고 기입하였었다. 甲이 사망할 당시에 다른 직계존속이 없었고 丙과 丁만이 있었다면 누가 보험금의 청구권을 행사할 수 있는가?[1)]

상속인으로서 사망보험금의 지급청구권자

1. 문제의 제기

생명보험계약은 보험계약자(甲)가 보험료를 지급하고 보험자(X 보험회사)는 피보험자의 사망이라는 보험사고가 생기는 경우에 약정한 보험금액을 보험수익자에 지급하기로 하는 보험계약이다(상법 제638조, 제730조). 따라서 보험수익자는 보험사고가 발생하면 보험금액을 직접 보험자에게 청구할 수 있게 되고, 보험자는 수익자의 청구에 따라 이를 지급하여야 한다. 그런데 甲은 보험계약을 체결할 당시에 구체적으로 누가 보험의 수익자가 될 것인가를 정하지 않고 단지 상속인이라고만 기입하였다. 여기서 보험수익자가 될 甲의 상속인이 구체적으로 누구인지를 정하여야 하는 문제가 발생한다.

1) 대판 1997. 11. 28, 96다5421의 사안을 변형한 것임.

2. 법정상속인의 확정

상속인의 확정에 대하여 민법 제1000조는 제1순위로 피상속인의 직계비속, 제2순위로 피상속인의 직계존속, 그리고 피상속인의 형제자매, 마지막으로 피상속인의 4촌 이내의 방계혈족이 상속인이 된다고 규정한다. 그리고 제1003조는 피상속인의 배우자에 대하여 피상속인의 직계비속이나 직계존속이 있는 경우에는 그 상속인과 동순위로 공동상속인이 되고, 그러한 상속인이 없는 경우에는 단독상속인이 된다고 규정한다.

사안에서 甲은 혼인을 하였고 아내와의 사이에 아이 乙을 낳았다. 여기서 乙은 甲의 직계비속이고 甲의 아내는 그의 배우자였다. 그런데 민법 제1000조 및 제1003조의 상속인은 상속개시의 당시에 상속인이 되는 친족관계를 유지하고 있어야 하며 또한 생존하고 있는 자이어야 한다. 하지만 乙은 상속의 개시 당시에 이미 사망한 자로 권리능력이 없어 상속인의 지위를 갖지 못하고, 甲의 아내도 甲이 사망할 당시에 법률상 배우자의 지위를 상실한 상태로 상속인이 되지 못한다. 또한 甲에게는 제1000조 제1항 제2호의 직계존속도 존재하지 않았다. 다만 사안에서 甲은 사망 당시 계부 丙과 이성동복형제인 丁만을 두고 있었다.

먼저 丙은 甲에게 있어서 모친의 배우자로 혈족의 배우자인 인척에 불과하다(제769조). 따라서 피상속인의 혈족과 배우자만 상속인이 될 수 있는 우리 민법에서 丙은 甲의 상속인이 되지 못한다. 이 경우 대습상속도 발생하지 않는다. 피대습자는 직계비속과 형제자매만 가능하며 직계존속은 피대습인이 될 수 없기 때문이다(제1001조).

다음으로 丁이 민법 제1000조 제1항 제2호의 형제자매에 해당하느냐의 문제가 제기된다. 전통적으로 아버지가 같고 어머니가 다른 동성이복(同姓異腹)의 형제자매는 한 호적에 편제되어 형제자매로 인정받는 데 어려움이 없었다. 그러나 어머니가 같고 아버지가 다른 이성동복(異姓同腹)의 형제자매에 대하여는 논란이 있어 왔다.

대법원은 한때 "피상속인의 형제자매라고 함은 피상속인의 부계

방계혈족만을 의미하고 아버지가 다르고 어머니만 같은 이성동복(異姓同腹)의 자매관계에 있는 자는 위 법조에 해당하지 아니한다"[2]는 입장을 취하였다. 그러나 이러한 태도는 남녀평등의 원칙에 반하는 근거 없는 차별에 해당한다. 대법원도 그 후 태도를 바꾸어 "친족의 범위에서 부계와 모계의 차별을 없애고, 상속의 순위나 상속분에 관하여도 남녀간 또는 부계와 모계간의 차별을 없앤 점에 비추어 볼 때, 부계 및 모계의 형제자매를 모두 포함하는 것으로 해석하는 것이 상당하다"[3]는 입장을 취하였다. 법정상속인을 정하는 경우에 부계와 모계를 차별할 이유가 없으므로 두 경우를 구별하지 않는 것이 타당하다.

3. 결 론

사안의 丁은 甲의 형제자매로서의 친족관계가 인정되어 보험계약상의 수익자가 될 수 있고 따라서 X 보험회사에 대한 보험금지급청구권을 취득한다.

2) 대판 1975. 1. 14, 74다1503.
3) 대판 1997. 11. 28, 96다5421.

61. 태아의 상속능력

사 례 乙은 甲과 혼인 후 5년 만에 丙을 임신하게 되었다. 하지만 임신한 상태에서 장을 보러 횡단보도를 건너는 乙을 미처 발견하지 못한 운전자 丁의 차에 치여 乙은 그 자리에서 사망하였다.

(1) 乙의 사망에도 丙이 생존하여 출생하게 된 경우 丁에 대한 유족인 甲과 丙의 권리를 설명하라.

(2) 乙의 사망으로 丙이 사산된 경우 甲의 丁에 대한 권리를 설명하라.

1. 문제의 제기

사람은 생존한 동안 권리와 의무의 주체가 된다(제3조). 즉 사람은 성별, 나이, 종교, 피부색, 정신연령 등과 상관없이 모두 권리능력을 갖는다. 반면 민법은 아직 출생하지 않은 사람 즉 태아에 대하여 일반적으로는 사람이 아니라는 전제에서 개별적인 규정을 두어 예외적으로 권리능력을 부여하고 있다. 즉 ① 불법행위로 인한 손해배상의 청구(제762조), ② 인지(제858조), ③ 상속(제1000조 제3항)과 대습상속(제1001조), ④ 유언(제1064조), ⑤ 유류분(제1118조)의 경우에 한하여 태아도 이미 출생한 사람으로 보고 있다(개별보호주의).

이 사안의 경우 두 가지 문제가 발생한다. 하나는 태아에게 주어진 권리를 태아의 상태에서 행사할 수 있느냐의 문제이다. 다른 하나는 태아가 출생하지 못하고 사산된 경우 태아에게 인정된 권리가 다시 상속될 것이냐의 문제이다.

2. 태아의 권리능력

태아는 손해배상의 청구에 관하여 이미 출생한 것으로 보고(제

762조), 상속순위에 대하여서도 마찬가지이다(제1000조 제3항). 이 두 규정에 의하여 사안의 丙에게는 두 가지의 권리가 발생한다.

첫째는 乙의 상속인으로서의 권리이다. 즉 乙은 불법행위를 저지른 丁에 대하여 민법 제750조를 근거로 재산상손해의 배상을 청구할 권리를 가지며, 제751조를 근거로 생명침해로 인한 위자료청구권을 갖는다. 그 후 乙이 사망을 하였으므로 이 권리는 배우자 甲과 직계비속 丙에게 법정상속분에 따라 상속된다(제1005조).

둘째는 乙의 직계비속으로 丙이 갖는 고유한 위자료청구권이다. 즉 어머니 乙의 사망으로 자녀가 받게 되는 정신적 고통에 대하여 민법은 통상손해로서 고유한 배상청구권을 인정하고 있다(제752조).

그런데 이 두 가지 청구권의 구체적인 행사의 방법 및 그 시기와 관련하여 학설과 판례는 의견이 나뉘고 있다.

먼저 정지조건설은 민법에 의하여 태아에게 인정되는 권리라도 태아가 살아서 출생하면 소급하여 그 권리가 태아에게 귀속된다는 주장이다. 즉 태아의 시기에는 아직 사람이 아니므로 그 상태에서는 친권자 등을 통해서도 권리를 행사할 수는 없고 살아서 출생하기를 기다렸다가 그 이후에 비로소 권리를 행사할 수 있다는 입장이다. 대법원[1]이 취하는 입장으로 미성년자에 대하여는 민법이 법정대리인제도를 두고 있는 반면 태아에 대하여는 아무런 규정을 두고 있지 않다는 점을 근거로 든다.

이에 반하여 다수설[2]이 취하는 해제조건설은 태아의 시기에 이미 권리가 귀속되므로 태아는 그 시기에도 부모 등의 친권자를 통하여 권리를 행사할 수 있다는 입장이다. 이 견해는 정지조건설을 취하면 태아의 권리가 침해되어 태아의 보호에 미흡하다고 주장한다. 예를 들어 정지조건설에 따를 경우 태아는 상속재산의 분할에 참여할 수 없게 되는데, 상속재산이 분할되어 이미 처분되고 탕진된 경우에는 후에 살아서 출생한 경우라도 권리의 회복을 기대할 수 없으며, 태

1) 대판 1976. 9. 14, 76다1365.
2) 김재형/곽윤직, 민법총칙(2016), 101면 이하; 이은영, 민법총칙(2009), 129면 등.

아의 경우에는 유증의 규정이 준용됨에도 불구하고 사인증여(제562조)를 받을 수 없게 되어 불합리하다는 것이다.

사안의 경우 대법원의 견해에 따르면 丙은 살아서 출생한 후에 비로소 자신의 두 권리를 행사할 수 있게 된다. 반면 해제조건설에 따르면 태아는 아버지를 친권자로 하여 자신의 권리를 행사할 수 있게 된다.

3. 丙이 사산된 경우

乙의 사망으로 丙이 사산된 경우에는 해제조건설이나 정지조건설의 어느 견해에 의하더라도 丙에게는 권리가 인정되지 않는다. 다만 이러한 결론은 해제조건설의 경우에는 모순이 발생한다. 해제조건설에서는 이미 태아도 권리의 주체가 되어 이를 행사할 수 있다고 보기 때문이다. 이럴 경우 사산이 되면 상속이 이루어진다고 보는 것이 논리적이다. 이러한 점에서 보면 태아의 권리능력에 대하여는 정지조건설이 그 논리전개에 있어서는 타당한 주장이다.

그럼에도 태아의 보호의 측면에서 보면 두 견해 모두 일정한 한계를 갖는다. 즉 손해의 배상과 관련하여 태아를 사망케 한 丁이 태아를 생존하도록 한 경우보다 덜 제재를 받기 때문이다.

62. 본위상속과 대습상속

사 례 A는 아내 B와의 사이에 자녀 C, D를 남기고 사망하였다. 당시 C와 D는 혼인하지 않았지만, C에게는 인지한 혼인 외의 자 E가 있었다. A는 사망 당시에 홀어머니 F를 모시고 있었고, 재산이 56억원에 이르렀다.

(1) B, C, D가 모두 상속을 포기한 경우, 상속관계를 논하라.

(2) B, C, D가 상속개시 전에 모두 사망하였을 경우, 상속관계를 논하라.

(3) 만약 C가 G와 혼인하여 E를 낳은 상황에서 B, C, D가 상속개시 전에 모두 사망하였을 경우, 상속관계를 논하라.

1. 상속포기와 본위상속

A의 사망으로 제1순위 상속인은 민법 제1000조 제1항 제1호, 동조 제2항 및 제1003조 제1항에 의해 B, C, D가 된다. 그러나 이들이 모두 상속을 포기하였다면 피상속인의 손자인 E가 상속을 하게 될 것이다. 그런데 E가 대습상속을 하는지 아니면 본위상속을 하는지가 문제된다. 본위상속이란 제1000조의 규정에 따른 법정상속인으로서 상속을 하는 것을 말하는 반면 대습상속이란 법정상속인이 상속개시 전에 사망하거나 상속결격이 되는 경우 제1001조에 따라 그에 갈음하여 상속하는 것을 말한다.

상속포기의 효과에 대하여 민법은 "상속개시된 때에 소급하여 그 효력이 있다고 규정한다(제1042조). 그 의미에 대하여 학설[1]과 판례[2]는 처음부터 상속인이 아니었던 것으로 된다고 해석한다. 따라서 같은 순위의 다른 공동상속인이 있는 경우에는 포기자의 상속분이 다른 상속인에게 상속분의 비율로 귀속되고 같은 순위의 다른 상속인이 없

1) 송덕수, 친족상속법(2018), 392면; 윤진수, 친족상속법(2018), 484면.

2) 대판 1995. 9. 26, 95다27769.

는 경우에는 그 다음 순위의 상속인이 본위상속을 하게 된다. 즉 상속의 포기로는 대습상속이 이루어지지 않고 본위상속만 이루어진다.

결국 A의 손자인 E는 본위상속으로 A의 재산 56억원 전액을 상속하게 된다. 홀어머니 F는 직계존속으로 E보다 후순위상속인에 불과하여 상속을 받지 못한다.

2. 상속인의 사망과 대습상속

동순위의 공동상속인이 상속개시 전에 전부 사망하거나 결격자가 된 경우에 대하여 학설이 대립한다. 먼저 본위상속설[3]은 민법 제1000조 제1항 제1호가 피상속인의 '자녀'라고 하지 않고 직계비속이라고 규정하고 있으므로 상속개시 전에 전부 사망하거나 결격자인 경우 피상속인의 손자녀는 동 조항에 따라 본위상속을 하게 된다고 이해한다. 이에 반해 대습상속설은 제1001조의 규정을 근거로 공동상속인이 모두 사망한 경우 상속인이 될 직계비속이 상속개시 전에 사망한 경우에 해당하여 손자녀에게는 대습상속이 이루어진다고 본다.[4] 판례는 대습상속설의 입장에서 "피상속인의 자녀가 상속개시 전에 전부 사망한 경우 피상속인의 손자녀는 본위상속이 아니라 대습상속을 한다고 봄이 상당하다"[5]고 하였다. 다만 사안과 관련하여 어느 견해를 취하더라도 결론에 있어서는 마찬가지이다. 즉 E가 민법 제1000조 제1항 제1호에 의한 유일한 직계비속으로 A의 재산을 상속하는 본위상속의 경우나 민법 제1001조를 근거로 C의 순위에 갈음하여 A의 재산을 상속하는 대습상속의 경우 모두 A의 재산 56억원은 E에게 상속된다.

---

3) 정긍식, "배우자의 대습상속권," 민사판례연구 25권(2003.2), 295(314)면; 김주수/김상용, 친족상속법(2009), 515면.

4) 곽윤직, 상속법(2004), 49면 이하; 윤진수, 친족상속법(2018), 312면.

5) 대판 2001. 3. 9, 99다13157.

3. 상속인의 배우자가 생존하고 있는 경우

대습상속설과 본위상속설의 차이는 사안과 같이 피상속인의 자녀(C)에게 배우자(G)가 생존하여 있고 그 사이에 자녀, 즉 피상속인의 손자녀(E)가 있는 경우에 발생한다. 이 경우 본위상속설에 따르면 피상속인의 손자녀가 민법 제1000조 제1항 제1호에 의하여 조부의 재산을 본위상속하게 되고 G는 대습상속이 일어나지 않는 결과 아무런 재산을 상속받지 못한다. G는 피상속인 A에게 있어서 인척에 불과하여 민법 제1000조의 법정상속인이 되지 못하기 때문이다. 이에 반하여 대습상속설은 상속인인 C를 피대습자로 하여 그 직계비속과 배우자가 상속인의 지위에 갈음하여 상속하게 되므로 E와 G가 공동상속을 하게 된다. 대습상속이 있게 되면 대습상속인은 피대습자가 받았을 상속분을 상속하기 때문이다(제1010조 제1항). 상속인의 배우자 보호의 측면에서 대습상속설이 더 합리적인 결론으로 타당하다.

대습상속설에 따를 경우 A의 재산은 C를 피대습자로 하여 E와 G가 공동으로 상속하게 되므로 E는 56억원×2/5=22억 4천만원을 G는 56억원×3/5=33억 6천만원을 상속받게 된다.

63. 동시사망의 추정과 대습상속

사 례 A는 B와 혼인하여 딸 C와 아들 D를 낳았고, 딸 C는 E와 결혼하여 F를, D는 G와 결혼하여 H를 낳았다. 그런데 A는 자신의 칠순을 맞아 사위 E를 제외한 가족들과 손자녀들을 모두 데리고 1997년 8월 괌으로 여행을 떠났다. 그러나 인천을 떠나 괌으로 향하던 비행기는 괌비행장 부근에서 추락하여 탑승자 전원이 사망하였다. A에게는 직계존속이나 직계비속이 더 이상 없었고 형 X만 있었다.[1] A가 많은 재산을 남기고 사망한 경우 상속인은 누구인가?

1. 문제의 제기

사안에서 A와 그의 배우자, 직계비속이 비행기의 추락으로 모두 사망하였고 유족으로 형인 X와 사위인 E만 남게 되었다. 형은 민법 제1000조 제1항 제3호의 법정상속인에 해당한다. 반면 사위인 E는 제1000조의 법정상속인에 해당하지 않지만 제1001조의 대습상속인이 될 수 있는지 문제된다.

2. 대습상속

위 사안은 같은 비행기에 탑승하였던 가족이 비행기의 추락으로 모두 사망한 경우로 사망시기의 선후가 밝혀지지 않은 경우이다. 이렇게 동일한 위난으로 2인 이상이 사망한 경우 동시에 사망한 것으로 추정된다(제30조). 그리고 이렇게 동시사망의 추정이 이루어진 경우 상속개시 당시에 상속인이 생존한 것이 아니므로 이들 사이에는 상속의 효과가 발생하지 않는다. 피상속인이 사망할 당시에 상속인이 될

1) 대판 2001. 3. 9, 99다13157의 사안을 변형한 것임.

자는 생존하고 있어야 하기 때문이다. 따라서 이러한 원칙을 유지할 경우 피상속인인 A의 상속재산은 제1순위 상속인인 B, C, D 등에 상속되지 못하고 민법 제1000조 제1항 제3호에 의하여 피상속인의 형인 X가 상속인이 될 것이다.

그런데 직계비속이 상속개시 전에 사망하거나 결격자가 된 경우 직계비속의 직계비속이 있는 경우 그 직계비속이 사망하거나 결격된 자의 순위에 갈음하여 상속인이 된다(제1001조). 그리고 상속개시 전에 사망 또는 결격된 자의 배우자는 제1001조의 직계비속이 있는 경우에는 그와 동순위로 공동상속인이 되고 그 상속인이 없으면 단독상속인이 된다(제1003조 제2항). 요약하면 상속인이 될 자가 피상속인보다 먼저 사망하였거나 상속결격이 된 경우 그 직계비속과 배우자는 상속인에 갈음하여 상속인이 된다. 이를 대습상속이라고 한다.

그런데 이러한 대습상속에 대한 민법의 요건과 달리 피상속인과 상속인이 동시에 사망한 것으로 추정되는 경우에도 마찬가지로 대습상속이 발생하는 것으로 해석할 것이냐의 문제가 제기된다. 판례와 마찬가지로 긍정하는 것이 타당하다. "상속인이 될 직계비속이나 형제자매(피대습자)의 직계비속 또는 배우자(대습자)는 피대습자가 상속개시 전에 사망한 경우에는 대습상속을 하고, 피대습자가 상속개시 후에 사망한 경우에는 피대습자를 거쳐 피상속인의 재산을 본위상속을 하므로 두 경우 모두 상속을 하는데, 만일 피대습자가 피상속인의 사망, 즉 상속개시와 동시에 사망한 것으로 추정되는 경우에만 그 직계비속 또는 배우자가 본위상속과 대습상속의 어느 쪽도 하지 못하게 된다면 동시사망 추정 이외의 경우에 비하여 현저히 불공평하고 불합리"[2]하기 때문이다.

결국 피상속인 A와 그의 배우자 B 및 직계비속 C, D, F, G 사이에는 동시사망으로 상속이 발생하지 않게 되지만 C에게는 배우자 E가 있으므로 C에 갈음하여 E가 대습상속을 하게 된다(제1003조 제2

2) 대판 2001. 3. 9, 99다13157.

항). X는 C보다 후순위상속인이므로 상속인이 되지 못한다.

3. 결 론

A의 사위인 E는 C의 대습상속인으로 A의 전 재산을 상속하게 된다.

64. 배우자를 피대습자로 한 재대습상속

사 례 아내가 일찍 세상을 떠나고 외동딸 B를 애지중지 키워 온 A는 B가 이미 이혼한 경력이 있고 아이 甲까지 있는 C와 혼인을 하자 마음의 병을 얻는다. 평소에 건강이 좋지 않았던 B는 C와의 사이에 乙을 낳은 후 곧 사망하였고 C도 그로부터 얼마 지나지 않아 사망하였다. 이를 지켜보던 A도 심장마비를 일으켜 세상을 떠났다. A가 재산 10억원을 남기고 사망하였을 경우, 甲과 乙 사이의 상속관계를 검토하라.

1. 문제의 제기

제1순위의 법정상속인은 피상속인의 직계비속이다(제1000조 제1항). 따라서 B의 친생자녀로 A의 외손자인 乙은 A의 제1순위의 상속인이 된다. 다만 최근친이던 피상속인의 자녀가 피상속인보다 먼저 사망하고 그 손자녀가 상속인이 되는 경우 그 손자녀는 본위상속에 의하여 상속인이 되는 것이 아니라 민법 제1001조에 의한 대습상속규정에 의하여 상속인이 된다.[1]

그런데 甲은 C가 전처와의 사이에 낳은 자녀로, C가 B와 혼인을 하면서 그를 입양하지 않은 이상 甲은 A에 대하여 혈족의 배우자의 혈족으로 친족관계가 발생하지 않는다(제767조, 제769조 참조). 여기서 甲에 대한 대습상속이 검토되어야 하는데 이를 위해서는 두 가지 문제가 해결되어야 한다. 그 하나는 대습상속의 대습상속, 즉 재대습상속도 인정될 것이냐의 문제이고 다른 하나는 피상속인의 배우자도 피대습인이 될 수 있느냐의 문제이다.

1) 대판 2001. 3. 9, 99다13157.

2. 재대습상속

예를 들어 피상속인의 자녀에게 대습원인이 발생하면 손자녀가 대습상속을 하게 되는데, 그 손자녀에 대해서도 대습원인이 발생하면 증손자녀가 대습상속을 하게 되느냐의 문제가 발생한다. 이는 긍정되어야 한다. 후순위의 직계비속에 대하여도 본위상속이 아닌 대습상속을 인정하는 것은 피대습인의 배우자를 보호할 필요가 크기 때문인데 이러한 점은 재대습의 경우에도 마찬가지이기 때문이다. 따라서 A가 사망하기 이전에 그 유일한 자녀인 B가 사망하였고 그 유일한 손자녀인 C가 아내 D와 자녀 E를 남기고 사망하였다면 D와 E는 재대습상속인으로 공동상속인이 된다. 사안에서 A가 사망할 당시 그의 외동딸 B는 이미 사망을 하였고 그 후 B의 남편 C도 사망을 한 상황이라면 C의 자녀 甲은 재대습상속으로 A를 상속할 여지가 있게 된다.

3. 피상속인의 배우자를 피대습자로 한 대습상속

문제는 민법 제1001조 및 제1003조가 대습상속의 피대습인으로 피상속인의 직계비속과 형제자매로 제한하고 있다는 점이다. 즉 피상속인의 배우자를 피대습인으로 하는 대습상속에 관하여는 아무런 언급이 없음에도 이를 인정할 수 있느냐의 문제이다. 판례는 이를 부정한다. "민법 제1000조 제1항, 제1001조, 제1003조의 각 규정에 의하면, 대습상속은 상속인이 될 피상속인의 직계비속 또는 형제자매가 상속개시 전에 사망하거나 결격자가 된 경우에 사망자 또는 결격자의 직계비속이나 배우자가 있는 때에는 그들이 사망자 또는 결격자의 순위에 갈음하여 상속인이 되는 것을 말하는 것으로, 대습상속이 인정되는 경우는 상속인이 될 자(사망자 또는 결격자)가 피상속인의 직계비속 또는 형제자매인 경우에 한한다 할 것이므로, 상속인이 될 자(사망자 또는 결격자)의 배우자는 민법 제1003조에 의하여 대습상속인이 될 수는 있으나, 피대습자(사망자 또는 결격자)의 배우자가 대습상속의 상속개시 전에 사망하거나 결격자가 된 경우, 그 배우자에게 다시 피대습자로서의 지위가 인정될 수는 없다"[2]고 하고 있다. 민법 제1001조가 피대습자가 될 수 있는 자로 피상속인의 직계비속과 형제자매를 명시하면서도 4촌이내의 방계혈족을 언급하지 않은 것은 명시된 경우 이외에는 대습상속을 허용하지 않겠다는 입법자의 의도가 있는 것으로 보인다. 판례와 마찬가지로 피상속인의 배우자는 피대습자의 지위가 될 수 없다고 할 것이다. 결국 C는 B의 대습상속인이 되어 A의 상속인이 될 수 있었을 것이지만 그도 사망하였다면 C는 피상속인(B)의 배우자이므로 피대습자가 되지 못하고 따라서 甲은 상속을 받지 못하게 된다.

4. 결 론

甲은 A의 재대습상속인이 되지 못하므로 乙이 단독의 대습상속인으로 A의 재산 10억원을 모두 상속받게 된다.

2) 대판 1999. 7. 9, 98다64318.

65. 상속결격

사 례 甲과 혼인하고 얼마 지나지 않아 그 사이에서 丙을 임신한 乙은 甲이 X 공장에서 작업 중에 산재로 사망하자 정신적인 충격을 받게 되었다. 이러한 상황에서 그녀는 아이를 낳아 키우는 것이 자신의 인생에 도움이 되지 않을 뿐만 아니라 결손가정에서 자랄 아이에게도 못할 짓이라고 판단하여 임신 5개월에 있는 丙을 낙태하였다. 그 후 乙은 甲이 일하던 X 공장으로부터 손해배상으로 5천만원을 받아가라는 연락을 받았다.[1] 乙은 甲의 상속인으로서 이 손해배상금을 수취할 수 있는가?

1. 문제의 제기

X 공장에서 乙에게 손해배상금 5천만원을 받아갈 것을 통지한 것은 甲이 산재로 사망하였고, 乙이 상속인으로서 X 공장에 대하여 손해배상청구권을 갖는다는 것을 전제한다. 따라서 乙이 甲의 상속인으로서의 지위가 인정되는 한 乙은 그 배상금을 받을 수 있게 된다. 그런데 乙은 甲의 사망 후에 임신 중이던 丙을 낙태하였다. 이러한 낙태가 乙의 상속에 어떠한 영향을 미치는가가 문제이다.

2. 상속결격사유

乙은 甲이 사망할 당시 甲의 배우자로서 甲의 법정상속인이었다(제1003조). 그런데 민법 제1004조는 상속결격사유를 규정하면서 제1호에서 "고의로 직계존속, 피상속인, 그 배우자 또는 상속의 선순위나 동순위에 있는 자를 살해하거나 살해하려 한 자"는 상속인이 되지 못

1) 대판 1992. 5. 22, 92다2127의 사안을 변형한 것임.

한다고 규정한다. 여기서 두 가지의 문제가 제기된다. 하나는 법문의 '고의'가 구체적으로 어떠한 의미인가의 문제이고, 태아가 동순위의 '상속인'에 해당하느냐의 문제이다.

(1) 상속결격사유로서의 고의

민법 제1004조 제1호는 직계존속이나 피상속인 등에 대하여 고의로 이루어진 살인 혹은 살인미수를 상속결격의 사유로 보고 있다. 여기서 통상 고의란 "일정한 결과가 발생하리라는 것을 알면서, 감히 이를 행하는 심리상태"[2)]이다. 사안에서 乙이 낙태를 하였다는 것은 丙이 사망할 것을 알면서 이를 의도한 것이므로 고의가 인정된다.

그러나 상속결격의 취지나 乙의 처지 등을 생각하면 민법 제1004조 제1호의 고의를 불법행위법상의 고의와 동일하게 볼 수 없는 것은 아닌가 하는 의문이 든다. 즉 乙이 낙태를 하게 된 배경은 낙태를 통하여 상속 등의 이득을 얻으려는 것이 아니라, 남편의 갑작스런 사망으로 정신적 충격이 있는 상황에서 아이의 미래와 자신의 장래에 대한 걱정에서 비롯된 것이기 때문이다. 이러한 상황에도 불구하고 乙에 대하여 민법 제1004조 제1호의 규정을 적용하는 것이 타당한 것인가가 문제이다. 법리적으로 공동상속인을 고의로 살해한 경우의 고의에 '상속에 유리하다는 인식'도 포함되는 것으로 해석하여야 하느냐가 문제된다.

대법원은 "(1) 우선 민법 제992조 제1호 및 제1004조 제1호는 그 규정에 정한 자를 고의로 살해하면 상속결격자에 해당한다고만 규정하고 있을 뿐, 더 나아가 '상속에 유리하다는 인식'이 있어야 한다고까지는 규정하고 있지 아니하고 … (2) 또한 민법은 … '직계존속'도 피해자에 포함하고 있고, 위 '직계존속'은 가해자보다도 상속순위가 후순위일 경우가 있는바, 민법이 굳이 동인을 살해한 경우에도 그 가해자를 상속결격자에 해당한다고 규정한 이유는, 상속결격요건으로서 '살해의 고의' 이외에 '상속에 유리하다는 인식'을 요구하지 아니한다

---

2) 곽윤직, 채권각론(2003), 388면.

는 데에 있다고 해석할 수밖에 없다”[3]고 보았다. 이러한 대법원의 해석은 민법의 규정에 비추어 보면 타당해 보인다.

(2) 태아가 동순위의 ‘상속인’인지 여부

대법원은 이 사안에서 태아가 동순위의 상속인임을 전제로 乙의 상속권을 부정한다.[4] 그러나 이러한 입장은 태아의 권리능력에 대한 대법원의 태도에 부합하지 않는다. 민법 제1000조 제3호는 태아가 상속순위에 관하여는 이미 출생한 것으로 본다고 규정하는데, 이 규정에 대하여 정지조건설을 따르는 대법원의 논리라면 丙은 아직 태어나지 않은 상황이어서 권리능력을 갖는 자연인에 해당하지 않게 되고, 다만 그가 살아서 출생하는 경우에 한하여 권리능력을 소급적으로 취득하게 된다. 그런데 丙은 낙태로 사망하였고 이로 인해 살아서 출생해야 한다는 조건을 충족시키지 못하였으므로 결국 丙은 태아로서 상속인의 지위를 전혀 취득하지 못한 상황에서 사망한 것이다. 이러한 문제점은 해제조건설을 취하여도 마찬가지이다. 해제조건설도 태아가 살아서 출생한다는 전제 아래에서 권리능력을 인정하는 것이므로 사안과 같이 태아의 상황에서 사망한 경우라면 소급적으로 권리능력을 상실하게 되어 전혀 상속인이었던 적이 없었던 경우에 해당한다.

결론적으로 사안에서의 丙을 상속인으로 보는 태도는 옳지 않아 보인다. 즉 丙을 낙태한 것만으로는 민법 제1004조 제1호의 동순위의 상속인을 살해한 것에 해당하지 않게 된다. 그리고 이러한 결론은 乙의 궁박한 상황을 고려해 보아도 합리성을 잃지 않는다.

3. 결　론

乙은 상속결격사유에 해당하지 않아 甲의 상속인으로서 손해배상금을 수취할 수 있다.

---

3) 대판 1992. 5. 22, 92다2127.
4) 대판 1992. 5. 22, 92다2127.

제3장 상속회복청구권

66. 상속회복청구권의 법적 성질

사례 乙은 1970년 7월경 甲과 혼인을 한 후 甲과 상의 없이 이전에 만났던 남자와의 사이에서 태어난 A를 甲의 자녀로 출생신고하였다. 1980년 11월 甲은 乙과 협의이혼 후 이듬해 3월에 丙과 혼인하였고 그 사이에서 자녀 B와 C를 낳았다. 1987년 10월 甲이 X 부동산을 남기고 사망하자, 丙과 A, B, C는 각자의 법정상속분에 응하여 X 부동산에 대한 공유지분의 등기를 경료하였다. A는 자신의 지분을 丁에게 1995년 6월에 양도한다. 1999년 1월에 A가 甲의 자녀가 아니라는 사실을 알게 된 丙과 B, C는 丁을 상대로 민법 제214조에 기한 등기말소의 청구를 한다. 丁은 이들의 청구가 민법 제999조 제2항의 제척기간의 도과로 소멸하였다고 항변한다.[1] 법원의 입장은?

1. 문제의 제기

사안에서 丙 등이 丁을 상대로 지분등기의 말소를 구하는 것은 丁의 지분 등기로 공유물의 권리행사가 방해받는 것을 제거하는 민법

1) 대판 1981. 1. 27, 79다854의 사안을 변형한 것임.

제214조의 방해제거청구권의 행사이다. 이 권리가 유효하게 행사되기 위해서는 丁의 지분등기가 무효의 등기이어야 한다. 그런데 丁은 甲과의 매매계약을 통하여 정상적인 방법으로 X 부동산의 지분을 취득하였다. 따라서 甲이 X 부동산을 정당하게 취득하여 처분권이 있는 상황에서 丁에게 처분하였는지의 여부가 丁의 지분등기의 효력을 결정하게 된다.

다음으로 검토할 것은 丙 등의 진정한 상속인이 상속권을 침해하는 자에 대하여 소유권자로서 물권적 청구권을 행사할 수 있는 것인지 아니면 상속회복청구권을 행사할 수 있는 것인지 혹은 두 청구권이 경합하는 것인지의 여부이다. 즉 丁에게 양도한 X 부동산의 공유지분권을 甲은 상속을 통하여 취득하였는데 민법은 물건의 소유권자가 소유권의 행사에 방해를 받는 경우 물권적 청구권(제213조 이하)을 행사할 수 있도록 하고 있는 반면 상속과 관련하여서는 이와 별도로 상속회복청구권(제999조)을 부여하고 있다. 여기서 두 규정의 관계에 대하여 검토할 필요가 있다.

2. X부동산에 대한 丁의 지분이 정당한지의 여부

사안에서 A는 甲의 친생자가 아니다. 따라서 A는 원칙적으로 甲의 직계비속이 되지 못하여 甲의 상속인이 되지 못한다. 이는 甲의 친생자로 등재되었다고 하더라도 마찬가지이다. 물론 甲이 A를 입양하였을 경우에는 甲과 A 사이에 법정혈족관계가 발생하고 A도 甲의 상속인이 될 수 있다. 그리고 이러한 입양의 효력은 허위의 친생자 출생신고에 의하여서도 가능하다는 것이 판례[2]의 태도이다. 그러나 정식 입양의 방법에 의하건 친생자 출생신고의 방법에 의하건 입양당시 甲에게 입양의 의사가 있어야 하는데 사안에서 乙은 甲과 전혀 상의도 없이 임의로 A를 甲의 친생자녀로 등재하였다. 결국 A는 甲의 직계비속이 아니어서 甲의 상속인이 되지 못한다.

---

2) 대판 1977. 7. 26, 77다492.

A가 甲의 상속인이 아님에도 불구하고 A는 상속인인 것처럼 丙 및 B, C와 함께 X 부동산의 지분(2/9)을 등기하였다. 이러한 지분등기는 효력 없는 원인무효의 등기이고, 등기의 공신력이 인정되지 않는 우리 민법에서는 이를 근거로 이전등기를 받은 丁의 지분등기도 또한 무효가 된다. 결국 丁의 X 부동산에 대한 지분등기는 원칙적으로 아무런 효력이 없다.

3. 물권적 청구권과 상속회복청구권 사이의 관계

丁의 지분등기가 무효이므로 상속을 통하여 부동산을 소유하게 된 丙 등은 무효인 등기의 말소를 구할 수 있게 될 것이다. 그런데 민법은 부동산의 소유자에게 그러한 말소를 구할 수 있는 권리로 물권적 청구권(제213조 이하)을 부여하고 있는 반면 상속과 관련하여서는 참칭상속인을 상대로 한 상속회복청구권(제999조)을 행사할 수 있도록 하고 있다. 여기서 물권적 청구권과 상속회복청구권의 관계를 어떻게 보아야 하는지의 문제가 제기된다.

먼저 독립권리설은 상속회복청구권은 물권적 청구권과 독립된 별개의 권리로 상속권 그 자체에 대한 침해를 포괄적으로 회복하는 것을 목적으로 하는 권리라고 보는 견해이다. 이 견해에 따를 경우 두 청구권은 서로 경합하게 되어 소유자는 자신에게 유리한 권리를 선택하여 행사하거나 중복하여 행사할 수 있게 된다.[3]

이에 반하여 집합권리설은 상속회복청구권은 단일, 독립한 청구권이 아니라 상속재산을 구성하는 개개의 재산에 관하여 생기는 개별적 청구권의 집합에 불과한 것으로 이해하여 상속회복청구권을 물권적 청구권의 특별규정으로 이해한다. 이 입장에 따르면 상속권을 침해한 참칭상속인을 상대로 한 회복청구권은 청구원인을 불문하고 민법 제999조만 적용된다.[4] 판례는 집합권리설의 입장을 따른다.[5]

---

3) 송덕수, 친족상속법(2018), 363면. 다만 이 견해는 물권적 청구권도 상속회복청구권의 취지를 고려하여 제척기간의 적용을 받아야 한다는 입장을 취한다.

4) 윤진수, 친족상속법(2018), 354면 이하.

두 견해의 가장 큰 차이는 상속회복청구권에 대한 제척기간의 적용여부이다. 즉 소유권자는 민법 제213조 이하에서 규정하는 물권적 청구권을 행사할 수 있고, 이러한 물권적 청구권은 소멸시효의 대상이 되지 않는다고 보는 것이 판례[6]와 통설[7]의 입장이다. 따라서 독립권리설에 따른다면 제척기간이 지난 이후에도 부동산을 상속받은 소유권자는 물권적 청구권을 행사하여 점유자에게 그 반환을 청구할 수 있게 된다. 반면 집합권리설은 상속에 의하여 소유권을 취득한 상속인이 부동산에 대한 반환이나 제거를 구하는 경우, 민법 제999조의 요건을 충족하는 한 모두 상속회복청구권에 해당하여 침해를 안 날로부터 3년, 침해가 있은 날로부터 10년의 제척기간이 적용된다.

상속회복청구권에 제척기간을 둔 이유는 상속관계의 조속한 확정을 위한 것으로 상속회복청구권과 개별적 물권적 청구권을 별개의 독립된 권리로 인정한다면 이러한 취지는 달성되지 못하게 된다. 이러한 측면에서 집합권리설이 타당한 것으로 여겨진다. 집합권리설에 따를 경우 丙 등은 비록 민법 제214조의 물권적 청구권을 행사하는 것과 같은 외관을 갖지만 그 실체는 민법 제999조의 상속회복청구권이므로 동 조항 제2항이 규정하는 제척기간의 제한을 받게 된다.

4. 제3자에 대한 상속회복청구권의 제척기간 적용여부

그런데 사안에서 A는 1987년 甲이 사망하자 법정상속분에 응하여 부동산의 지분을 자기의 이름으로 등기한 후 이 지분을 1995년 丁에게 처분하였다. 이러한 경우에 상속회복청구권은 제3자에 대하여도 행사될 수 있다고 보아야 한다. 그렇지 않을 경우 "거래관계의 조기안정을 의도하는 단기의 제척기간 제도가 무의미하게 될 뿐만 아니라 참칭상속인에 대한 관계에 있어서는 제척기간의 경과로 참칭상속인이 상속재산상의 정당한 권원을 취득하였다고 보면서 같은 상속재

5) 대판 1978. 12. 13, 78다1811; 대판 1994. 10. 21, 94다18249 등.

6) 대판 1982. 7. 27, 80다2968.

7) 곽윤직/김재형, 민법총칙(2016), 425면; 이은영, 민법총칙(2009), 757면 등.

산을 참칭상속인으로부터 전득한 제3자는 진정상속인의 물권적 청구를 감수하여야 한다는 이론적 모순이 생기기 때문이다."[8] 따라서 丁에 대한 丙 등의 지분등기말소의 청구도 상속회복청구권의 제척기간의 적용을 받게 된다.

사안에서 A는 상속을 원인으로 하여 1987년 10월경에 등기를 하였으므로 이때에 침해행위가 있게 되고 丙 등이 소송을 제기한 1999년 1월에는 이미 "침해행위 있은 날로부터 10년"이라는 제척기간이 도과한 상태였다.

5. 결　론

丙 등이 제기한 공유지분등기말소의 소는 제척기간의 경과로 법원에 의하여 부적법 각하될 것이다. 제척기간이 경과한 경우 진정상속인은 그 부분에 대하여 상속권을 상실하게 되고 참칭상속인은 상속개시시에 소급하여 정당한 권원을 취득한 것으로 된다.[9] 따라서 A는 X 부동산에 대한 지분을 정당하게 상속하여 丁에게 처분한 것이 된다. 즉 丁은 양도받은 X 부동산의 공유지분에 대한 정당한 소유자이다.

---

8) 대판 1981. 1. 27, 79다854.
9) 대판 1994. 3. 25, 93다57155.

67. 허위의 매매계약에 의한 상속부동산의 처분과 상속회복청구권

사 례 자녀 甲과 乙을 둔 A는 10억원 상당의 X 부동산을 가지고 있었는데, 1989년 12월 5일에 사망하였다. 그 후 1990년 5월 6일 장남인 甲은 사촌형인 丙으로부터 "상속세를 면하기 위하여는 이 부동산의 소유명의를 자기에게 이전해 놓아야 한다"는 권유를 받았다. 甲은 당일로 이미 사망한 A의 인감증명서를 발급받고 A명의의 서류를 위조한 후 매매계약을 원인으로 하여 丙명의로 X 부동산의 소유권이전 등기를 경료하여 주었다. 그 후 甲과 乙은 2005년 6월 7일 丙에 대하여 등기의 말소를 청구하였다. 丙은 이미 10년의 제척기간이 경과하였으므로 토지를 돌려줄 필요가 없다고 항변한다.[1] 이에 대한 법원의 판단은?

1. 문제의 제기

甲과 乙은 丙의 X 부동산에 대한 등기의 말소를 청구한다. 이러한 등기말소의 청구가 민법 제999조의 상속회복청구에 해당한다면 甲과 乙의 청구는 제척기간의 경과로 인용되지 않을 것이다. 甲과 乙은 1990년 5월에 丙에게 부동산의 명의를 이전하였고 2005년 6월에 등기말소의 소를 제기하였으므로 침해행위가 있은 날로부터 약 15년의 기간이 이미 도과하였기 때문이다. 그러나 甲과 乙의 등기말소청구가 상속회복청구권에 해당하지 않는다면 즉 민법 제213조 내지 제214조의 물권적 청구권에 해당하면 이 권리는 소멸시효에 걸리지 않게 된다.

2. 허위의 매매계약에 기한 등기명의의 말소청구

甲과 乙의 등기말소청구가 상속회복청구권이 되기 위하여는 민

1) 대판 1991. 10. 22, 91다21671의 사안을 변형한 것임.

법 제999조에 따라 甲과 乙이 진정상속인이고 丙이 참칭상속인이 되어야 한다.

사안에서 甲과 乙은 피상속인인 A의 자녀이므로 민법 제1000조의 직계비속에 해당하여 진정상속인의 지위를 갖는다.

丙이 참칭상속인이어야 하는데, 참칭상속인에 대하여 대법원은 "정당한 상속권이 없음에도 재산상속인임을 신뢰케 하는 외관을 갖추거나, 상속인이라고 참칭하면서 상속재산의 전부 또는 일부를 점유함으로써 진정한 상속인의 재산상속권을 침해하는 자[2]"라고 정의한다. 따라서 참칭상속인이 되기 위하여는 상속인으로서의 외관이 있거나 스스로를 상속인이라고 하여야 한다. 그런데 사안에서 丙은 피상속인 A로부터 매매계약을 원인으로 생전에 소유권을 양도받은 것과 같은 외양을 갖추고 있을 뿐 A의 상속인이라는 외관을 갖추고 있지도 않고 스스로를 A의 상속인이라고 주장하지도 않고 있다.

결국 민법 제999조의 참칭상속인이라는 요건은 충족되지 않게 되고 상속회복청구권은 발생하지 않게 된다. 민법 제999조 제2항의 제척기간의 적용도 없게 된다.

3. 민법 제213조에 근거한 소유물반환청구권의 행사

甲과 乙이 丙과 합의한 것은 X 부동산의 소유권을 실제로 丙에게 이전하겠다는 것이 아니라 상속세를 회피하기 위하여 X 부동산의 명의만을 丙에게 이전하겠다는 것이다. 이러한 합의는 내부적으로는 X 부동산의 소유권을 甲과 乙이 보유하고 대외적으로는 丙이 소유자인 것으로 하려는 명의신탁약정에 해당한다. 그런데 이러한 명의신탁의 약정은 「부동산 실권리자명의 등기에 관한 법률」 제4조에 의하여 아무런 효력이 없다. 따라서 甲과 乙의 등기말소청구는 X 부동산의 소유자가 불법한 점유침탈자에 대하여 소유물의 반환을 구하는 물권적 청구권의 행사에 해당하게 된다. 이러한 소유자의 물권적 청구권은

---

2) 대판 1991. 2. 22, 90다카19470.

소멸시효의 대상이 되지 않는다.[3)]

3. 결　론

甲과 乙의 청구는 물권적 청구권의 행사로 민법 제213조 내지 제214조의 요건을 충족하므로 법원은 甲과 乙의 청구를 인용하여야 한다.

---

3) 대판 1982. 7. 27, 80다2968.

68. 공동상속인 1인에 의한 상속부동산의 매도와 상속회복청구권

사 례 혼인 후 얼마 되지 않아 남편을 여읜 A는 1987년 11월경 자녀 甲과 乙을 남기고 사망하였다. A는 사망 당시 X 토지를 소유하고 있었다. A의 사망 후 아직 X 토지에 대한 등기이전이 되어 있지 않은 상황에서 사업을 하던 甲은 사업자금을 위하여 1994년 8월경에 乙의 승낙 없이 그 토지를 1억 2천만원에 丙에게 매도하는 계약을 체결하고, A 명의의 등기권리증과 기타 등기절차에 필요한 서류를 구비하여 1994년 10월에 등기이전하여 주었다. 丙은 甲과 매매계약을 체결할 당시 A가 이미 사망하였고 甲과 함께 공동상속인으로 乙이 있다는 사실을 알고 있었다. 丙은 이 토지를 2003년 7월경 丁에게 다시 매도하고 등기이전하여 주었다. 2012. 5. 13. 乙은 丁을 상대로 X 토지에 대한 등기의 말소를 구하는 소송을 제기하였다.[1] 법원의 입장은?

1. 문제의 제기

甲과 乙은 A의 공동상속인으로 X 부동산에 대하여 각각 1/2의 지분을 상속받게 되었다. 그런데 甲은 乙과 상의하지 않은 채 X 부동산을 단독으로 丙에게 매도하고 등기까지 이전하여 주었다. 이를 통해 乙은 X 부동산에 대한 자신의 소유지분을 침해받음과 동시에 자신의 상속권도 침해받게 되었다. 그런데 상속회복청구권에 관하여 판례가 따르는 집합권리설[2]에서는 상속회복청구권을 물권적 청구권의 특별규정으로 이해하므로 丙이 참칭상속인에 해당하게 되어 상속회복청구권의 요건이 충족되는 경우에는 상속회복청구권의 요건만을 검토할 수 있고 그 외에 물권적 청구권은 검토의 대상이 되지 못한다.

1) 대판 1986. 2. 11, 85다카1214의 사안을 변형함.
2) 대판 1978. 12. 13, 78다1811; 대판 1994.10.21, 94다18249 등.

반면 乙의 권리행사가 상속회복청구권의 행사가 아니라고 한다면 乙의 丁에 대한 등기말소청구는 물권적 청구권의 행사가 되어 민법 제213조 내지 제214조의 충족여부를 다시 검토하여야 한다. 결국 이 사안에서는 甲의 X 부동산에 대한 처분이 상속회복청구권의 요건을 충족하는 것인지가 쟁점이 된다.

2. 공동상속인 1인에 의한 상속부동산의 처분과 참칭상속인

상속회복청구권이 행사되기 위하여서는 청구권자가 진정한 상속인이고 그 상대방이 참칭상속인에 해당하여야 한다(제999조 제1항). 먼저 乙은 A의 공동상속인이므로 자신의 상속지분의 한도에서는 진정한 상속인이다.

다음으로 丙이 참칭상속인이어야 한다. 참칭상속인은 "정당한 상속권이 없음에도 재산상속인임을 신뢰케 하는 외관을 갖추거나, 상속인이라고 참칭하면서 상속재산의 전부 또는 일부를 점유함으로써 진정한 상속인의 재산상속권을 침해하는 자[3]"를 의미한다. 그런데 丙은 이미 사망한 A와 매매계약을 체결한 것처럼 하여 A의 공동상속인인 甲으로부터 X 부동산을 양도받았다. 여기서 丙에 대한 상속인으로서의 외양이나 주장은 전혀 나타나지 않는다. 결국 丙은 참칭상속인이 되지 못한다.

3. 乙의 소유물반환청구권의 행사

丙이 참칭상속인이 되지 못하면 상속회복청구권의 실체적 요건은 충족되지 못하여 乙의 丁에 대한 등기말소청구는 상속회복청구권이 아니라 소유권자로서 물권적 청구권을 행사한 것이 된다. 따라서 乙은 X 부동산의 공유지분권자로서 민법 제213조를 근거로 丁의 무효인 지분등기의 말소를 청구할 수 있다. 甲의 丙에 대한 X 부동산의

3) 대판 1991. 2. 22, 90다카19470.

소유권등기이전은 甲의 지분의 한도에서만 효력이 있고 乙의 지분에 대하여서는 처분권 없는 처분으로 아무런 효력이 없기 때문이다. 이러한 물권적 청구권은 공유지분에 대한 소유권을 기반으로 하여 행사되는 것으로 소멸시효에도 걸리지 않는다.[4)]

4. 결　론

乙의 丁에 대한 등기말소청구는 X 부동산의 1/2 지분의 한도에서 일부 인용될 것이다.

4) 대판 1982. 7. 27, 80다2968.

69. 공동상속인에 의한 상속의 침해와 당사자의 의사에 기하지 않은 상속등기

사 례

A는 B와 혼인하여 그 사이에 아들 甲을 낳았다. A는 B가 사망하자 그 후 C와 재혼하여 딸 乙과 아들 丙을 낳았다. A는 C가 사망하고 얼마 지나지 않아 X 부동산을 남기고 사망하였다. 乙은 관계서류를 위조한 후 남동생 丙을 단독상속인으로 하여 X 부동산을 등기하여 준다. 등기 당시 丙은 아직 나이가 어려 상속이나 상속재산에 대한 사정을 전혀 알지 못하였다. 甲은 등기 후 10년이 지나서야 丙을 상대로 자신의 상속지분의 양도를 청구한다. 법원의 입장은?

1. 문제의 제기

A의 사망으로 A의 직계비속인 甲과 乙, 丙은 민법 제1000조에 의하여 공동상속인이 되었다. 이 경우 공동상속인의 법정상속분은 균등하여 X 부동산의 1/3의 지분을 각각 갖게 된다. 그런데 乙은 상속의 사실관계에 관하여 전혀 알지 못하는 丙에게 X 부동산을 단독상속인으로 등기한다. 여기서 두 가지의 문제가 제기된다. 그 하나는 공동상속인도 참칭상속인이 될 수 있느냐의 문제이고, 다른 하나는 상속의 의사가 전혀 없는 경우에도 참칭상속인이 될 수 있느냐의 문제이다.

2. 공동상속인에 의한 상속권의 침해

상속회복청구권이 성립하기 위하여서는 진정상속인의 상속권이 참칭상속인에 의하여 침해되어야 한다. 여기서 참칭상속인이란 "정당한 상속권이 없음에도 재산상속인임을 신뢰케 하는 외관을 갖추거나,

상속인이라고 참칭하면서 상속재산의 전부 또는 일부를 점유함으로써 진정한 상속인의 재산상속권을 침해하는 자[1]"를 지칭한다. 따라서 상속권이 없는 자가 참칭상속인이 되는 것이다. 문제는 공동상속인이 자신의 단독소유로 상속재산을 등기하는 경우나 자신의 지분을 초과하여 등기한 경우 민법 제999조의 상속회복청구권의 참칭상속인에 해당할 수 있는가이다. 학설은 대립한다.

긍정설[2]은 공동상속인도 다른 공동상속인을 상속에서 배제하였거나 그 상속분을 침해한 경우이므로 당연히 참칭상속인이 될 수 있다는 입장이다.

부정설은 공동상속인들 사이에는 상속자격에 의문의 여지가 없으므로 이들의 분쟁은 상속분의 다툼이고, 따라서 통상의 상속등기의 말소청구, 공유지분확인, 분할무효의 소송에 의하여 해결하는 것이 타당하다는 입장을 취한다.[3]

대법원은 "재산상속에 관하여 진정한 상속인임을 전제로 그 상속으로 인한 소유권 또는 지분권 등 재산권의 귀속을 주장하고, 참칭상속인 또는 자기들만이 재산상속을 하였다는 일부 공동상속인들을 상대로 상속재산인 부동산에 관한 등기의 말소 등을 청구하는 경우에도, 그 소유권 또는 지분권이 귀속되었다는 주장이 상속을 원인으로 하는 것인 이상 그 청구원인 여하에 불구하고 이는 민법 제999조 소정의 상속회복청구의 소라고 해석함이 상당하다"[4]는 긍정설의 입장을 견지하고 있다. 상속권의 침해에는 상속분의 침해를 제외할 필요가 없으므로 공동상속인도 상속을 원인으로 상속분의 침해를 하는 한 참칭상속인에 해당한다고 보는 것이 타당하다. 결국 甲과 乙의 공동상속인인 丙도 참칭상속인이 될 수 있다.

1) 대판 1991. 2. 22, 90다카19470.
2) 김주수/김상용, 친족상속법(2009), 495면.
3) 윤진수, 친족상속법(2018), 338면; 조승현, 친족상속법(2009), 313면.
4) 대판 1985. 7. 23, 83다632; 대판 1991. 12. 24, 90다5740 등.

3. 상속의 의사가 없는 자에 의한 상속침해

그런데 X 부동산은 丙 자신에 의하여 단독소유로 등기된 것이 아니라 자신도 알지 못하는 사이에 그의 누나에 의하여 단독상속으로 등기되었다. 이렇게 상속권의 침해가 침해자 자신의 의사와 관계없이 이루어진 경우 원칙적으로 대법원은 상속을 원인으로 하는 재산권의 침해를 부정한다.[5] 참칭상속인이란 상속권이 없음에도 상속개시 이후에 상속권을 주장하는 자이어야 하므로 처음부터 상속을 받을 의사가 없는 경우라면 그를 참칭상속인으로 볼 수는 없다고 할 것이다. 물론 그러한 외관이 허위의 친생자 출생신고 등으로 상속개시 이전에 생성된 경우에는 당연히 참칭상속인이 될 수 있다. 그런데 사안에서는 상속이 개시된 이후에 상속권의 침해가 자신의 의사와 상관없이 누나에 의하여 이루어진 경우이므로 丙은 참칭상속인에 해당한다고 볼 수 없다.

4. 결　론

丙을 단독상속인으로 한 상속재산의 등기에도 불구하고 甲의 재산권에 대한 침해는 상속회복청구권의 대상이 되지 않으므로 제척기간의 적용이 없게 되어 甲의 丙에 대한 상속지분반환의 청구는 법원에 의하여 인용될 것이다.

---

5) 대판 1997. 1. 21, 96다4688.

70. 상속을 원인으로 하여 취득한 부동산을 매매를 원인으로 하여 등기한 경우

사 례 상처 후 A는 자녀 甲과 乙을 두고 1970년 2월경에 사망하였다. 사망 당시 甲은 아버지 A가 경작하던 X 토지에서 계속 농사를 짓고 있었고 乙은 타지에서 직장생활을 하고 있었다. 그러던 중 1982. 4. 2. 부동산소유권이전등기 등에 관한 특별조치법이 제정되었다. 동법은 6·25 전쟁 등 사회적으로 혼란한 시기에 부동산 소유관계를 기록한 서류가 멸실되는 등의 사유로 등기부 기재와 실제 소유관계가 불일치하게 된 경우 간소한 절차만으로 실체관계에 부합하는 등기를 할 수 있게 한 한시적 법률이었다. 甲은 이 법이 제정된 해에 이 법에 따라 미등기의 X 토지에 대하여 'A의 사망 후 X 토지를 단독으로 상속받아 이를 사실상 소유하고 있다'는 내용의 마을 주민들의 보증서와 관청이 발급한 확인서를 근거로 자신의 단독명의로 등기를 경료하였다. 다만 취득 원인에 관한 보증서 및 확인서의 내용과 달리 등기부에는 매매를 원인으로 하여 甲이 X 토지를 취득한 것으로 기재되었다.[1] 1995년 6월이 되어 乙은 甲을 상대로 X 토지의 1/2의 지분을 반환하라는 내용의 소를 제기하였다. 甲은 乙의 청구가 이미 제척기간이 도과되었다고 항변한다. 법원의 입장은?

1. 문제의 제기

A의 사망으로 자녀인 甲과 乙은 공동상속인이 되지만 甲은 A의 상속재산인 X 토지를 자신의 단독소유로 등재하였다. 乙이 등기명의인 甲을 상대로 자신의 지분의 반환을 청구한 것은 자신도 상속인으로서 상속지분에 따른 X 토지의 지분소유자이니 자신의 지분을 반환하라는 내용이다. 이는 민법 제999조의 상속회복청구이면서 동시에 민법 제213조의 소유물반환청구일 수 있는데, 집합권리설에 따라 상속회복청구권에 해당하는 것으로 인정될 경우에는 이미 제척기간이

1) 대판 1997. 1. 21, 96다4688의 사안을 변형한 것임.

도과되어 乙의 청구는 인용되지 않을 수 있다. 반면 소멸시효가 인정되지 않는 물권적 청구권으로 인정될 경우 乙의 청구는 소멸시효에 걸리지 않아 인용될 것이다. 결국 乙의 청구가 상속회복청구권의 요건을 충족하느냐가 이 소송의 쟁점이 된다.

2. 상속을 원인으로 하였으면서도 매매를 원인으로 한 등기가 이루어진 경우

상속회복청구권이 성립하기 위하여서는 진정상속인의 상속권이 참칭상속인에 의하여 침해되어야 한다. 그리고 판례[2)]에 따를 경우 공동상속인 중 1인이 단독상속한 것으로 등기하여 다른 공동상속인의 지분을 침해하는 경우에도 상속권을 침해하는 참칭상속인이 될 수 있다는 입장이다.

그런데 참칭상속인은 "정당한 상속권이 없음에도 재산상속인임을 신뢰케 하는 외관을 갖추거나, 상속인이라고 참칭하면서 상속재산의 전부 또는 일부를 점유함으로써 진정한 상속인의 재산상속권을 침해하는 자[3)]"를 말하는 것이므로 상속권의 침해가 상속의 외양을 갖춘 행위에 의하여 발생하여야 한다. 그런데 사안에서 甲이 받은 보증서와 관청의 확인서는 상속을 원인으로 甲이 X 토지를 실질적으로 소유한다는 내용이 있었으나 막상 등기는 상속이 아닌 매매를 원인으로 하여 X 토지를 취득한 것으로 기재되었다. 이러한 경우에도 여전히 甲을 참칭상속인으로 볼 수 있느냐에 대하여 부정하는 것이 타당하다. 참칭상속인이 되느냐의 여부는 객관적인 외관을 기준으로 하여 판단하여야 할 것인데, 보증서나 확인서는 대외적으로 공시되지 않고 오직 등기만이 공시되어 객관적인 판단의 대상이 될 수 있기 때문이다. 대법원도 같은 입장에서 "소유권이전등기에 의하여 재산상속인임을 신뢰케 하는 외관을 갖추었는지의 여부는 권리관계를 외부에 공시

2) 대판 1985. 7. 23, 83다632; 대판 1991. 12. 24, 90다5740 등.

3) 대판 1991. 2. 22, 90다카19470.

하는 등기부의 기재에 의하여 판단하여야 할 것”[4]이라고 하였다. 따라서 乙의 지분등기이전청구는 상속회복청구권에 해당하지 않게 되어 민법 제999조의 제척기간은 적용되지 않게 된다.

3. 결 론

乙의 지분반환청구는 민법 제214조를 근거로 하므로 소멸시효에 걸리지 않는다. 乙의 청구는 법원에 의하여 인용될 것이다.

4) 대판 1997. 1. 21, 96다4688.

71. 진정상속인과 참칭상속인의 피상속인이 동일하지 않은 경우

사 례 A는 1964년 아직 보존등기가 되어 있지 않은 X 부동산을 남기고 사망하였다. 사망 당시 A에게는 甲과 乙의 자녀가 있었다. 그런데 甲과 乙은 A가 X 부동산을 가지고 있었다는 사실을 A가 사망한 지 19년이 지난 1983년에야 알게 되었는데, 그때 X 부동산은 甲과 乙의 사촌인 丙의 이름으로 등기가 되어 있었다. 丙은 부동산소유권이전등기 등에 관한 특별조치법에 따라 丙의 부친인 B가 점유하고 있던 X 부동산을 1973년 3월 상속을 원인으로 이전등기 받은 것이었다. 1983년 3월경 甲과 乙은 丙을 상대로 X 부동산에 대한 등기의 말소를 청구한다. 변론과정에서 A는 X 부동산을 누구에게도 처분한 적이 없었던 것으로 확인되었다.[1] 법원의 입장은? (취득시효는 논의에서 제외함.)

1. 문제의 제기

甲과 乙의 등기말소청구소송에 대하여는 먼저 이 청구가 상속회복청구의 소송에 해당하는지 검토하여야 한다. 만약 甲과 乙의 청구가 상속회복청구소송에 해당하지 않는다면 다음으로 물권적 청구권의 행사로 볼 수 있는지 검토하여야 한다.

2. 甲과 乙의 청구가 상속회복청구의 소에 해당하는지의 여부

甲과 乙의 청구가 민법 제999조의 상속회복청구의 소에 해당하기 위하여는 甲과 乙이 진정상속인이어야 하며, 丙이 참칭상속인이어야 한다. 여기서 참칭상속인이란 진정상속인과 동일한 피상속인으로부터 상속을 받은 외양이 있거나 상속을 받았다고 주장하며 상속재산

1) 대판 1998. 4. 10, 97다54345의 사안을 변형한 것임.

을 점유하는 자를 의미한다. 우선 丙의 부친인 B는 甲과 乙에 대한 참칭상속인에 해당하지 않는다. 사안에서 X 부동산을 B가 점유하고 있었지만 '상속을 원인'으로 소유권을 취득하였다는 정황은 발견되지 않기 때문이다.

丙에 대한 경우도 마찬가지이다. 사안에서는 丙이 X 부동산을 '상속에 근거하여' 등기를 취득한 것은 사실이다. 그러나 그는 X 부동산의 본래의 소유자인 피상속인 A로부터가 아니라 자신의 부친인 B로부터 상속을 원인으로 등기한 것이었다. 이렇게 진정상속인과 상속재산을 침해한 자가 동일인을 피상속인으로 하지 않은 경우 그는 참칭상속인이 되지도 아니하고 참칭상속인으로부터 상속재산을 취득한 제3자에 해당하지도 않는다.[2] 따라서 甲과 乙의 청구는 민법 제999조의 상속회복청구권에 해당하지 않아 제척기간의 적용이 없다.

3. 물권적 청구권으로서의 등기말소청구

甲과 乙의 丙을 상대로 한 등기말소청구는 상속회복청구권이 되지 못하므로 결국 제213조의 소유물반환청구권을 보아야 할 것이다.

먼저 민법 제213조의 소유물반환청구권이 행사되기 위하여서는 甲과 乙이 소유권자이어야 한다. 甲과 乙은 A가 사망한 지 19년이 지난 후에야 X 부동산이 A의 소유물이었음을 알게 되었다. 즉 19년 동안 소유권이 자신들에게 있다는 것을 알지 못한 상황이었다. 이러한 경우에도 甲과 乙이 X 부동산의 소유권자이었다고 할 수 있느냐의 문제가 발생한다. 하지만 상속은 법률의 규정에 의하여 발생하는 물권변동의 원인에 해당한다(제187조). 즉 상속인은 자신이 상속인이었음을 알았는지의 여부나 상속할 재산이 있다는 것을 알았는지의 여부 및 등기의 여부와 관계없이 상속의 개시로 피상속인의 재산상의 지위를 포괄적으로 승계한다. 따라서 甲과 乙은 A가 사망할 당시 X 부동산을 가지고 있었다는 사실을 몰랐더라도 상속개시와 동시에 X 부동

2) 대판 1995. 4. 14, 선고 93다5840.

산의 소유권을 취득하며 이러한 소유권은 소멸시효에 걸리지도 않으므로 丙을 상대로 등기말소를 청구할 당시에 여전히 X 부동산의 소유권자였다. 이 요건을 충족한다.

다음으로 丙에게 X 부동산에 대한 점유권원이 없어야 한다. A는 X 부동산을 처분한 적이 없으므로 X 부동산에 대한 B의 점유는 점유권원이 없는 점유가 되고 이를 상속한 丙의 점유도 그 점유권원이 인정되지 않는다.

결국 민법 제213조의 요건이 충족되어 丙에 대한 甲과 乙의 등기말소청구는 인용될 것이다.

4. 결 론

丙은 참칭상속인에 해당하지도 않고, X 부동산에 대한 점유권원도 인정되지 않으므로 甲과 乙의 등기말소청구는 법원에 의하여 인용될 것이다.

72. 인지와 가액반환청구권

사례 은행예금과 X 주택을 가지고 있던 A는 자녀 甲과 乙을 남기고 사망하였다. A의 사망 직후에 甲과 乙은 상속재산에 대한 협의분할을 통하여 은행예금은 甲이, X 주택은 乙이 갖기로 하고 소유권이전절차를 완료하였다. 그런데 A가 사망한 지 3년 정도가 지나 만 21세의 丙이 자신도 A의 친생자라며 인지청구의 소를 제기하였고 그 다음 해에 승소로 확정되었다.

(1) 인지 판결이 확정된 후 2년이 지난 경우에도 丙은 甲과 乙에 대하여 자신의 상속지분을 주장할 수 있는가? 주장할 수 있다면 그 방법은?

(2) 甲에게 예금이자가 지급되어 왔고 乙은 X 주택에서 임대수익이 있었던 경우, 丙은 이러한 수익에 대하여도 분할을 청구할 수 있는가?

I. 丙의 민법 제1014조에 의한 법정상속분 상당의 가액지급청구권

1. 문제의 제기

민법 제860조에 따르면 인지는 피인지자의 출생 시로 소급하여 효력이 있다. 따라서 丙이 제864조의 규정에 의한 인지청구의 소를 제기하여 승소판결을 받았다면 그는 자신이 태어났을 때부터 A의 자녀가 되고, A가 사망할 당시에 직계비속이었던 것으로 인정되어 甲 및 乙과 함께 공동상속인이 된다. 그런데 동조의 단서 규정은 그러한 소급효에도 불구하고 제3자가 취득한 권리에는 영향을 미치지 않는다고 규정하고 있다. 여기서 甲과 乙이 제3자에 해당하는지의 여부가 먼저 검토되어야 한다. 또한 甲과 乙은 A의 자녀로 丙이 있었다는 것을 모르고 상속재산을 분할하였는데 이러한 상황을 고려하여 가액상환청구권을 규정하는 민법 제1014조의 법적 성격에 대하여도 검토가 필요하다.

2. 인지확정의 판결과 소급효의 제한

민법 제860조의 인지의 소급효는 제3자의 권리를 해하지 못한다고 규정한다. 제3자는 통상 당사자와 포괄승계인을 제외한 모든 자를 의미한다. 따라서 인지청구권의 당사자인 인지자와 피인지자, 즉 A와 丙을 제외한 자를 의미하므로 공동상속인인 甲과 乙도 제3자에 해당하게 될 것이다. 그러나 이러한 해석은 사후인지제도를 인정하는 기본취지에 반한다. 즉 사후인지청구제도의 가장 중요한 취지는 피인지자에게 상속권을 보장하려는 것인데, 위의 해석에 따르게 되면 사후에 인지받은 자는 상속을 전혀 받지 못하게 되는 결과가 된다. 결국 이러한 취지를 감안하여 피인지자와 공동상속인은 제3자의 보호규정에서 배제되어야 한다. 민법 제1014조도 "상속개시 후 인지에 의하여 공동상속인이 된 자가 상속재산의 분할을 청구한 경우에 다른 공동상속인이 이미 분할 기타 처분을 한 때에는 그 상속분에 상당한 가액의 지급을 청구할 권리가 있다"고 규정하는데 이는 상속재산의 분할에서 피인지자를 제외한 공동상속인에 대하여 인지자가 고유상속분을 주장할 수 있음을 전제하는 것이다. 따라서 丙은 이미 상속이 이루어진 甲과 乙에 대하여서도 자신의 상속분을 주장할 수 있다. 다만 甲과 乙은 이미 상속재산을 협의분할하였으므로 丙은 민법 제1014조에 의하여 상속분에 상당한 가액만을 청구할 수 있다.

3. 가액지급청구권의 법적 성격

민법 제1014조는 가액반환청구권의 소멸시효나 제척기간에 대하여 아무런 언급을 하지 않는다. 여기서 丙의 가액반환청구권의 법적 성격이 문제된다.

丙의 가액반환청구권도 자신의 상속지분을 침해한 다른 공동상속인들에 대하여 그 반환을 청구하는 것이므로 민법 제213조의 물권적 청구권으로 볼 수도 있으며 달리 민법 제741조의 부당이득반환청구권으로 이해할 수도 있을 것이다. 또한 민법 제999조의 상속회복청구권으로 이해하는 것도 가능하다.

그런데 사후 인지를 받은 丙이 민법 제1014조를 근거로 자신의 상속분 상당의 가액지급을 청구하는 것은 기본적으로 공동상속인의 일부가 다른 공동상속인의 상속분을 침해하여 상속재산을 분할한 경우에 해당한다. 따라서 다른 공동상속인의 상속지분을 침해한 공동상속인도 참칭상속인이 될 수 있다는 판례[1]의 입장에 따르면 인지에 따른 상속분가액반환청구권도 상속회복청구권에 해당하게 된다. 이 경우 민법 제999조의 제척기간이 적용되어 피인지자는 상속권의 침해를 안 날로부터 3년, 침해 있은 날로부터 10년 내에 청구권을 행사하여야 한다.

사안에서 甲과 乙은 A의 사망 직후에 이를 협의분할을 하였고, 인지청구에 대한 승소판결을 받은 현재 시점은 그러한 협의분할 후로부터 6년이 막 지난 때이다.

먼저 丙에 대한 상속권의 침해가 甲이 은행예금채권을 양도받고 乙이 X주택의 소유권자로 등기한 때에 있었던 것으로 볼 경우, 침해가 있은 때로부터 10년의 제척기간은 아직 경과하지 않았다.

또한 상속회복청구권은 '침해행위가 있음을 안 날로부터 3년의 기간이 경과하지 않았을 경우'에만 행사할 수 있다(제999조 제2항). 사안에서 A가 사망한 직후 甲과 乙은 상속재산에 대한 협의분할을 하였고 그로부터 3년이 지난 후에 丙이 나타나 A에 대한 인지청구의 소를 제기하고 승소하였다. 그리고 승소판결 후 2년이 지난 후에 비로소 丙은 상속분에 대한 가액지급청구권을 행사한다. 이러한 과정에서 丙이 스스로 A의 친생자라는 사실을 실제로 언제부터 알게 되었는지는 확실하게 나타나지 않는다. 그러나 대법원은 "민법 제999조 제2항에서 3년의 제척기간의 기산일로 규정한 '그 침해를 안 날'이라 함은 피인지자가 자신이 진정상속인인 사실과 자신이 상속에서 제외된 사실을 안 때를 가리키는 것으로, 혼인외의 자가 법원의 인지판결 확정으로 공동상속인이 된 때에는 그 인지판결이 확정된 날에 상속권이 침해

1) 대판 1985. 7. 23, 83다632; 대판 1991. 12. 24, 90다5740 등.

되었음을 알았다고 할 것"[2]이라는 입장을 취한다. 인지판결이 확정된 때로부터 3년의 제척기간을 기산한다고 본 것이다. 따라서 사안의 경우 인지판결이 확정된 후 아직 2년밖에 지나지 않은 상황이므로 丙이 상속분가액반환청구권은 법원에 받아들여질 것이다.

II. 상속재산으로부터 발생한 과실의 반환

甲과 乙이 반환하여야 할 범위에 대하여 학설은 참칭상속인이 악의이면 취득한 재산의 전부를 반환해야 하는 동시에 과실과 사용이득에 대해서도 반환의무를 지지만 선의인 경우에는 실종선고의 취소의 경우에 준하여 그 받은 이익이 현존하는 한도에서 반환할 의무가 있다는 견해(부당이득설)와 참칭상속인의 악의나 선의와 관계없이 취득한 재산의 전부를 반환함은 물론 과실이나 사용이득도 상속재산에 속하므로 반환하여야 한다는 견해(전부반환설)가 대립한다.

판례는 인지에 기한 가액반환청구권이 "피인지자의 이익과 기존의 권리관계를 합리적으로 조정하는 데 그 목적이 있다"고 보아 "그 가액의 범위에 관하여는 부당이득반환의 범위에 관한 민법규정을 유추적용할 수는 없고, 다른 공동상속인들이 분할 기타의 처분시에 피인지자의 존재를 알았는지의 여부에 의하여 그 지급할 가액의 범위가 달라지는 것도 아니라 할 것이다"고 하여 기본적으로 참칭상속인의 선의나 악의와 상관없이 받은 이익의 사실심변론종결당시의 평가액을 반환하도록 하고 있다.[3] 그런데 과실에 대하여는 "인지 이전에 공동상속인들에 의해 이미 분할되거나 처분된 상속재산은 이를 분할받은 공동상속인이나 공동상속인들의 처분행위에 의해 이를 양수한 자에게 그 소유권이 확정적으로 귀속되는 것이며, 그 후 그 상속재산으로부터 발생하는 과실은 상속개시 당시 존재하지 않았던 것이어서 이

2) 대판 1978. 2. 14, 77므21; 대판 1981. 2. 10, 79다2052 등 참조.

3) 대판 1993. 8. 24, 93다12.

를 상속재산에 해당한다 할 수 없고, 상속재산의 소유권을 취득한 자(분할받은 공동상속인 또는 공동상속인들로부터 양수한 자)가 민법 제102조에 따라 그 과실을 수취할 권능도 보유한다고 할 것이며, 민법 제1014조도 '이미 분할 내지 처분된 상속재산' 중 피인지자의 상속분에 상당한 가액의 지급청구권만을 규정하고 있을 뿐 '이미 분할 내지 처분된 상속재산으로부터 발생한 과 실'에 대해서는 별도의 규정을 두지 않고 있으므로, 결국 민법 제1014조에 의한 상속분상당가액지급청구에 있어 상속재산으로부터 발생한 과실은 그 가액산정 대상에 포함된다고 할 수 없다"[4]고 보았다.

이러한 판례의 입장에 따를 경우 丙은 甲과 乙에 대하여 가액반환청구소송의 사실심변론종결당시의 예금 및 주택의 평가액의 상속분가액을 청구할 수는 있지만 과실에 해당하는 이자나 임대료는 청구할 수 없게 된다.

그런데 사실심변론종결 시의 상속재산을 기준으로 반환을 할 가액을 결정하면서도 과실은 분할의 대상이 되지 않는다는 것이 타당한 것인지 의문이다. 사실심변론종결 시의 상속재산에는 그로부터 발생한 과실도 포함되어야 논리적이기 때문이다. 사실심변론종결 시까지 발생한 과실도 분할의 대상이라고 보는 것이 합리적이다.

4) 대판 2007. 7. 26, 2006므2757.

제4장 상속의 효과

제1절 상속재산

73. 점유의 상속

사 례 甲은 외아들 乙을 남기고 1982. 9. 5. 사망하였다. 甲은 사망시까지 전북 소재의 X 토지에서 농사를 짓고 있었고, 甲의 사망 후부터 乙은 아버지를 이어 같은 토지에서 농사를 지어 왔다. 그러던 2003년 1월경 乙은 갑작스레 돈이 필요하여 X 토지를 팔려고 등기부를 확인해 본 결과 아버지의 명의로 등기되어 있을 것이라고 믿었던 토지가 1970. 5. 1.의 매매를 원인으로 丙에게 이전등기되어 있는 것을 발견하였다. 2003. 7. 9. 乙은 丙을 상대로 X 토지에 대한 소유권등기를 자신에게 이전하여 달라는 내용의 소송을 제기하였다.[1] 乙은 변론과정에서 X 토지를 팔았다는 이야기를 아버지 甲으로부터 들은 적이 없고, 자신이 농사를 짓는 동안 丙을 한 번도 만난 적이 없는 점에 미루어 丙이 서류를 허위로 작성하여 등기하였거나, 설사 丙이 1970년 실제로 그 토지를 매수하였다고 하더라도 자신의 점유 기간만 20년이 넘었으니 X 토지를 점유취득하였다고 주장하였다. 乙의 주장에 대한 법원의 판단은?

1) 대판 2004. 9. 24, 2004다27273의 사안을 변형한 것임.

1. 문제의 제기

乙이 丙을 상대로 소유권이전등기청구의 소송을 제기한 것은 두 가지 주장을 논거로 한다. 하나는 甲이 丙에게 X 토지를 판 적이 없음에도 丙이 서류를 허위로 작성하여 소유권이전등기를 하였다는 것이다. 이러한 乙의 주장은 丙의 등기가 무효이므로 그 말소를 구하는 내용이지만 실무상 흔히 진정명의회복의 등기이전청구를 하게 된다. 이러한 청구는 민법 제214조의 방해제거청구권을 행사하는 것으로 이해된다.

다른 하나는 丙이 X 토지의 정당한 매수인으로 그 소유자였다고 하더라도 자신이 20년 이상의 점유를 통하여 소유권이전등기청구권을 갖게 되었으므로 이제는 자신에게 그 등기를 이전하여야 주어야 한다는 내용이다.

2. 乙의 丙에 대한 제214조의 방해제거 청구권

민법 제214조의 규정이 적용되기 위하여 乙은 자신이 X 부동산의 소유자이어야 한다. 그런데 입증책임과 관련하여 乙은 스스로가 X 부동산의 소유자라는 점을 증명하여야 한다. 왜냐하면 X부동산의 현재의 등기명의자는 丙인데 부동산에 관하여 소유권이전등기가 마쳐져 있는 경우에는 그 등기명의자는 제3자에 대하여서뿐 아니라 그 전 소유자에 대하여서도 적법한 등기원인에 의하여 소유권을 취득한 것으로 추정되는 것이므로 이를 다투는 측에서 그 무효사유를 주장, 입증하여야 하기 때문이다(등기의 추정력).[2)]

그런데 등기에는 1970. 5. 1. 매매를 원인으로 하여 소유권이 甲에게서 丙에게로 이전한 것으로 나타나 있다. 따라서 乙은 1970년 5월 1일의 매매에 기한 등기가, 예를 들어 허위의 서류에 의한 계약을 기초로 이루어져 무효라는 점을 증명해야 한다. 그런데 乙은 아버지

---

2) 대판 1979. 6. 26, 79다741.

甲이 자신에게 매매에 관한 이야기를 전혀 하지 않았고 자신이 농사를 짓는 동안에도 丙을 만난 적이 없다고만 주장한다. 이러한 주장만으로 丙의 매매가 유효하게 체결되었다는 추정은 깨지지 않을 것이다. 따라서 乙은 丙에 대하여 소유물반환청구권을 행사하지 못한다.

3. 乙의 丙에 대한 제245조 제1항의 점유취득시효 주장

乙은 다음으로 민법 제245조 제1항의 점유취득시효를 주장하고 있다. 乙이 20년간 소유의 의사로 평온, 공연하게 X 부동산을 점유하였음을 인정받으면 그는 丙을 상대로 소유권이전등기청구권을 행사할 수 있다.

먼저 X 부동산에 대한 20년간의 점유가 지속되어야 한다. 점유란 물건에 대한 사실상 지배하는 것으로 乙은 1982. 9. 5. 甲이 사망한 후 2003. 7. 9.까지 약 21년 동안 X토지를 지배해 왔다. 乙은 20년간의 부동산의 점유라는 요건을 충족하였다.

둘째는 乙이 소유자의 의사를 가지고 점유하였어야 한다. 乙은 아버지 甲이 농사를 짓다가 사망했을 당시에도 X 토지가 甲의 토지라고 생각하고 있었다. 그래서 아무런 의심 없이 같은 토지에서 농사를 지어 왔던 것이고 이제 甲이 사망하여 자신이 그 토지를 상속하였으므로 乙 자신의 토지라는 점에서는 의심의 여지가 없었다. 즉 실질적인 측면에서 보면 乙은 X 토지에 대한 소유의 의사를 가지고 점유하였다고 볼 수 있다. 반면 대법원은 자주점유인지의 여부에 대하여 "점유자의 내심의 의사에 의하여 결정되는 것이 아니라 점유 취득의 원인이 된 권원의 성질이나 점유와 관계가 있는 모든 사정에 의하여 외형적 · 객관적으로 결정되어야"[3] 한다는 입장이다. 이러한 전제에서 대법원은 상속에 의하여 피상속인의 점유를 상속인이 상속받은 경우 "상속인은 새로운 권원에 의하여 자기 고유의 점유를 개시하지 않는 한 피상속인의 점유를 떠나 자기만의 점유를 주장할 수 없고, 또 선대

3) 대판(전) 1997. 8. 21, 95다28625.

의 점유가 타주점유인 경우 선대로부터 상속에 의하여 점유를 승계한 자의 점유도 상속 전과 그 성질 내지 태양을 달리하는 것이 아니어서, 특별한 사정이 없는 한 그 점유가 자주점유로는 될 수 없고, 그 점유가 자주점유가 되기 위하여는 점유자가 소유자에 대하여 소유의 의사가 있는 것을 표시하거나 새로운 권원에 의하여 다시 소유의 의사로써 점유를 시작하여야만 한다"[4]고 보고 있다. 나아가 소유권이전등기가 경료되어 있는 경우에는 그 등기명의자는 제3자에 대하여서뿐 아니라 그 전소유자에 대하여도 적법한 등기원인에 의하여 소유권을 취득한 것으로 추정된다. 부동산을 타인에게 매도하여 그 인도의무를 지고 있는 매도인의 점유는 특별한 사정이 없는 한 타주점유로 변경된다.[5]

즉 丙은 등기부의 추정력에 의하여 X 토지의 소유권자로 추정되고 이러한 추정력은 전소유자인 甲에 대하여서도 인정되며 甲은 매도인으로 X 부동산의 인도의무를 부담하고 있으므로 타주점유가 된다. 그리고 비록 乙이 소유자로서 X 토지를 점유한다고 실제로 믿었다고 하더라도 상속에 의하여 甲의 점유를 승계받은 이상 甲의 점유와 동일하게 타주점유를 하게 된다.

결국 乙은 20년의 사실상의 점유를 인정받는다고 하더라도 자주점유의 요건을 충족하기 못하기 때문에 丙에 대하여 취득시효로 인한 등기청구권을 주장할 수 없게 된다.

4. 결 론

乙의 丙에 대한 등기이전청구는 법원에 의하여 기각될 것이다.

---

4) 대판 1997. 5. 30, 97다2344.
5) 대판 1997. 12. 12, 97다40100.

74. 재판상 이혼청구권 및 위자료청구권과 상속

사 례 甲남은 아내 乙녀를 수시로 폭행하고 부당하게 대우하였다. 이에 乙녀는 甲을 상대로 이혼소송을 제기하고, 함께 위자료청구도 하여 제1심에서 이혼과 함께 1500만원을 손해배상으로 지급하라는 승소판결을 받았다. 甲은 이에 불복하여 항소하였으나 소송 도중에 乙이 사망하였다. 乙의 모친 丙은 甲에 대한 乙의 소송을 수계하여 계속하려고 한다. 이에 대한 법원의 입장은?[1)]

1. 문제의 제기

乙은 甲을 상대로 민법 제840조 제3호를 근거로 재판상 이혼을 청구하면서 민법 제843조를 근거로 위자료청구권도 함께 행사하였다. 그러나 乙은 이와 관련한 소송 도중에 사망하였다. 여기서 乙의 상속인인 丙이 乙의 이혼청구권 및 위자료청구권을 상속받아 소송을 계속할 수 있는지의 여부가 문제된다.

2. 제840조 제3호를 근거로 한 재판상 이혼청구권

민법은 제840조 제3호에서 "배우자로부터 심히 부당한 대우를 받았을 때"에 재판상 이혼을 청구할 수 있다고 규정한다. 따라서 甲으로부터 심히 부당한 대우를 받은 乙의 재판상 이혼청구는 법원에 의하여 인용이 될 것이다. 그런데 이러한 내용의 확정판결이 내려지기 전에 乙은 사망하였다.

사망은 상속개시의 원인으로(제997조) 乙의 재산에 관한 포괄적 권리의무가 상속인에게 승계된다. 반면 일신에 전속한 것은 상속되지

1) 대판 1993. 5. 27, 92므143의 사안을 변형한 것임.

않는다(제1005조 단서). 여기서 이혼청구권의 일신전속성이 문제된다.

이혼을 할지의 여부는 당사자가 임의로 결정하고 행사도 직접 하여야 한다는 점에서 민법 제1005조 단서의 일신전속적인 권리에 해당한다고 할 것이다. 따라서 乙의 상속인 丙은 이 권리를 상속받아 소송을 계속할 수 없다.[2] 결국 이혼청구소송이 확정되지 않은 상태에서 이혼청구권자가 사망하였으므로 이혼소송은 중단되어 이혼은 이루어지지 않게 된다.

3. 위자료청구권

민법 제843조는 약혼의 해제와 관련한 손해배상청구권의 규정(제806조)을 준용하고 있다. 이에 따라 이혼에 대하여 책임이 있는 당사자는 상대방에 대하여 위자료를 포함한 손해배상의 의무를 지게 된다.

그런데 먼저 이 조항과 관련하여 손해배상청구권이 이혼이 확정된 경우에만 발생하게 되느냐의 문제가 발생한다. 재산분할청구권과 달리 대법원은 이를 부정한다.[3] 즉 "이혼위자료청구권은 상대방인 배우자의 유책불법한 행위에 의하여 그 혼인관계가 파탄상태에 이르러 부득이 이혼을 하게 된 경우에 그로 인하여 입게 된 정신적 고통을 위자하기 위한 손해배상청구권으로서, 이는 이혼의 시점에서 확정, 평가되는 것이며 이혼에 의하여 비로소 창설되는 것은 아니라"는 입장이다. 이는 위자료청구권이 이혼 그 자체에 대한 정신적 손해배상이 아니라 오히려 폭행하고 부당하게 되어 혼인관계가 파탄에 이르게 된 것에 대한 정신상의 고통을 배상하는 것이라고 보는 것이다.

나아가 이러한 위자료청구권이 다른 사람에게 양도되거나 상속의 대상이 될 수 있느냐와 관련하여 대법원은 이 점도 긍정한다. "민법 제806조 제3항은 약혼해제로 인한 손해배상청구권에 관하여 정신

---

2) 김주수/김상용, 친족상속법(2009), 541면; 대판 1982. 10. 12, 81므53 등.

3) 대판 1993. 5. 27, 92므143.

상 고통에 대한 손해배상청구권은 양도 또는 승계하지 못하지만 당사자 간에 이미 그 배상에 관한 계약이 성립되거나 소를 제기한 후에는 그러하지 아니하다고 규정하고, 민법 제843조가 위 규정을 재판상 이혼의 경우에 준용하고 있으므로 이혼위자료청구권은 원칙적으로 일신전속적 권리로서 양도나 상속 등 승계가 되지 아니하나 이는 행사상의 일신전속권이고 귀속상의 일신전속권은 아니라 할 것이며, 그 청구권자가 위자료의 지급을 구하는 소송을 제기함으로써 그 청구권을 행사할 의사가 외부적 객관적으로 명백하게 된 이상 양도나 상속 등 승계가 가능하다 할 것이다"[4]고 하였다.

요약하면 이혼과 관련한 위자료청구에 대하여 대법원은 반드시 이혼을 전제하는 것은 아니고 이미 소송이 제기한 경우와 같이 행사가 된 경우에는 양도와 상속도 가능하다는 입장이다. 이러한 태도는 민법 제843조가 약혼의 해제와 관련한 제806조를 준용한 결과로 타당한 해석이다.

4. 결 론

乙의 甲에 대한 이혼청구소송은 乙의 사망으로 중단될 것이지만 乙의 甲에 대한 위자료청구소송은 丙이 수계하여 계속할 수 있다.

4) 대판 1993. 5. 27, 92므143.

75. 무권대리인이 본인을 상속한 경우

사 례 甲은 부친 乙 소유의 X 부동산을 자신의 명의로 등기할 방법을 丙과 상의하다가 丙이 일단 자기 앞으로 소유권이전등기를 마쳤다가 이를 넘겨 가라는 권유를 하여 乙의 인감도장을 가지고 나와 丙 명의로 소유권이전등기를 마쳐 주었다. 그런데 丙은 X 부동산이 자신의 명의로 되어 있음을 기화로 X 부동산을 丁에게 매도하고 소유권이전등기를 하여 주었다. 이러한 사실을 전혀 알지 못한 상태에서 乙이 사망하였고 甲이 단독상속인이 되자 甲은 丁을 상대로 소유물반환청구소송을 제기하였다. 법원의 입장은?

1. 문제의 제기

甲이 丁을 상대로 제기한 소유물반환청구소송(제213조)이 법원에 의하여 인용되기 위하여서는 甲이 X 부동산의 소유자이어야 하고 丁이 불법하게 X 부동산을 점유하여야 한다. 여기서 甲이 대리권 없이 대리행위를 한 후에 본인인 乙을 상속한 경우 甲이 무권대리행위의 무효를 주장할 수 있느냐의 문제가 발생한다. 나아가 사안에서는 명의신탁과 관련하여 「부동산실권리자명의등기에 관한 법률」 제4조 제3항의 제3자보호 조항이 이 경우에도 적용되는지를 검토하여야 한다.

2. 무권대리인의 본인의 상속으로 인한 효과

甲은 乙의 인감도장을 이용하여 X 부동산에 대한 등기를 임의로 丙의 명의로 변경하여 주었다. 이러한 행위는 甲이 乙의 대리인으로 행위한 것인데 乙의 수권행위가 없기 때문에 대리권 없는 대리행위에 해당하게 되고, 따라서 본인의 추인이 없는 한 乙에게는 효력이 없다(제130조). 따라서 乙은 甲의 처분행위에도 불구하고 여전히 X 부동산의 소유권을 보유한다. 그런데 이러한 본인으로서의 권리는 乙의 사망에 의하여 그의 단독상속인인 甲에게 승계된다.

이렇게 무권대리인이 대리행위를 한 후 본인을 상속한 경우 그 효과에 대하여 학설이 대립한다. 당연유효설은 무권대리인이 본인을 상속한 경우 혼동으로 甲의 대리행위가 당연히 유효로 된다고 이해한다.[1] 이에 반하여 병존설은 본인과 무권대리인의 지위는 혼동이 되지는 않지만 본인의 지위에서 추인을 거절하는 것은 신의칙상 허용되지 않는다는 입장이다. 두 견해는 결론에 있어서 동일한 것처럼 보이나 실제 사안과 같이 무권대리인의 상대방이 무권대리인의 대리권 없는 것을 대리행위 당시에 알았을 경우에는 결과를 달리한다. 즉 민법 제135조 제2항의 취지에 비추어 무권대리행위라는 것을 알았거나 알 수 있었을 상대방을 보호할 필요가 없으므로 본인을 상속한 무권대리인도 추인을 거절하더라도 신의칙에 반하지 않는다고 해석할 수 있기 때문이다. 대법원[2]도 무권대리인의 상대방이 악의이거나 과실 있는 선의라면 민법 제135조의 적용이 배제되는데, 혼동으로 무권대리행위를 당연히 유효로 한다면 상대방에게 지나치게 유리하게 된다는 점을 들어 병존설의 입장을 취하면서 무권대리인이 추인을 거절하고 부당이득금의 반환을 구하는 것은 원칙적으로 금반언의 원칙이나 신의성실의 원칙에 반하여 허용될 수 없다는 입장을 취한다.

결국 사안의 甲이 본인 乙을 상속하였더라도 본인으로서 추인을 거절하는 것이 금반언의 원칙에 반하지 않고 따라서 乙의 무권대리행위를 통하여 X 부동산의 등기명의를 이전받은 丙은 X 부동산에 대하여 아무런 권리가 없게 되고 그러한 丙으로부터 다시 X 부동산의 등기를 이전받은 丁도 아무런 권리를 갖지 못하게 된다. 결국 甲은 乙을 상속한 X 부동산의 소유권자가 되어 丁에 대한 등기말소청구소송은 인용될 것이다.

1) 곽윤직, 상속법(2004), 82면.
2) 대판 1992. 4. 28, 91다30941.

3. 명의수탁자로부터 양수받은 제3자로서 丁이 보호를 받을 수 있는지 여부

부동산실권리자명의등기에 관한 법률 제4조는 명의신탁약정의 효력과 동시에 그에 근거한 물권변동의 효력도 부정하고 있지만 동조 제3항은 명의신탁약정의 무효에도 불구하고 제3자는 보호를 받는 것으로 규정하고 있다. 사안에서 甲은 乙의 부동산을 丙의 명의로 하는 명의신탁약정을 체결하였다. 그리고 丁은 그러한 명의신탁약정에 의하여 丙의 명의로 된 등기를 이전받게 된다. 이러한 경우 丁이 부동산실명법 제4조 제3항에 의하여 보호를 받는 제3자로 볼 수 있느냐의 문제가 발생하는데 이는 부정되어야 한다. 왜냐하면 부동산실명법은 명의신탁자의 의사에 기초하여 명의수탁자와 합의로 이루어진 명의신탁약정에 대하여서만 적용되기 때문이다. 즉 무권대리인의 무효인 대리행위에 기초하여 체결된 명의신탁약정에는 동법이 적용되지 않는 것이다. 만약 이 경우에도 부동산실명법에 의하여 명의신탁약정이 효력이 없으므로 역시 동법이 적용된다고 하면 제3자에 의한 명의신탁약정만으로 권리자가 권리를 상실하게 되는 불합리가 발생한다.

4. 결 론

甲의 丁에 대한 등기말소의 청구는 법원에 의하여 인용될 것이다.

76. 본인이 무권대리인을 상속한 경우

사 례 乙은 사업체를 운영하면서 사업자금이 부족해지자 시골에서 농사를 짓는 아버지 甲의 토지에 근저당권을 설정하고 丙 은행에서 3억원의 돈을 대출받았다. 근저당권 설정 당시에 甲은 그러한 사실을 전혀 알지 못하였고 乙이 甲의 인감을 몰래 가지고 나와 甲의 대리인의 자격으로 은행과 계약을 체결한 것이었다. 그 후 乙이 불의의 사고로 사망하자 이러한 사정을 비로소 알게 된 甲은 丙 은행을 상대로 근저당권설정등기말소소송을 제기하였다. 변론과정에서 甲은 乙과 근저당권설정계약을 체결했던 丙 은행의 지점장 丁이 乙의 무권대리행위를 당시 알고 있었다고 주장하였다. 이러한 甲의 주장은 법원에 의하여 사실로 인정되었다. 甲의 등기말소청구소송은 인용되어야 하는가?

1. 甲이 민법 제214조를 근거로 근저당권설정등기의 말소를 청구할 수 있는지 여부

甲의 근저당권설정등기말소청구가 인용되기 위해서는 丙 명의의 근저당권설정등기가 효력이 없는 무효의 등기이어야 한다. 사안에서 乙은 대리권 없이 甲의 대리인으로 甲의 토지에 근저당권을 설정하였다. 이러한 무권대리행위는 본인의 추인이 없는 한 효력이 없다(제130조). 그런데 그 후 乙의 사망으로 甲은 무권대리인인 乙을 상속하게 된다.

이러한 경우에 대해 판례는 아직 존재하지 않는다. 학설은 대체로 무권대리를 본인이 추인할 신의칙상 의무를 부정하여 본인이 추인을 거절할 수 있다는 입장을 취한다.[1] 하지만 이러한 학설의 태도는 무권대리인의 상대방의 입장에서는 부당할 수 있다. 본인이 무권대리

1) 곽윤직, 상속법(2004), 82면; 이경희, 가족법(2012), 426면; 송덕수, 친족상속법(2018), 315면.

인의 지위를 상속한 경우라고 하여 무권대리인의 책임을 부정할 수는 없다고 보아야 하기 때문이다. 상속은 피상속인의 지위를 포괄적으로 승계하는 것이므로 피상속인의 채무인 무권대리인의 책임도 상속에 의하여 상속인이 당연히 승계하여야 하기 때문이다. 즉 대리행위의 상대방인 丙이 본인인 甲에 대하여 이행을 청구할 수는 없다고 하더라도 무권대리인인 乙에 대하여서는 근저당권설정계약의 이행을 청구할 수 있었던 것이고(제135조 제1항), 이러한 피상속인의 이행의무는 상속인인 甲에게 당연히 승계되어야 하는 것이다. 따라서 甲의 丙에 대한 근저당권설정등기말소의 청구는 인용되지 않는 것이 타당하다.

다만 사안과 같이 丙의 대리인이었던 丁이 甲의 무권대리행위의 사정을 알고 있었다고 인정될 경우에는 丙은 무권대리인에 대하여서도 책임을 묻지 못하게 된다(제135조 제2항). 따라서 乙의 상속인인 甲도 아무런 책임을 부담하지 않는다.

2. 결　론

甲의 근저당권설정등기말소의 청구는 인용될 것이다.

77. 채권 · 채무의 동일인에 의한 상속과 혼동

사 례

甲과 乙은 혼인하여 그 사이에 A와 B를 낳았다. A는 대학을 졸업하고 직장을 얻으면서 출퇴근을 위하여 X 승용차를 구입하였다. A는 주말에 공부하느라 피곤해 하는 동생 B를 태우고 드라이브 삼아 고속도로를 달리다 운전미숙으로 교통사고를 일으켰다. 이 사고로 A와 B는 사망하였다. 당시 A는 Y 보험회사와 "X 승용차의 운행 중 남을 죽게 하거나 다치게 하여 A가 손해배상책임을 짐으로써 입은 손해를 Y 회사가 보상하여 주기로 하고, 만일 A의 사망으로 피해자가 손해배상을 받을 수 없을 경우에는 피해자가 직접 Y 회사에 보험금의 지급을 청구할 수 있다"는 이른바 직접청구권을 인정하는 내용의 자동차손해배상책임보험계약을 체결한 상황이었다. 甲과 乙은 상속을 원인으로 Y 보험회사를 상대로 손해배상금의 지급을 청구하는 소송을 제기하였다. Y 보험회사는 甲과 乙이 B의 손해배상채권을 상속함과 동시에 A의 손해배상채무를 상속하였는데 두 채권과 채무는 혼동으로 소멸하였으므로 자신들이 배상금을 지불할 필요가 없다고 항변한다.[1] 법원의 입장은?

甲과 乙이 상속을 원인으로 Y 보험회사에 대하여 손해배상금의 지급을 청구할 수 있는지 여부

1. 문제의 제기

甲과 乙이 상속을 원인으로 Y 보험회사에 대하여 손해배상을 청구하기 위하여서는 B가 Y 보험회사에 대하여 가지게 된 손해배상청구권이 甲과 乙에게 상속으로 승계되어야 하고 청구권을 행사할 당시에도 그 권리가 존속하고 있어야 한다. 그런데 甲과 乙은 A의 사망으로 가해자의 지위, 즉 손해배상채무도 함께 상속한다. 여기서 甲과 乙에게 귀속될 손해배상채권과 손해배상채무가 혼동에 의하여 소멸한 것이 아닌지

1) 대판 1995. 5. 12, 93다48373의 사안을 변형한 것임.

문제된다.

2. 손해배상채권과 손해배상채무의 상속 및 혼동

자동차손해배상보장법은 불법행위법에 관한 특별법으로 동법 제3조는 "자기를 위하여 자동차를 운행하는 자는 그 운행으로 다른 사람을 사망하게 하거나 부상하게 한 경우에는 그 손해를 배상할 책임을 진다"고 규정하고 있다. 이 규정에 의하여 자동차의 소유자인 A는 B의 사망에 대하여 배상책임을 부담한다. 그런데 동법 제5조는 자동차소유자로 하여금 책임보험에 의무적으로 가입하도록 하고 있고 A도 이 규정에 따라 Y 보험회사에 책임보험을 가입하였다. A가 Y 보험회사와 체결한 책임보험계약의 내용은 사안에 나온 바와 같이 피해자에게 직접적인 청구권을 허용하는 내용이다. 따라서 운행자 A의 자동차로 피해를 입은 B는 Y 보험회사에 대하여 직접 배상청구권을 행사할 수 있다. 그리고 이러한 배상청구권은 B의 사망으로 그의 직계존속인 甲과 乙에게 상속되었다. 甲과 乙은 이 청구권을 주장하는 것이다.

그런데 Y 보험회사의 손해배상채무는 A의 손해배상채무의 존재를 전제한다. A가 손해배상채무를 부담하는 경우에만 Y 보험회사도 일종의 부진정연대채무를 부담하는 것이다. 그리고 이러한 A의 손해배상채무도 A의 사망과 동시에 甲과 乙에게 상속되었다. 결국 甲과 乙은 손해배상채권과 그에 대응하는 손해배상채무를 동시에 상속하게 되었다. 그런데 민법 제507조는 "채권과 채무가 동일한 주체에 귀속한 때에는 채권은 소멸한다"고 규정하는데 이 조항에 따르면 B의 손해배상채권과 A의 손해배상채무가 소멸하게 되고 더불어 Y 보험회사의 손해배상채무도 함께 소멸한다라는 항변을 Y 보험회사가 하는 것이다.

혼동에 관한 제507조는 그 취지가 채권과 채무가 동일인에게 귀속되면 반드시 소멸한다는 논리적 필연성에 있는 것이 아니다. 오히려 그 취지는 채권과 채무가 동일인에게 귀속되는 경우 채권과 채무를 그대로 존속시킬 필요가 없다는 것에 있는 것이고 채권과 채무를 존속시킬 필요가 있는 경우에는 존속을 시켜야 한다는 결론을 도출하게 한다. 제507조 후문이 "그러나 그 채권이 제3자의 권리의 목적인 때에는 그러하지 아니하다"고 규정하는 것은 이러한 취지를 반영한 것이다.

사안에서 A는 Y 보험회사와 책임보험계약을 체결한 후 약정에 따라 일정한 금액을 보험료로 지불하였다. 이는 A가 장래에 지게 될지도 모르는 책임을 Y 보험회사로 하여금 대신 지게 하거나 A의 배상에 따른 손해를 보상해 주겠다는 내용이다. 그리고 실제로 A는 손해를 배상해야 할 사고를 발생시켰고 따라서 Y 보험회사는 그 계약에 따라 배상금을 지급하여야 하는 것이다. 이 경우 피해자나 사망자가 누구인가 하는 것은 원칙적으로 중요하지 않으며 A의 손해배상채무와 B의 손해배상채권이 상속에 의하여 동일인에게 귀속되었다는 사정도 Y 보험회사의 계약의 이행의무에는 아무런 영향을 미치지 않는다.

대법원도 이러한 점을 감안하여 "생존한 교통사고 피해자나 사망자의 상속인에게 책임보험에 의한 보험의 혜택을 부여하여 이들을 보호할 사회적 필요성이 있는 점은 다른 교통사고와 다를 바 없고, 다른 한편 원래 자동차 손해배상 책임보험의 보험자는 상속에 의한 채권.채무의 혼동 그 자체와는 무관한 제3자일뿐 아니라 이미 자신의 보상의무에 대한 대가인 보험료까지 받고 있는 처지여서 교통사고의 가해자와 피해자 사이에 상속에 의한 혼동이 생긴다는 우연한 사정에 의하여 자기의 보상책임을 면할 만한 합리적인 이유가 없으므로, 자동차 책임보험의 약관에 의하여 피해자가 보험회사에 대하여 직접 보험금의 지급청구를 할 수 있는 이른바 직접청구권이 수반되는 경우에는 그 직접청구권의 전제가 되는 자동차손해배상보장법 제3조에 의한 피해자의 운행자에 대한 손해배상청구권은 상속에 의한 혼동에 의하여 소멸되지 아니한다고 보아야"[2)]한다는 입장을 취하였다. 즉 B의 손

2) 대판 1995. 5. 12, 93다48373.

해배상채권은 Y 보험회사에 대하여서 여전히 행사의 필요성이 있으므로 A의 손해배상채무와 B의 손해배상채권이 상속에 의하여 동일인에 귀속되었다고 하더라도 손해배상채권은 소멸의 여지가 없다.

3. 결 론

甲과 乙에 의하여 상속된 B의 손해배상채권의 Y 보험회사에 대한 행사는 법원에 의하여 인용된다.

78. 가분채무

사 례 甲은 시가 10억원에 달하는 주택과 乙에 대한 채무 5억원을 남기고 사망한다. 甲에게는 사망 당시 자녀 丙과 丁이 있었다. 丙과 丁은 乙이 주택을 갖고 신용불량자인 丁이 乙에 대한 채무 5억원을 모두 상속하기로 협의하였다. 乙은 주택을 상속받은 丙에게 5억원에 대한 채무의 이행을 청구하였다. 丙은 丁이 모든 채무를 상속하기로 협의하여 분할하였으므로 5억원의 채무는 자신이 변제할 필요가 없다고 항변한다. 법원의 입장은?

1. 문제의 제기

상속인이 한 사람이라면 피상속인의 모든 재산이 그에게 승계되므로 상속분할의 문제는 발생하지 않는다. 그러나 상속인이 여러 명인 경우에는 상속재산을 분할하여 상속인 각자의 재산으로 확정할 필요가 생기게 된다. 그런데 민법은 분할의 방법에 대하여 피상속인은 유언을 통하여 분할의 방법을 정하거나 공동상속인이 아닌 제3자에게 이를 정하도록 위탁할 수 있도록 하고 있고(제1012조), 이러한 지정이 없는 경우 공동상속인은 언제든지 협의에 의하여 상속재산을 분할할 수 있도록 하였다(제1013조). 사안에서 피상속인인 甲은 유언을 남긴 정황은 보이지 않는다. 따라서 공동상속인인 丙과 丁은 상속재산을 협의하여 분할할 수 있다. 문제는 상속재산 중 적극재산에 대한 협의분할뿐만 아니라 사안과 같이 소극재산에 해당하는 피상속인의 채무에 대하여서도 협의하여 분할을 할 수 있느냐이다.

2. 금전채무에 대한 협의분할

상속재산에 대한 협의분할은 공동상속인 전원의 참가로 이루어지는 일종의 계약으로 피상속인이 남긴 재산의 전부가 분할의 대상이 됨이 원칙이다. 그러나 이러한 원칙을 관철할 경우 거래의 안전을 해치는 결과가 생길 수 있다. 그 대표적인 예가 금전채무와 같은 가분채무이다. 왜냐하면 금전채무를 협의하여 임의로 분할할 수 있다고 한다면 변제능력이 없는 자가 모든 채무를 지는 것으로 협의할 가능성이 있어 채권자의 이익을 해치는 결과가 발생할 수 있기 때문이다. 따라서 판례는 "금전채무와 같이 급부의 내용이 가분인 채무가 공동상속된 경우, 이는 상속 개시와 동시에 당연히 법정상속분에 따라 공동상속인에게 분할되어 귀속되는 것이므로, 상속재산 분할의 대상이 될 여지가 없다"[1]는 입장을 취한다. 다만 채권자가 그 분할에 대하여 동의할 경우 그 분할을 인정하지 않을 이유가 없으므로 면책적 채무인수의 법리를 적용한다. 즉 "상속재산 분할의 대상이 될 수 없는 상속채무에 관하여 공동상속인들 사이에 분할의 협의가 있는 경우라면 이러한 협의는 민법 제1013조에서 말하는 상속재산의 협의분할에 해당하는 것은 아니지만, 위 분할의 협의에 따라 공동상속인 중의 1인이 법정상속분을 초과하여 채무를 부담하기로 하는 약정은 면책적 채무인수의 실질을 가진다고 할 것이어서, 채권자에 대한 관계에서 위 약정에 의하여 다른 공동상속인이 법정상속분에 따른 채무의 일부 또는 전부를 면하기 위하여는 민법 제454조의 규정에 따른 채권자의 승낙을 필요로 하고, 여기에 상속재산 분할의 소급효를 규정하고 있는 민법 제1015조가 적용될 여지는 전혀 없다"[2]는 입장이다.

그러나 이러한 대법원의 입장도 채무자의 보호에는 여전히 충분하지 않은 측면이 있다. 만약 피상속인이 생존하는 경우라면 그의 책임재산에 의하여 자신의 채무에 대한 만족을 얻을 가능성이 충분하였는데 그의 사망으로 상속이 이루어지고 공동상속인들 사이에서 적극재산을 법정상속분과 다르게 분할할 경우에도 적극재산을 전혀 받지 않은 무자력의 상속인에 대하여는 여전히 그 한도에서 불측의 손해를

1) 대판 1997. 6. 24, 97다8809.
2) 대판 1997. 6. 24, 97다8809.

입을 수 있는 것이다. 이러한 문제점으로 일부 학설은 법정상속분율과 다르게 적극적 상속재산이 분할되었을 경우에는 그 취득비율에 따라 상속인의 책임을 물을 수 있도록 하는 것이 타당하다고 주장한다.[3] 이 견해도 채무자로 하여금 공동상속인들의 협의분할에 대하여 조사하고 또 그에 따라 상속인 각자에 대하여 채권을 주장하도록 한다는 점에서 여전히 문제점이 있을 것이지만 채무자 보호에는 가장 충실한 견해라고 여겨진다.

이러한 학설에 따를 경우 채권자 乙이 甲의 상속재산을 전부 상속받은 丙에게 채무 전부의 이행을 주장하는 것은 정당한 청구이다. 그러나 판례에 따를 경우 丙에 대하여는 2억 5천만원만 청구할 수 있고 나머지 2억 5천만원은 丁에게 청구하여야 한다.

3. 결 론

乙의 丙에 대한 채무이행의 청구는 법원에 의하여 2억 5천만원의 한도에서 인용될 것이다.

3) 김주수/김상용, 친족 · 상속법(2009), 583면.

79. 불가분채무

사 례 甲은 주택 한 채를 남기고 사망하였다. 아내 乙과 아들 丙, 딸 丁은 이 주택을 공동으로 상속하였는데 상속 당시에 戊는 2억 8천만원의 전세금계약을 체결하여 그 주택에 거주하고 있었다. 戊는 그 후 전세기간이 만료되자 비교적 부유하게 살고있는 甲의 아들 丙에게 전세금 전액의 반환을 청구한다. 丙은 자신의 법정상속분(2/7)에 해당하는 8천만원만 반환하면 된다고 항변한다. 누구의 주장이 타당한가?

1. 문제의 제기

甲과 전세계약을 체결한 戊는 전세기간이 만료하게 되면 전세계약에 근거하여 전세금의 반환을 청구할 수 있다. 원칙적으로 전세금의 반환은 전세계약의 상대방인 甲에게 청구하여야 한다. 그러나 甲은 이미 사망한 상태이다. 이 경우 甲의 계약상의 지위는 민법 제1005조에 의하여 상속인에게 승계된다. 상속인이 단독상속인인 경우에는 단독상속인에게 청구하면 된다. 그러나 사안과 같이 공동상속인이 있는 경우 각 상속인에게 법정상속분에 따라 전세금의 반환을 청구하여야 하는지 혹은 상속인 1인에게 전세금 전부의 반환을 청구할 수 있는지가 논점이다.

2. 공유물에 대한 전세계약과 전세금반환

이러한 경우를 직접 다룬 판례는 아직 존재하지 않는다. 다만 대법원은 "금전채무와 같이 급부의 내용이 가분인 채무가 공동상속된 경우, 이는 상속개시와 동시에 당연히 법정상속분에 따라 공동상속인에게 분할되어 귀속되는 것이므로, 상속재산 분할의 대상이 될 여지가 없다"[1]는 입장이다. 이러한 입장을 관철할 경우 전세금반환채무도 법정상속분에 따라 채무가 분할되어 귀속되므로 戊는 각각의 상속인에 대하여 법정상속분에 따른 금액에 대하여서만 반환을 청구할 수 있다고 볼 것이다. 하지만 이러한 태도는 채무자의 입장에서는 매우 부당한 결론이 될 수 있다. 전세계약을 체결한 甲이 살아 있는 상황에서는 그 주택의 소유주인 甲에 대하여 전세금 전액을 반환청구할 수 있고, 그 이행이 없으면 甲의 주택을 포함한 일반재산에 대하여 강제집행을 할 수 있는 반면 상속으로 채무가 분할될 경우 적극재산의 분할과 상관없이 그는 공동상속인에게 법정상속분에 따라 각각 그 이행을 청구하여야 하기 때문이다.

반면 대법원은 상속재산에 대한 공동소유와 관련하여 공유설을 취하고 있고,[2] 공유주택에 대한 임대와 관련하여 "건물의 공유자가 공동으로 건물을 임대하고 보증금을 수령한 경우 특별한 사정이 없는 한 그 임대는 각자 공유지분을 임대한 것이 아니고 임대목적물을 다수의 당사자로서 공동으로 임대한 것이고 그 보증금 반환채무는 성질상 불가분채무에 해당된다고 보아야 할 것이다"는 입장을 견지한다. 이러한 대법원의 태도를 종합하여 보면 주택을 공동으로 상속한 공동상속인은 주택을 공유하는 자로 전세금반환채무에 대하여 불가분채무를 부담하는 것으로 해석될 수 있다. 이러한 태도는 임차인의 보호에 충실한 것이고 공유의 법리에도 합당하다.

결국 이러한 법리에 의하여 공동상속인인 乙, 丙 및 丁은 戊에 대해 2억 8천만원의 불가분채무(제411조)를 지게 되고 불가분채무에 대하여 민법은 연대채무의 규정을 준용하도록 하고 있으므로(제411조), 戊는 丙에 대하여 전세금 2억 8천만원 전액의 반환을 청구할 수 있다(제413조).

---

1) 대판 1997. 6. 24, 97다8809.

2) 대판 1996. 2. 9, 94다61649.

3. 결　론

戊의 丙에 대한 2억 8천만원의 전세금반환청구는 법원에 의하여 전부 인용될 것이다.

80. 조의금

사 례 X 토지(시가 2억 1천만원)에서 과수원을 운영하던 甲은 유족으로 아내 乙과 자녀 丙, 丁을 남기고 사망하였다. 甲의 사망 당시 乙은 시골에서 甲과 함께 생활하고 있었고 아들 丙은 서울에서 큰 사업체를 운영하고 있었으며 딸 丁은 시골의 읍내에 있는 작은 가게에서 판매원으로 일하며 부모님의 가사를 돕고 있었다. 甲의 장례식은 丙의 주장으로 서울에 있는 대형병원에 부속된 장례식장에서 치러졌다. 장례를 치른 후 조의금을 계산해 보니 6천만원 정도가 들어왔고 대부분 丙의 지인들이 낸 금액이었다. 丙은 받은 조의금에서 장례식장비를 포함한 장례비용으로 천만원, 묘지구입비로 5백만원을 지출한 후, 시골로 내려가는 乙과 丁에게 각각 백만원이 든 봉투를 건네주며, X 토지는 팔아서 자신의 사업자금으로 쓰겠다고 선언하였다. 이 과정에서 화가 난 丁은 어머니 乙의 만류에도 불구하고 오빠 乙을 '나쁜 놈'이라고 욕하며 X 토지는 물론 조의금도 상속재산이니 상속분에 따라 나눌 것을 주장한다. X 토지 및 조의금에 대한 丁의 주장은 정당한가?

1. X 토지에 대한 법정상속분

우리 민법은 공동상속인의 상속분과 관련하여 균분상속을 원칙으로 하지만(제1009조 제1항), 피상속인의 배우자가 직계비속과 공동으로 상속하는 때에는 직계비속의 상속분의 5할을 가산하고, 직계존속과 송동으로 상속하는 때에는 직계존속의 상속분의 5할을 가산하도록 하고 있다(제1009조 제2항). 이러한 규정에 따라 상속재산인 X 토지에 대하여 乙은 3/7의 지분을, 丙과 丁은 2/7의 지분을 각각 주장할 수 있다. 즉 丙은 甲의 사망으로 X토지의 단독소유자가 되지 못하고 乙 및 丁과 함께 X 토지를 지분으로 공유하는 상황이 된다(제1006조).

그럼에도 丙이 상속을 원인으로 X 토지를 단독으로 등기이전받는 경우 乙과 丁은 丙을 상대로 상속회복청구권(제999조)을 행사할 수 있다. 만약 乙과 丁의 동의가 없이 丙이 X 토지를 다른 사람에게 팔았다고 하더라도 그 매매계약은 丙의 한도에서만 효력이 있을 뿐 乙과 丁의 지분의 한도에서는 효력이 없다. 이 경우 乙과 丁은 민법 제213조의 물권적 청구권을 행사하여 그 반환을 청구할 수 있다.

2. 조의금

사람이 사망한 경우 피상속인의 지인이나 유족의 지인들이 조의금 혹은 부의금을 보내게 된다. 통상 지인들이 부조의 마음에서 장례식장을 방문하여 내는 경우도 있지만 군인연금법 등에서는 예를 들어 사망한 군인의 월소득액에 대한 일정한 비율에 해당하는 금액을 그 군인의 배우자에게 지급하도록 하고 있다(군인연금법 제32조의2 참조). 이러한 조의금의 성격에 대하여 대법원은 "상호상부의 정신에서 유족의 정신적 고통을 위로하고 장례에 따르는 유족의 경제적 부담을 덜어 줌과 아울러 유족의 생활안정에 기여함을 목적으로 증여되는 것"[1] 이라고 설명한다. 문제는 이러한 조의금이 어떻게 사용되어야 하고 남은 금액이 유족에게 어떻게 분배되어야 하는가이다.

일단 조의금의 법적 성격을 상속재산으로 볼 수는 없다. 상속재산이라면 피상속인이 남긴 재산이어야 하는데 조의금은 피상속인이 사망한 후에 지급되는 것이고, 지급의 상대방도 권리능력이 없는 망인일 수는 없고 그 유족이 상대방이 될 것이기 때문이다. 오히려 조의금은 대법원의 설시와 같이 망인의 유족을 위로하고 전통적인 상호부조의 정신에서 장례비용 등에 도움을 주려는 목적으로 유족에게 지급되는 증여라고 보는 것이 타당하다. 따라서 조의금이 장례비용에 우선적으로 충당되는 것은 그 목적에 비추어 합리적이다.

문제는 장례비용으로 충당하고 남은 금액의 분배이다. 사실 부조를 하는 사람의 입장에서는 자신과 관련이 있는 지인에 대한 지급의 의미가 있음을 부정하지 못한다. 하지만 현실적인 사용의 목적이 지

1) 대판 1992. 8. 18, 92다2998.

인의 재산축적에 있는 것은 아닐 것이다. 오히려 장례비용으로 지출되고 남은 조의금은 유족 전체에 대한 위로금 및 생활안정자금으로 지급되는 것이 타당하다. 이러한 측면에서 대법원은 "장례비용에 충당하고 남는 것에 관하여는 특별한 다른 사정이 없는 한 사망한 사람의 공동상속인들이 각자의 상속분에 응하여 권리를 취득하는 것으로 봄이 우리의 윤리감정이나 경험칙에 합치된다"[2]고 한 것은 타당하다. 결국 장례비용을 제외하고 남은 4천5백만원의 조의금은 乙이 약 (4천5백만원×3/7=)1천9백만원, 丙과 丁은 약 (4천5백만원×2/7=)1천3백만원을 받을 수 있다.

2) 대판 1992. 8. 18, 92다2998.

제2절 공동상속과 상속분

81. 특별수익

사 례 아내 乙과 자녀 丙, 丁, 戊가 있는 甲은 14억원의 적극재산을 남기고 사망한다. 甲은 丁에게 혼인준비를 위한 자금으로 사망하기 2년 전 2억원의 현금을 주었고, 戊에게는 대학원 진학을 위하여 5년 전에 2억원 상당의 토지를 팔아 학비로 주었다. 또 甲은 아내 乙에게 유언으로 3억원을 주도록 하였다.

* 이하는 각각 독립된 사례로 이자 등은 고려하지 않음.

(1) 乙, 丙, 丁, 戊가 甲의 사망을 계기로 받게 되는 구체적인 가액은?

(2) 丁이 단독상속인 A를 남기고 甲보다 먼저 사망하였다면 甲의 사망으로 A가 받을 상속분은 얼마인가?

(3) 甲이 사망 시에 9억원의 채무도 부담하고 있었던 경우 丁은 자신의 법정상속분을 주장할 수 있는가?

1. 특별수익

공동상속인 중에 피상속인으로부터 재산의 증여 또는 유증을 받은 자가 있는 경우에 그 수증재산이 자기의 상속분에 달하지 못한 때에는 그 부족한 부분의 한도에서 상속분이 있다(민법 제1008조). 따라서 특별수익자가 있는 경우의 구체적 상속분의 산정은 상속개시 당시의 상속재산에 공동상속인에 대한 증여 또는 유증의 액을 더하여 이를 기초로 상속분을 산정한 후 특별수익자의 구체적 상속분은 이에 미치지 못하는 부분에 대하여만 상속분을 인정하는 방법으로 해야 한다.

사안의 경우를 보면 甲은 자녀 丁에게 사망 2년 전에 2억원을 증여하였고, 戊에게는 5년 전에 X 토지를 팔고 받은 2억원을 증여하였다. 이러한 재산은 甲의 사망 당시의 상속재산인 14억원에 더하여 상속분 인정의 기초재산을 구성하게 된다. 甲이 아내인 乙에게 유증한 가액은 상속이 개시된 이후에 상속재산으로부터 지급되어야 하는 것이므로 추가하여 계산하지 않는다. 따라서 상속분 계산의 기초가 되는 상속재산을 계산하면 14억원+2억원+2억원=18억원이 상속재산이 된다. 다시 이를 1:1:1:1.5의 비율로 나누면 4억원:4억원:4억원:6억원이 된다.

여기서 특별수익자인 丁과 및 戊는 구체적 상속분인 4억에서 이미 2억원씩을 특별수익하였으므로 상속을 계기로 각각 2억원을 추가하여 수령하고, 丙은 특별수익한 바가 없으므로 4억원을 모두 수령하게 된다. 그리고 배우자는 유증으로 3억원을 받게 되므로 유증으로 인하여 부족한 상속분 3억원을 추가하여 甲의 사망으로 6억원을 지급받게 된다.

2. 피대습인의 특별수익과 대습상속

甲이 사망할 당시에 丁은 이미 사망한 상태이므로 丁의 상속인인 A가 대습상속(제1001조)에 의하여 甲을 상속하게 된다. 그런데 이 경우 대습상속인 A가 받을 상속분을 산정하면서 丁이 받은 특별수익을 감안하여 계산해야 하느냐의 문제가 발생한다. A는 丁의 대습상속인으로 丁의 상속분을 다시 상속하는 것이므로 A도 丁이 받은 특별수익을 공제한 금액을 상속받아야 한다.[1] 따라서 丁이 받을 수 있었던 상속분은 특별수익을 제외한 나머지 상속액 2억원이었을 것이고 대습상속인인 A도 동일한 2억원을 지급받게 된다. 이러한 결과가 A에게 부당하지 않은 것은 丁이 사망을 하면서 A는 이미 丁의 재산을 상속하였기 때문이다.

1) 대판 2022. 3. 17, 2020다267620.

3. 특별수익과 채무

적극재산이 14억원이고 소극재산이 9억원이면 상속개시 당시의 실질적인 상속재산은 5억원이 되고, 丁과 戊가 받은 특별수익 4억원을 합산하면 공동상속인이 받을 실제의 적극재산은 9억원이 된다. 이러한 상속재산을 기초로 하면 丁이 받게 될 실제의 재산상의 이익은 9억원×2/9=2억원이 될 것이다.

그런데 丁은 이미 특별수익으로 2억원을 받았다. 따라서 丁은 더 이상 상속분을 받을 수 없게 되는가의 문제가 발생한다. 그러나 판례는 "피상속인의 상속개시 당시의 가지고 있던 재산의 가액은 상속재산 가운데 적극재산의 전액을 가리키는 것으로 보아야 한다"[2]는 입장을 취한다. 이러한 판례의 입장에 따를 경우 丁은 상속재산으로서의 소극채무에도 불구하고 앞의 경우와 동일하게 2억원을 받을 수 있게 된다. 상속채무는 상속재산분할의 대상이 되지 않아 상속인에게 상속과 동시에 법정상속분의 비율로 분할되어 상속되기[3] 때문에 채무를 고려하지 않는 판례의 태도는 타당하다.

---

2) 대판 1995. 3. 10, 94다16571.

3) 대판 1997. 6. 24, 97다8809.

82. 대습상속인에 대한 증여와 특별수익

사 례 아내 乙과 자녀 丙, 丁이 있는 甲은 10억원의 적극재산을 남기고 사망한다. 甲은 자녀 丙에게 혼인준비를 위한 자금으로 상속개시 2년 전에 2억원의 현금을 증여하였고, 丁에게는 대학원 진학을 위하여 5년 전에 2억원 상당의 X 토지를 팔아 학비로 주었다. 또 甲은 아내인 乙에게는 유언을 통하여 3억원을 주도록 하였다.

(1) 甲은 생전에 丙의 미성년 자녀인 戊에게 2억원에 상당하는 X 토지를 증여하였다. 乙, 丙, 丁의 상속분은 얼마인가?

(2) 甲은 생전에 丙의 미성년 자녀인 戊에게 2억원에 상당하는 X 토지를 증여하였다. 그 후 丙이 단독상속인 戊를 두고서 甲보다 먼저 사망하였다. 甲의 사망으로 戊에게 귀속되는 구체적 상속분은 얼마인가?

1. 戊에 대한 증여와 상속인 丙의 특별수익

丙이 甲으로부터 증여받은 2억원과 丁의 2억원 및 유증을 받은 乙의 3억원은 특별수익으로 반환의 대상이 된다. 다만 유증은 상속의 개시 이후에 상속재산으로부터 乙에게 귀속될 금액이므로 상속재산의 산정에 기초가 되는 재산에는 포함되지 않는다.

그런데 甲이 丙의 자녀이자 자신의 손자녀인 戊에게 丙의 생전에 2억원 상당의 X 토지를 증여하였다. 여기서 戊는 丙의 자녀이므로 戊에게 증여한 돈은 丙의 특별수익으로 볼 수도 있을 것이다. 하지만 戊가 증여 당시 미성년자이었더라도 그 재산은 戊의 소유이고 戊는 甲의 상속인도 아니므로 그 돈을 부모인 丙의 특별수익으로 볼 수는 없다. 따라서 손자녀 戊에 대한 증여액을 丙의 특별수익으로 하여 반환하도록 하지 못한다.

결국 산정의 기초가 되는 상속재산은 甲이 남긴 적극재산 10억원과 丙 및 丁이 특별수익으로 반환하여야 하는 4억을 더한 14억원이다. 그 중 법정상속분으로 乙에게는 6억원, 丙과 丁에게는 각각 4억원이 귀속될 것인데 乙은 3억원을 유증으로 받을 것이므로 6억원에서 부족한 3억원을 상속받으면 되고 丙과 丁도 각각 2억원을 생전에 증여받았으므로 2억원씩만 상속을 받으면 된다.

2. 대습상속인 戊에 대한 증여와 특별수익

甲이 丙의 생전에 그의 자녀인 戊에게 증여를 하였는데, 甲의 사망 전 丙의 사망으로 戊가 甲의 대습상속인이 되었다면 할아버지 甲에게서 받은 그 증여액을 특별수익으로 반환하느냐의 문제가 발생한다.

다른 공동상속인과의 공평의 견지에서 반환의무를 진다고 해석하는 견해[1]와 대습상속인이 실제로 공동상속인의 자격을 취득하게 되는 시점을 구별해서 그 이전에 수익이 있는 때에는 반환의무가 없으나, 그 이후에 수익이 있는 때에는 반환하여야 한다는 견해[2]가 있다. 대법원은 "대습상속인이 대습원인의 발생 이전에 피상속인으로부터 증여를 받은 경우 이는 상속인의 지위에서 받은 것이 아니므로 상속분의 선급으로 볼 수 없다"[3]고 하여 두 번째 견해를 따르고 있다. 그 근거로 대습원인의 발생 이전에 피상속인으로부터 받은 증여를 "상속분의 선급으로 보게 되면, 피대습인이 사망하기 전에 피상속인이 먼저 사망하여 상속이 이루어진 경우에는 특별수익에 해당하지 아니하던 것이 피대습인이 피상속인보다 먼저 사망하였다는 우연한 사정으로 인하여 특별수익으로 되는 불합리한 결과가 발생한다"[4]는 점을 든다. 판례의 태도에 찬성한다.

결국 戊가 丙의 생존 중에 할아버지로부터 받은 2억원은 특별수

---

1) 김주수/김상용, 친족·상속법(2009), 557면; 박동섭, 친족상속법(2006), 576면.
2) 곽윤직, 상속법(2004), 101면; 송덕수, 친족상속법(2018), 325면.
3) 대판 2014. 5. 29, 2012다31802.
4) 대판 2014. 5. 29, 2012다31802.

익에 포함되지 않아 甲의 사망에도 불구하고 이를 보유할 수 있고 피대습인 丙이 甲으로부터 받은 2억원은 특별수익으로 인정되므로 피대습인의 상속분 4억원에서 2억원을 제외한 2억원을 대습상속분으로 받게 된다.

83. 상속결격과 특별수익

사 례 A는 B와 혼인하여 딸 甲과 아들 乙을 낳았고, 乙은 丙과 혼인하여 丁을 낳았다. 그런데 평소 乙은 성격이 매우 급하여 쉽게 화를 내고 분을 참지 못하는 성격이었다. 2003년경 어머니 B가 사망을 하고 장례를 치르는 과정에서 乙은 甲과 재산문제로 다투다가 분을 참지 못하여 甲을 살해하려다 미수에 그치는 일이 발생하였다. A는 乙을 위로하느라 2010. 7. 27. 3억원 상당의 X 부동산을 증여하였다. 그 후 2010. 10. 11. A는 30억원의 재산을 남기고 사망하였다.[1] A가 남긴 재산의 상속인과 각각의 상속분은 얼마인가?

1. 문제의 제기

사안에서 乙이 甲을 살해하려다 미수에 그치는 사고가 발생하였다. 여기서 乙이 상속결격 사유에 해당하여 상속인의 지위를 상실하는지 검토하여야 한다. 만약 乙에게 상속결격사유가 인정된다면 그 효과에 대하여 검토하여야 한다. 이는 특히 대습상속과 관련하여 대습상속이 발생하는지의 여부와 乙이 A의 생전에 받은 3억원 상당의 증여가 대습상속인의 특별수익이 되어 반환의 대상이 되는지가 문제된다.

2. 상속인의 확정

(1) 상속결격

2003년 乙은 누나인 甲을 살해하려고 하였다. 그런데 민법 제1004조 제1호는 "고의로 직계존속, 피상속인, 그 배우자 또는 상속의

---

1) 대결 2015. 7. 17, 2014스206의 사안을 변형한 것임.

선순위나 동순위에 있는 자를 살해하거나 살해하려 한 자"를 상속결격자로 규정하고 있다. 문제는 이 규정이 아직 상속이 개시되지 않은 경우에도 적용될 것이냐의 문제이다. 이에 관하여 언급하는 학설은 없으나 대법원[2]은 이러한 경우도 상속결격에 해당하는 것으로 보고 있다. 후순위의 상속인에 해당하는 직계존속에 대한 범죄행위도 상속결격사유에 넣는 점에 비추어 동순위의 상속인에 대한 살인 및 살인미수를 상속이 개시된 이후의 경우로 한정할 필요가 없어 보인다. 대법원의 해석이 타당하다.

甲과 乙은 A의 직계비속으로 동순위의 상속인이므로 甲을 살해하려 한 乙은 상속결격자가 된다.

(2) 대습상속

乙은 상속결격사유에 해당하게 되어 상속인이 되지 못한다(제1004조). 따라서 乙은 상속인의 지위를 상실하게 된다. 그런데 이러한 상속결격자에게 직계비속이나 배우자가 있는 경우에는 결격된 자의 순위에 갈음하여 그 직계비속과 배우자가 상속인이 된다(제1001조 및 제1003조 제2항). 따라서 A의 상속재산에 대한 상속인은 甲과 丙, 丁이다.

3. 상속분

직계비속으로서 甲과 乙은 균분상속을 하므로 각각 상속재산의 1/2을 상속받는다. 그리고 대습상속인은 상속결격자의 상속분을 법정상속분에 따라 나누어 갖게 되므로(제1010조 제2항), 乙이 받았을 상속분을 배우자 丙(3/5)과 자녀 丁(2/5)이 다시 상속분의 비율로 대습상속을 하게 된다. 따라서 丙은 전체상속분의 3/10, 丁은 2/10를 상속받게 된다.

구체적인 상속액을 계산하기 위하여서는 그 기초가 되는 상속재

---

2) 대결 2015. 7. 17, 2014스206.

산을 먼저 산정하여야 한다. 그런데 乙은 A의 생전에 3억원에 상당하는 재산을 A로부터 증여받았다. 이 재산을 상속분을 정하는 기초재산에 산입하여야 하는가에 대하여 대법원은 부정한다. 즉 "상속결격사유가 발생한 이후에 결격된 자가 피상속인으로부터 직접 증여를 받은 경우, 그 수익은 상속인의 지위에서 받은 것이 아니어서 원칙적으로 상속분의 선급으로 볼 수 없다"[3]는 입장이다. 상속결격사유가 발생한 이후에 피상속인에 의하여 특별하게 지급된 금액 등은 그 결격자에 대한 용서 내지는 특별한 배려의 의미를 가지므로 피상속인의 의사를 존중한다는 측면에서 판례의 태도가 타당하다. 따라서 乙의 수증재산은 특별수익이 되지 않아 반환되지 않게 된다. 반면 상속결격사유가 발생하기 이전에 받은 특별수익은 상속재산에 산입하여 계산하여야 할 것이다.

결국 사안에서 乙이 받은 증여는 상속분을 산정하는 구체적 기초재산에 산입되지 않으므로 A가 남긴 30억원만이 상속재산이 되고 甲이 그중 15억원을 가져가고 丙과 丁은 각각 9억원과 6억원을 가져가게 된다.

3) 대결 2015. 7. 17, 2014스206.

84. 자녀의 기여분

사 례 乙은 남편인 甲과 함께 같은 지역에서 두 분 부모님을 모시고 지내다가 아버지 A가 사망한 후에도 어머니 丙을 30년간 부양하였다. 구체적으로 아버지의 제사를 도맡아서 하였으며 丙의 유일한 수입원인 임대주택을 수리하며 계속적으로 관리하였고, 어머니가 61세가 되던 해부터 81세로 사망할 때까지 자신의 집에서 丙을 모셨으며 병원에 입원한 때에 간병은 물론이고 치료비도 스스로 부담하거나 선납하였다. 원래 乙은 결혼 당시에 무일푼이었으나 丙을 모시는 과정에서 주택을 장만하게 되었고, 丙의 재산은 사망 당시 예금이 조금 늘었을 뿐 재산의 변동이 거의 없었다.[1)]

(1) 丙이 사망하고 공동상속인으로 자녀 乙과 丁, 戊가 있었다. 乙은 丙의 상속재산에 대한 기여분을 인정받을 수 있는가?

(2) 丙이 20억원을 상속재산으로 남겼는데 乙에게 25%의 기여분이 인정되었다면 丙의 사망으로 乙이 받게 되는 구체적인 상속액은 얼마인가?

1. 문제의 제기

기여분이란 공동상속인 중에서 상당한 기간 동거, 간호 그 밖의 방법으로 피상속인을 특별히 부양하거나 피상속인의 재산의 유지 또는 증가에 관하여 특별히 기여한 자가 있을 경우에 이를 상속분의 산정에 고려하는 제도이다. 사안에서는 기여분이 인정되기 위한 요건, 특히 상속재산의 증가에 기여함이 없는 경우에도 기여분을 인정받을 수 있는지 여부 및 기여분이 인정된 경우 그 효과로서 상속재산에 대한 구체적인 분할은 어떻게 이루어지는지를 검토하여야 한다.

1) 대판 1998. 12. 8, 97므513, 520의 사안을 변형한 것임.

2. 기여분 인정의 요건

민법은 공동상속인 중에 상당한 기간 동거 · 간호 그 밖의 방법으로 피상속인을 특별히 부양하거나 피상속인의 재산의 유지 또는 증가에 특별히 기여한 자가 있을 때에는 그 자의 기여를 상속재산분할에서 고려하도록 하고 있다(제1008조의2). 따라서 공동상속인의 기여분이 인정되기 위하여서는 ① 상당한 기간 동안 동거 · 간호 그 밖의 방법으로 피상속인을 특별히 부양하거나 ② 상속인이 피상속인의 재산의 유지나 증가에 특별히 기여할 것이 요구된다. 두 가지 요건이 모두 충족될 경우는 물론 두 요건 중 한 가지만 충족되더라도 기여분은 인정될 수 있다.

먼저 피상속인을 동거 · 간호 그 밖의 방법으로 특별한 부양한 경우이다. 여기서 특별한 부양이란 공동상속인들 사이의 공평을 위하여 상속분을 조정할 필요가 있을 만큼 다른 공동상속인들보다 높은 정도의 부양을 한 경우이다. 사안에서 乙은 丙과 30년 동안 동거하며 부양해 왔고 丙이 병원에 입원한 경우에도 간병하며 병원비를 부담하기도 하였다. 이러한 乙의 행위는 丙에 대한 다른 공동상속인의 부양이 나타나지 않는 사안에서 특별한 부양으로 인정된다.

두 번째의 기여분 인정 요건은 피상속인의 재산의 유지 또는 증가에 특별히 기여하는 경우이다. 사안에서 乙은 丙의 수입원이었을 임대주택을 수리하고 관리하여 왔다. 이는 丙의 재산의 유지에 기여한 것으로 평가될 수 있다. 반면 丙은 예금이 조금 늘었을 뿐 재산변동은 없었음에도 무일푼의 乙이 丙을 모시면서 부동산을 구입하였다는 사실이 언급되는데, 乙의 부동산 구입의 자금이 丙으로부터 간호와 동거의 대가를 받아서 이루어진 것이라는 등의 특별한 사정이 없는 한 기여분 요건의 충족에 영향을 미치지 못한다.

결국 상속재산에 대한 乙의 기여분은 인정될 것이다.

3. 구체적인 상속분

기여분이 인정되는 상속인이 있을 경우 상속개시 당시의 피상속인의 재산가액에서 공동상속인의 협의로 정한 그 자의 기여분을 공제한 것을 상속재산으로 보고, 제1009조 및 제1010조에 의하여 산정한 상속분에 기여분을 가산한 액이 그 상속인의 상속분이 된다(제1008조의2 제1항). 丙이 20억원의 재산을 남겼고 乙의 기여분이 25%라고 할 경우 20억원 중 乙의 기여분 5억원을 공제한 금액 15억원이 상속재산이 된다. 따라서 15억원을 3인이 균분상속하게 되므로 乙과 丁과 戊는 15억원에서 각각 5억원을 받게 되고 乙은 5억원의 기여분을 추가로 받게 되므로 총 10억원을 상속분으로 받게 된다.

결국 乙이 丙의 사망으로 받게 되는 구체적인 상속액은 10억원이 된다.

85. 피상속인을 부양한 배우자의 기여분

사 례

A는 1940년 10월경 B와 혼인하여 甲과 乙을 낳았다. A는 1971년경부터 B와 자녀들이 거주하는 집을 나와 丙과 중혼적 사실혼 관계를 가지며 그 사이에 자녀 丁을 낳았다. 그러던 중 1984년 B가 사망하자 1987년 10월에 A는 丙과 혼인신고를 마쳤다. 건강이 좋지 않았던 A는 2003년 3월경부터 2008년 3월경 사망할 때까지 여러 병원에서 통원치료를 받아 왔고 10여 회에 걸쳐 입원치료도 받았는데 그 과정에서 丙은 집과 병원 등에서 A를 간호하였다. 다만 丙도 2002년 10월경 뇌출혈로 쓰러져 수술을 받았던 관계로 A의 간호에만 신경을 쓸 수는 없는 상황이었고 2007년 12월경 자신이 담도암 판정을 받은 후부터는 이러한 간호도 할 수 없는 형편이 되었다.

A가 2008년 3월경 부동산과 예금을 포함한 많은 재산을 남기고 사망하자 丙은 다른 공동상속인들과의 재산분할협의과정에서 자신의 기여분으로 상속재산의 30%를 인정해 줄 것을 요구하였다.[1] 그의 주장은 타당한가?

1. 문제의 제기

공동상속인의 기여분이 인정되기 위하여서는 ① 상당한 기간 동거 · 간호 그 밖의 방법으로 피상속인을 특별히 부양하거나 ② 피상속인의 재산의 유지나 증가에 특별히 기여할 것이 요구된다. 이 사안에서 피상속인의 재산의 유지나 증가와 관련된 내용은 나오지 않으므로 첫 번째 요건만이 검토의 대상이 된다. 특히 사안에서는 부부간의 부양의무를 이행하는 경우에도 공동상속인들 사이에서 기여분으로 인정받을 수 있느냐가 문제 된다.

1) 대결(전) 2019. 11. 21. 2014스44의 사안을 변형한 것임.

2. 부부간 부양의무와 기여분

부부는 동거하며 서로 부양하고 협조해야 할 의무를 부담한다(민법 제826조 제1항). 이러한 부부 사이의 상호부양의무는 혼인관계의 본질적 의무로 부양받을 자의 생활을 부양의무자의 생활과 같은 정도로 보장하여 주는 것을 내용으로 하는 제1차 부양의무이다. 반면 성년인 자녀가 부모에 대하여 직계혈족으로서 민법 제974조 제1호, 제975조에 따라 부담하는 부양의무는 부양의무자가 자기의 사회적 지위에 상응하는 생활을 하면서 생활에 여유가 있음을 전제로 부양을 받을 자가 자력 또는 근로에 의하여 생활을 유지할 수 없는 경우에 한하여 그의 생활을 지원하는 것을 내용으로 하는 제2차 부양의무이다.[2] 이러한 제1차 부양의무와 제2차 부양의무는 의무이행의 정도뿐만 아니라 의무이행의 순위도 의미하는 것이므로, 제2차 부양의무자는 제1차 부양의무자보다 후순위로 부양의무를 부담한다.[3] 따라서 제1차 부양의무자가 있는 경우에는 제2차 부양의무자는 부양의무를 면하게 된다. 이러한 법리에 따를 경우 A의 아내인 丙은 A에 대하여 부부로서 사망시까지 당연히 부양의무를 부담하고 있었고 성년의 자녀인 甲, 乙, 丁은 원칙적으로 A에 대한 부양의무가 없었던 것이 된다.

한편 丙이 다른 공동상속인과 달리 기여분을 인정받기 위하여서는 상당한 기간 동거 · 간호 그 밖의 방법으로 A를 특별히 부양했어야 한다.

상대방 배우자에 대한 부양의무를 부담하는 배우자로서 혼인 후 사망 시까지 동거하고 병원과 집에서 병든 A를 간호한 것을 이러한 특별한 부양으로 볼 것이냐의 문제가 발생한다. 즉 당연히 부양의무를 부담하는 자가 그 부양의무를 이행한 경우에도 특별한 부양으로 볼 것이냐의 문제가 발생하는 것이다. 판례는 이를 부정한다. "특별한 부양행위란 피상속인과 상속인 사이의 신분관계로부터 통상 기대되

2) 대판 2012. 12. 27, 2011다96932.

3) 대판 2012. 12. 27, 2011다96932.

는 정도를 넘는 부양을 의미한다고 할 것이고 법률상 부양의무의 범위에서 피상속인을 부양한 행위는 법적 의무의 이행이라고 보아야 할 것이어서 특별한 부양행위에 해당하지 않는다"는 입장이다.[4)]

현행 민법상의 법정상속분만으로는 배우자 보호에 미흡한 것이 사실이다. 그렇다고 하여 법률을 적용해야 하는 입장에서 해석을 통하여 법률규정의 내용이나 그 기본취지를 손상하는 것은 허용되지 않는다. 우리 민법은 공동상속인들 사이의 균분상속을 원칙으로 하면서도 배우자에 대하여서는 다른 공동상속인의 상속분의 5할을 가산하여 정하도록 하고 있다. 이는 입법자가 상속분과 관련하여 이미 배우자를 배려한 것이다. 여기에 해석을 통하여 추가로 배우자를 배려하는 것은 허용되지 않는다고 보아야 한다.[5)]

丙이 A가 사망할 때까지 동거하며 A를 간호하였다고 하더라도 丙의 배우자로서 당연히 부담하는 부양의무를 이행한 것에 불과하다. 이러한 부양의무를 넘어서는 다른 특별한 사정이 없는 한 그것만으로는 기여분의 요건이 되는 특별한 부양이 인정될 수 없다.

3. 결 론

丙의 상속재산에 대한 기여분은 인정되지 못한다.

---

4) 대결 2012. 10. 12, 2010스7.
5) 대결(전) 2019. 11. 21, 2014스44.

86. 기여분과 특별수익

사 례 乙과 혼인한 甲은 딸 丙과 아들 丁을 낳은 후 5억원의 재산을 남기고 사망하였다. 甲은 사망하기 전에 딸 丙의 혼인을 위하여 丙에게 5천만원을 증여하였다. 그런데 그가 남긴 5억원은 외아들 丁과 공동으로 추진한 사업에서 얻은 재산으로, 아들 丁은 재산의 증식에 40%를 기여하였다. 공동상속인들의 구체적 상속분은?

1. 문제의 제기

공동상속인들의 상속분을 정하는 과정에서 기여분과 특별수익이 인정되는 경우 이를 모두 고려하여야 한다. 다만 특별수익을 먼저 반환하여야 하는지 혹은 그보다 기여분을 먼저 상속재산에서 제외해야 하는지가 문제된다.

2. 기여분과 특별수익의 산정

기여분과 특별수익이 모두 인정되는 경우 학설은 기여분을 확정하여 기여분을 공제한 유산을 상속재산으로 정한 후 이 상속재산을 기초로 하여 특별수익자의 상속분을 산정하여야 한다는 견해[1]와 상속개시 시의 상속재산에 생전증여를 가산한 가액에서 기여분의 가액을 공제한 것을 상속재산으로 보고 여기에 공동상속인의 상속분을 곱하여 구체적 상속분을 산정하며, 기여상속인의 상속분은 계산된 상속분가액에 기여분을 합한 것이 구체적인 상속분이라는 견해[2]가 대립

1) 김주수/김상용, 친족상속법(2009), 570면.
2) 박병호, 가족법(1994), 373면.

한다. 일부 학설[3]은 어느 경우나 차이가 없다고 보나, 기여분 및 특별수익을 구체적인 금액으로 정하지 않고 기여분을 상속재산에 대한 비율로 정하게 되면 어느 것을 먼저 산정하느냐에 따라 차이가 발생한다.

기여분을 먼저 산정하여 그것을 공제한 것을 상속재산으로 정한 다음, 이를 기초로 하여 특별수익자의 상속분을 산정하여야 하면 다음과 같다: 기여분 산정의 기초가 되는 상속재산은 5억원이고, 아들 丁의 기여의 정도가 40%로서 2억원으로 결정될 것이므로 특별수익을 감안하지 않은 상속재산은 3억원이 된다. 그리고 여기에 딸 丙에 대한 생전증여액인 5천만원을 합산하여 이를 기초로 법정상속분에 따라 나누면 공동상속인 乙의 상속액은 1억 5천만원(3억 5천만원 × 3/7), 丙, 丁의 상속분은 각각 1억원(3억 5천만원 × 2/7)이 된다. 여기서 아들 丁은 기여분액 2억원을 더하여야 하므로 丁은 총 3억원을 가지게 되고, 딸 丙은 자기의 상속분 1억원에서 이미 5천만원을 특별수익으로 받았으므로 부족한 부분인 5천만원만을 상속할 수 있으며, 배우자 乙은 특별수익과 기여분 모두 인정되지 않으므로 그대로 1억 5천만원을 상속하게 된다.

반면 특별수익을 먼저 반환하고 이를 기초로 기여분을 계산하면 다음과 같다: 기여분 산정의 기초가 되는 재산은 5억 5천만원이고 이 금액의 40%(2억 2천만원)가 丁의 기여분이 된다. 따라서 5억 5천만원에서 이 금액을 뺀 3억 3천만원이 구체적인 상속분 산정의 기초재산이 된다. 따라서 甲의 사망을 계기로 받게 되는 구체적인 금액은 乙은 (3억 3천만원×3/7=) 약 1억 4천1백만원, 丙은[「(3억 3천만원×2/7)-5천만원=]약 4천4백만원, 丁은[(3억 3천만원×2/7)+2억 2천만원=] 약 3억 1천4백만원을 받게 된다.

사견으로 특별수익과 기여분 중 어느 것을 먼저 산정할 것인가의 문제는 특별수익에도 기여분자의 기여분이 인정되느냐의 문제와 직결된다. 즉 丙이 받은 특별수익 중에도 丁의 기여가 인정될 만한 사정이 있다면 특별수익을 반환받는 것이 우선이고 특별수익에 기여자의

---

3) 송덕수, 친족상속법(2018), 332면 이하.

가여가 전혀 인정되지 않는다면 상속재산에서 기여분을 먼저 공제하는 것이 타당하다. 그리고 특별수익 중에도 기여자의 기여분이 존재한다는 사실의 입증책임은 이를 주장하는 자가 부담한다.

3. 결 론

원칙적으로 기여분을 먼저 산정하여 상속재산에서 제외하고 그 후에 특별수익을 반환하는 것으로 보는 것이 타당하다. 따라서 甲의 사망으로 乙은 1억 5천만원, 丙은 5천만원, 丁은 3억원을 받게 된다.

87. 상속재산의 양도와 양수

사 례 A는 X 부동산을 포함한 많은 재산을 남기고 사망하였다. A는 甲, 乙, 丙의 자녀가 있었는데, 장남인 甲은 乙과 丙을 설득하여 "X 부동산은 선산이니 자신이 단독으로 소유할 수 있도록 각자의 지분을 자신에게 매도하라"고 하여 乙과 丙의 약속을 받아 낸다. 그러나 丙은 X 부동산에 대한 자신의 법정상속분의 지분에 해당하는 지분 1/3을 그러한 사정을 모르는 丁에게 양도하고 그에게 지분의 등기까지 이전하여 주었다. 甲은 丁이 지급한 매매대금과 비용을 제공하며 丙으로부터 양도받은 X 부동산의 지분의 등기를 자신에게 이전하여 줄 것을 청구한다. 丁은 등기를 이전하여 주어야 하는가?

1. 문제의 제기

丙은 甲과의 약속에도 불구하고 X 부동산의 지분을 丁에게 양도하였다. 그런데 丙이 보유하는 X 부동산에 대한 지분은 상속을 원인으로 한 것으로 민법 제1006조는 "상속인이 수인인 때에는 상속재산은 그 공유로 한다"고 규정하고 있다. 여기서 공유의 구체적인 의미가 무엇인지 문제된다. 이는 丙의 상속지분 처분행위가 다른 공동상속인들 사이에서 유효한 것으로 인정되어 丁이 그 지분을 보유할 수 있느냐의 문제와 연결된다. 그리고 丙의 상속지분처분행위가 효력이 있다면 다른 공동상속인이 그 지분을 다시 환급할 수 있느냐의 문제가 민법 제1011조의 요건과 관련하여 다루어져야 한다.

2. 공동상속인의 상속재산에 대한 공동소유의 형태

민법 제1006조는 상속재산이 분할될 때까지 존재하는 상속재산에 대한 공동상속인의 소유관계에 대해 "공유로 한다"고 규정하고 있다. 여기서 "공유로 한다"는 민법의 의미가 무엇인가에 대하여 학설이 대립한다.

먼저 합유설[1]은 공유의 의미를 상속인이 상속재산 전체 위에 상속분에 따른 권리, 의무를 가지는 데 지나지 않는다고 본다. 따라서 공동상속인은 전 상속재산에 대하여 가지는 상속분은 처분할 수 있지만 개개의 재산에 대한 지분을 처분할 수 없다고 한다. 이러한 합유설에 따를 경우 사안에서 丙이 丁에 대하여 행한 X부동산의 지분이전은 아무런 효력이 없어서 丁은 X부동산에 대하여 어떠한 권리도 취득하지 못한다.

이에 반하여 공유설[2]은 각 상속인은 상속개시와 동시에 상속재산을 구성하는 개개의 물건 또는 권리에 대하여 그 상속분에 따른 공유지분을 취득한다는 입장이다. 따라서 이 공유지분은 자유로이 처분할 수 있으며, 각자 개개의 상속재산에 대하여 갖는 지분을 자유로이 양도할 수도 있고, 지분에 저당권 설정 등 담보설정을 할 수도 있다. 대법원은 공유설의 입장에서 "공동상속인들은 그 공동상속재산에 관하여 저마다의 지분권을 가지고 있는 것이요 이 각자의 지분권의 처분에 관하여 반드시 원고와의 사이에서 합일적으로 처리되어야 할 이유는 없다"[3]고 하고 있다.

민법 제1006조의 "공유"라는 법문의 표현이나 상속재산분할로 인한 소급효를 제한하는 제1015조의 제3자 보호조항에 비추어 공유설이 타당하다고 할 것이다. 공유설에 의하면 丁은 X 부동산에 대한 丙의 지분을 유효하게 취득하게 된다.

1) 정광현, 신친족상속법요론(1962), 357면; 이근식/한봉희, 신친족상속법(1982), 243면.
2) 양수산, 친족상속법(1998), 628면; 김주수/김상용, 친족상속법(2009), 548면; 윤진수, 친족상속법(2018), 385면.
3) 대판 1964. 12. 29, 64다1054.

3. 甲이 민법 제1011조 제1항을 근거로 지분의 양수를 청구할 수 있는지 여부

상속재산에 대한 공동상속인의 소유를 공유로 볼 경우 공동상속인 각자는 자신의 지분을 임의로 처분할 수 있게 된다. 하지만 이를 무조건 허용하는 경우 혈족관계가 없는 제3자가 상속재산의 분할에 참여하게 되어 다른 공동상속인과의 관계에서 문제가 발생할 수 있다. 이에 따라 민법 제1011조는 공동상속인 중에 그 상속분을 제3자에게 양도한 경우에 다른 공동상속인이 그 가액과 양도비용을 상환하고 그 상속분을 양수할 수 있도록 하고 있다. 이를 공동상속분의 양수라고 한다.

공동상속분의 양수가 있기 위하여는 그 요건으로 공동상속인의 일부가 자신의 '상속분'을 제3자에게 양도하였어야 한다. 여기서 공동상속인에 의하여 양도되는 '상속분'이란 적극재산만이 아니라 소극재산까지도 포함하는 포괄적인 상속재산 전체에 대한 상속분을 말한다.[4] 즉 상속재산에서 상속인이 차지하는 비율로서의 지분을 의미하는 것이다. 따라서 상속재산에 해당하는 개별적인 재산의 지분을 양도하는 경우는 상속분의 양도에 해당하지 않는다.[5]

사안에서 丙은 丁에 대하여 자신의 상속재산에 대한 비율로서의 지분을 양도한 것이 아니라 X 부동산이라는 개별 물건에 대한 지분을 양도한 것이다. 따라서 민법 제1011조의 요건을 충족시키지 못하게 된다.

4. 결 론

丁은 丙으로부터 양도받은 X 부동산의 지분을 甲에게 반환할 필요가 없다.

---

4) 김주수/김상용, 친족상속법(2009), 572면.
5) 대판 2006. 3. 24, 2006다2179.

제3절 상속재산의 분할

88. 무효의 상속포기와 상속재산의 분할

사 례 A는 토지 X를 남기고 사망하였다. A의 유족인 세 아들 중 장남인 甲과 차남 乙은 아버지의 도움으로 사업에 성공하여 이미 많은 재산이 있었던 터라 거듭 사업에 실패하여 어려움을 겪고 있는 丙에게 이 토지를 모두 주겠다는 의사를 전하고, A의 장례식을 함께 치른 후 6개월이 지나 상속포기신고를 법원에 하였다. 丙은 그 후 이 토지 위에 상가건물을 신축하였지만 분양이 잘 되지 않자 토지만을 丁에게 매도하고 등기이전하여 주었다. 그 후 丙은 미등기의 상가건물도 戊에게 매도하고 인도해 주었다. 丁은 戊를 상대로 상가건물의 철거를 요구한다.[1] 법원의 입장은?

丁이 戊에 대하여 민법 제213조를 근거로 건물의 철거를 주장할 수 있는지 여부

1. 문제의 제기

丁이 戊에 대하여 건물의 철거를 주장하는 것은 자신의 토지 위에 건물을 가지고 있는 戊로 인하여 자신이 토지를 사용할 수 없으므로 점유를 인도하여 달라는 청구로 민법 제213조의 소유물반환청구라고 할 것이다. 이 청구권이 유효하게 행사되기 위하여는 문제의 X 토지가 丁의 소유이어야 하고 戊가 丁의 토지를 점유하고 있어야 하

1) 대판 1996. 3. 26, 95다45545의 사안을 변형한 것임.

며 그러한 점유가 아무런 권원이 없는 불법한 점유이어야 한다.

2. 丁이 X토지의 소유자인지의 여부

丁은 丙으로부터 이 토지를 매수한 자이다. 따라서 丙이 X 토지에 대한 처분권을 가지고 있었다면 丁은 X 토지의 소유권자가 된다.

한편 丙은 甲, 乙과 함께 A의 공동상속인이었지만 甲과 乙은 법원에 상속포기신고를 하였다. 그런데 상속의 포기는 상속개시 있음을 안날로부터 3개월 내에 가정법원에 신고해야 하는 엄격한 요식행위이다(민법 제1041조, 제1019조 제1항). 이러한 요건을 갖추지 않은 상속포기는 원칙적으로 효력을 갖지 못한다. 그런데 사안에서 甲과 乙은 상속개시 있음을 안 날로부터 6개월이 지난 시점에서야 포기신고를 하였으므로 甲과 乙의 신고는 상속의 포기로서 효력을 가질 수 없다. 그러나 甲과 乙이 포기신고가 무효라고 하더라도 甲과 乙은 자신들이 X 부동산을 모두 丙에게 주겠다고 알리고 그러한 포기신고를 한 경우이다. 여기서 최소한 甲과 乙, 丙 사이에 상속재산에 대한 분할의 협의는 인정될 수 있다. 분할의 협의는 특별한 방식을 요구하지 않고 의사의 합치에 의하여 인정되기 때문이다.[2] 판례도 "상속재산을 공동상속인 1인에게 상속시킬 방편으로 나머지 상속인들이 가정법원에 상속포기신고를 하였으나 그 포기신고가 법정의 기간을 경과한 후에 됨으로써 상속포기로서의 효력이 없다고 하더라도, 공동상속인들 사이에서는 1인이 고유의 상속분을 초과하여 상속재산 전부를 취득하고 나머지 상속인들은 이를 전혀 취득하지 않기로 하는 내용의 상속재산에 관한 협의분할이 이루어진 것으로 볼 수 있다"고 한다. 결국 丙은 상속재산분할에 의하여 X토지를 단독으로 상속받게 되었다. 그리고 그 토지를 丁에게 양도하였으므로 丁은 X토지의 소유권자가 된다.

---

2) 김주수/김상용, 친족상속법(2009), 582면.

3. 戊의 X 토지의 점유

X 토지를 청구의 상대방인 戊가 점유하고 있어야 한다. 그런데 토지 위에 건물이 있는 경우 원칙적으로 그 건물의 소유자가 그 토지를 점유하는 것으로 보는 것이 원칙[3]이다. 그런데 사안의 상가건물은 丙에 의하여 신축된 후 미등기인 채로 戊에게 매도되었다. 이 경우 소유권은 등기가 이전되지 않아 여전히 丙에게 있다(제187조 단서). 그럼에도 판례는 "건물을 매수하여 점유하고 있는 자는 등기부상 아직 소유자로서의 등기명의가 없다 하더라도 그 권리의 범위 내에서 그 점유 중인 건물에 대하여 법률상 또는 사실상 처분을 할 수 있는 지위에 있고 그 건물이 건립되어 있어 불법으로 점유를 당하고 있는 토지소유자는 위와 같은 지위에 있는 건물점유자에게 그 철거를 구할 수 있다"[4]는 입장이다. 따라서 戊의 점유가 인정되어 철거청구의 상대방이 되어야 한다는 요건도 충족된다.

4. 불법한 점유

戊에 의한 토지의 점유가 점유권원이 없는 불법한 점유이어야 한다.

그런데 판례[5]는 토지와 그 지상의 건물이 동일인의 소유에 속하였다가, 그 후 소유자를 달리하게 된 경우에 토지와 건물의 소유자 사이에 건물을 철거한다는 특약이 없는 한 관습법상의 법정지상권이 성립한다는 입장을 취한다. 그리고 이러한 관습법상의 법정지상권을 취득한 자가 별도의 특약이 없이 건물을 제3자에게 양도한 경우 건물양도의 합의에는 법정지상권의 양도의 합의도 포함하는 것으로 본다. 따라서 건물양수인은 토지소유자에 대한 건물양도인의 지상권설정등기청구권을 대위행사하여 건물양도인 명의로 등기를 한 다음 다시 자

---

3) 1993. 10. 26, 93다2483.

4) 대판 1986. 12. 23, 86다카1751.

5) 대판 1995. 7. 28, 95다9075, 9082; 대판 1991. 8. 13, 91다16631 등.

기에게 이전등기를 할 수 있으며, 건물양수인이 지상권설정등기를 대위행사 할 수 있는 한 지상권의 부담을 용인하고 설정등기절차를 이행할 의무 있는 토지소유자는 신의칙상 건물양수인에 대하여 건물의 철거를 청구할 수 없다.[6]

그런데 사안에서 丙은 자기 소유의 X 토지를 丁에게 매도한 후 그 부지에 있는 상가건물을 다시 戊에게 양도하였다. 따라서 X 토지를 매도함과 동시에 상가건물을 위한 법정지상권을 취득하였고, 상가건물을 다시 戊에게 매도함으로써 법정지상권에 대한 양도도 합의되었다. 결국 戊는 지상권설정등기를 대위행사할 수 있는 자이므로 그에 대한 丙의 철거청구는 허용되지 않는다.

5. 결　론

丁의 소유물반환청구권의 행사는 법원에 의하여 인용되지 않을 것이다.

6) 대판 1985. 5. 9, 84다카1131.

89. 협의분할과 사해행위

사 례 배우자 乙과 아들 A, 딸 B를 가진 甲은 아들 A와 함께 사업을 하며 모은 재산 9억원을 남기고 사망하였다. 아들의 도움을 받기 전에 甲은 딸 B의 학업과 결혼을 위하여 딸의 명의로 1억원을 예금하여 B에게 양도하였다. 甲이 남긴 상속재산에 대한 아들 A의 기여분은 1/3이 인정되었다. 그런데 A는 아버지 모르게 다른 사업을 하며 X로부터 3억 5천만원의 만기된 채무를 부담하고 있었다. A는 상속분 이외에 다른 재산이 없는 상황에서 상속재산에 대한 협의분할을 하여 자신의 기여분과 상속분을 모두 포기하였다. 상속재산이 모두 B의 명의로 이전되자 X는 채권자취소권을 행사한다. B를 상대로 한 채권자취소소송이 인용되는지의 여부와 그 범위를 검토하라.

1. 문제의 제기

채무자가 채권자를 해함을 알고 재산권을 목적으로 한 법률행위를 한 때에는 채권자는 그 취소와 원상회복을 법원에 청구할 수 있다(제406조 제1항). 이러한 채권자취소권의 대상이 되는 사해행위에는 상속재산의 분할의 협의도 해당된다. 상속재산의 분할협의는 상속이 개시되어 공동상속인 사이에 잠정적 공유가 된 상속재산에 대하여 그 전부 또는 일부를 각 상속인의 단독소유로 하거나 새로운 공유관계로 이행시킴으로써 상속재산의 귀속을 확정시키는 것으로 그 성질상 재산권을 목적으로 하는 법률행위이기 때문이다.[1] 그런데 사해행위가 되기 위하여는 채무자의 법률행위의 결과 그의 책임재산의 감소가 초래되어 채권자의 이익이 침해되어야 하는데 이러한 책임재산의 감소의 기준이 되는 사해행위 이전의 책임재산을 어떻게 결정하느냐의 문제가 제기된다. 다른 말로 표현하면 채무자인 상속인이 상속을 통하

1) 대판 2008. 3. 13, 2007다73765.

여 받을 금액이 있었는데 그보다 적은 금액을 받기로 협의하여 상속의 분할이 이루어짐으로써 채권자의 이익이 침해되면 사해행위가 되는데 본래 채무자가 상속을 통하여 받았을 금액을 어떻게 결정할 것이냐의 문제가 제기되는 것이다.

2. 특별수익과 기여분에 의하여 수정된 상속재산

대법원은 "피상속인으로부터 재산의 증여 또는 유증을 받은 자는 그 수증재산이 자기의 상속분에 부족한 한도 내에서만 상속분이 있고(제1008조), 피상속인의 재산의 유지 또는 증가에 특별히 기여하거나 피상속인을 특별히 부양한 공동상속인은 상속개시 당시의 피상속인의 재산가액에서 그 기여분을 공제한 액을 상속재산으로 보고 지정상속분 또는 법정상속분에 기여분을 가산한 액으로써 그 자의 상속분으로 하므로(제1008조의2 제1항), 지정상속분이나 법정상속분이 곧 공동상속인의 상속분이 되는 것이 아니고 특별수익이나 기여분이 있는 한 그에 의하여 수정된 것이 재산분할의 기준이 되는 구체적 상속분"[2)]이 사해행위의 기준이 되는 상속분이라고 보고 있다. 즉 특별수익과 기여분을 통하여 조정된 상속재산을 기준으로 하여 그보다 적은 상속분을 받은 것으로 협의분할을 하여 채권자의 권리를 침해하게 되면 비로소 채권자취소권의 대상이 되는 사해행위에 해당한다는 것이다.

특별수익과 기여분제도가 인정되는 상속법의 체계에서는 당연히 특별수익과 기여분에 의하여 수정된 상속분을 기준으로 사해행위를 판단하는 대법원의 태도는 타당하다.

기여분과 특별수익이 함께 고려되어야 하는 경우 특별수익에도 기여자의 기여분이 인정되면 특별수익을 먼저 반환한 후 기여분을 산정하여야 할 것이지만 사안에서 B의 특별수익에는 A의 기여분이 인정되지 않는다. 따라서 상속재산으로부터 기여분을 먼저 공제한 후 특별수익자의 상속분을 산정하여야 할 것이다.

---

2) 대판 2001. 2. 9, 2000다51797.

사안에서 甲의 상속개시시의 상속재산은 9억원이고, A의 상속재산에 대한 기여도가 1/3로서 3억원이 될 것이므로 6억원이 분할의 대상이 되는 상속재산이 된다. 그리고 여기에 B에 대한 생전증여액 1억원을 합산하고 이를 기초로 법정상속분에 따라 나누면 공동상속인 A, B, 乙의 상속분은 각각 2억원(7억원×2/7), 2억원(7억원×2/7), 3억원(7억원×3/7)이 된다. 그리고 A는 여기에 기여분액 3억원을 더한 5억원을 받게 되고, C는 자기의 상속분 2억원에서 부족한 부분인 1억원을 상속할 수 있으며, 배우자 乙은 생전증여를 받은 것도 없고 기여분도 인정되지 않으므로 그대로 3억원을 상속하게 될 것이다. 그런데 A는 자신의 이러한 구체적 상속분 5억원을 전부 포기하였고 그 돈은 모두 B에게 귀속되었다. 이러한 행위는 채권자 X에 대한 사해행위가 된다.

3. 사해행위로 취소되는 상속재산분할협의의 범위

X의 사해행위취소소송에 의하여 취소가 되는 협의분할의 범위는 채권자의 채권의 범위 내로 한정된다. X는 A에 대하여 3억 5천만원의 채권을 가지고 있고 A는 다른 재산이 없었으므로 5억원의 상속분 중 3억 5천만원의 한도에서 상속재산의 협의분할은 취소된다.

4. 결 론

X는 3억 5천만원의 한도에서 상속재산분할의 협의를 취소하고 원상에 회복할 것을 청구할 수 있다.

90. 상속재산에 대한 대상분할과 채권자취소권

사 례 A는 아내 B와의 사이에서 乙을 포함한 자녀 5인을 두고 사망하였다. A는 사망할 당시 3억 9천만원 상당의 X 부동산과 7천4백만원의 예금채권을 가지고 있었다. A가 사망한 후 공동상속인은 협의를 통하여 X 부동산은 B의 단독소유로 하고 나머지 5명의 자녀는 부동산에 대한 상속지분을 포기하는 대신 각 8천만원의 현금을 지급받기로 하였다. 한편 乙은 A가 사망하기 전에 甲에 대하여 이행기가 도래한 1억 5천만원의 채무를 부담하고 있었고 상속분을 제외한 다른 재산은 가지고 있지 않았다. 甲은 B를 상대로 상속재산분할협의의 취소와 X 부동산에 대한 乙의 상속지분의 원상회복을 구하는 채권자취소소송을 제기하였다.[1] 법원의 입장은?

1. 문제의 제기

甲의 채권자취소소송이 법원에 의하여 받아들여지기 위하여서는 乙의 상속재산분할협의가 사해행위에 해당하여야 한다. 여기서 사해행위란 채권자를 해하는 채무자의 법률행위로(제406조 제1항) 사안에서 乙이 X 부동산의 지분을 포기하는 대신 그에 상응하는 대가를 현금으로 지급받기로 한 것이 사해행위에 해당하느냐의 문제가 제기된다.

2. 상당한 대가를 받고 부동산의 지분을 포기한 경우

채권자를 해하는 채무자의 사해행위는 일반적으로 채무자의 적극재산을 감소시키거나 소극재산을 증가시킴으로써 채무초과상태에 이르거나 이미 채무초과상태에 있는 것을 심화시키는 경우에 인정된다.[2] 사안에서 A의 사망으로 乙이 상속재산에서 받게 되는 법정상속

---

1) 대판 2008. 3. 13, 2007다73765의 사안을 변형한 것임.

분은 2/13이다. 그런데 A가 상속재산으로 남긴 적극재산의 가액은 X 부동산의 가액 3억 9천만원과 예금 약 7천만원을 합한 약 4억6천만원이다. 이 금액의 2/13는 약 7천1백만원 정도가 된다. 한편 乙이 상속재산에 대한 분할협의를 통하여 8천만원을 지급받게 된다. 여기서 현금으로 계산된 결과만을 놓고 보면 乙의 상속재산분할협의는 채권자를 해치는 사해행위가 되지 않는다. 본래 받을 금액이 약 7천1백만원이었는데 8천만원을 받게 되었다면 乙의 책임재산은 감소가 아니라 증가되었다고 해야 하기 때문이다.

반면 대법원은 종래부터 "채무자가 자기의 유일한 재산인 부동산을 매각하여 소비하기 쉬운 금전으로 바꾸는 행위로 그 매각이 일부 채권자에 대한 정당한 변제에 충당하기 위하여 상당한 매각으로 이루어졌다든가 하는 특별한 사정이 없는 한 항상 채권자에 대하여 사해행위가 된다고 볼 것이므로 채무자의 사해의 의사는 추정되는 것이고 이를 매수한 수익자가 악의 없었다는 입증책임은 그 수익자 자신에게 있다"[3]는 입장을 취해 왔고, 상속재산분할에서도 동일한 입장에서 "이미 채무초과 상태에 있는 채무자가 상속재산의 분할협의를 하면서 유일한 상속재산인 부동산에 관하여는 자신의 상속분을 포기하고 대신 소비하기 쉬운 현금을 지급받기로 하였다면, 이러한 행위는 실질적으로 채무자가 자기의 유일한 재산인 부동산을 매각하여 소비하기 쉬운 금전으로 바꾸는 것과 다르지 아니하여 특별한 사정이 없는 한 채권자에 대하여 사해행위가 된다고 할 것이며, 이와 같은 금전의 성격에 비추어 상속재산 중에 위 부동산 외에 현금이 다소 있다 하여도 마찬가지로 보아야 할 것이다"[4]고 판시하였다. 금전보다는 채무자의 부동산에 대한 일반채권자의 관리나 집행이 용이하여 채무자의 임의적인 변제나 소비 등을 예방할 수 있다는 점에서 이해가 되는 내용이다.

---

2) 대판 2013. 4. 26, 2012다118334.

3) 대판 1966. 10. 4, 66다1535.

4) 대판 2008. 3. 13, 2007다73765.

3. 결 론

乙의 상속재산분할협의는 사해행위에 해당하고 이 경우 사해의사도 추정되므로 甲의 취소 및 원상회복의 소송은 법원에 의하여 인용될 것이다.

91. 상속재산분할의 소급효와 반사회적 법률행위

사 례 A는 사업으로 모은 여러 필지의 토지를 자녀 甲, 乙, 丙에게 남기고 사망하였다. A의 사망 후 乙은 상속재산분할 이전에 자신의 상속분에 상응하는 2필지의 토지(X 토지)를 丁에게 매도하였다. 丁은 아직 이전등기를 마치지 않은 상황에서 이 토지를 인도받아 양어장을 설치하고 치어양식을 시작하였다. 그런데 甲과 丙은 이러한 乙과 丁의 매매계약체결의 사실을 알면서도 乙을 적극적으로 설득하여 A가 남긴 토지 전부를 甲에게 주는 것으로 합의하고 상속 부동산을 모두 甲의 명의로 등기이전하였다.[1] 그 후 甲은 丁에게 양어장의 철거와 토지의 반환을 청구한다. 법원의 판단은?

甲이 민법 제213조를 근거로 양어장의 철거를 주장할 수 있는지 여부

1. 문제의 제기

민법 제213조에 따라 甲의 丁에 대한 양어장의 철거청구가 인정되기 위하여서는 丁의 X토지에 대한 점유권원이 없어야 한다. 그런데 丁은 A의 사망으로 상속이 개시된 이후에 공동상속인의 한 사람인 乙로부터 X토지를 매수하였다. 그 후 공동상속인들 사이의 상속재산분할의 협의로 X토지는 乙이 아닌 甲의 소유가 되었다. 여기서 상속재산분할의 합의의 효력이 어떠한지 문제된다.

2. 상속재산분할의 소급효와 제3자 보호

상속이 개시되면 공동상속인은 상속재산을 공유하게 되지만(제

1) 대판 1996. 4. 26, 95다54426의 사안을 변형한 것임.

1006조), 공동상속인 사이에 상속재산이 분할이 되면 상속의 분할은 상속이 개시된 때에 소급하여 그 효력이 생긴다(제1015조 본문). 즉, 공동상속인 각자가 상속재산을 피상속인으로부터 직접 승계하는 것으로 되고, 상속재산의 공유상태는 존재하지 않았던 것으로 된다. 반면 제1015조 단서는 상속재산의 분할의 소급효에도 불구하고 제3자의 권리를 해하지 못한다고 규정한다. 여기서 제1015조 단서에 의하여 보호를 받는 제3자의 범위를 확정할 필요가 있다.

통설[2)]과 판례[3)]는 상속인으로부터 개개의 상속재산의 지분을 양도받았거나 담보로 제공받은 자 또는 압류를 한 채권자로 법률변동의 성립요건이나 대항요건을 갖춘 자만을 상속재산분할의 소급효에도 보호를 받는 제3자로 이해한다. 따라서 협의분할 이전에 공동상속인 중 1인으로부터 토지를 매수하였을 뿐 그 소유권이전등기를 경료하지 않은 자는 여기서 말하는 제3자에 해당하지 않게 된다. 결국 丁도 상속재산분할의 소급효로부터 보호를 받는 제3자에 해당하지 않고 X 토지의 소유자인 甲으로부터 아무런 점유권원도 얻지 못하였으므로 자신의 양어장을 철거하여야 한다.

3. 상속재산분할협의와 반사회적 법률행위

그런데 甲과 丙은 상속재산분할 전에 X 토지를 乙이 丁에게 매도하는 계약을 체결하였고 丁은 그 토지의 점유를 이전받아 양어장을 설치하였다는 것을 알고 있었다. 이 경우 甲과 乙 및 丙의 상속재산분할협의가 민법 제103조의 반사회적 법률행위에 해당하여 무효가 될 수 있는지 검토할 필요가 있다.

대법원[4)]은 주지하다시피 이중매매의 경우에 제2양수인이 양도인의 배임행위에 적극 가담하여 양도가 이루어지는 경우 이를 반사회적 법률행위로 보아 무효라고 보았다. 대법원은 이러한 법리를 상속

---

2) 송덕수, 친족상속법(2018), 357면; 윤진수, 친족상속법(2018), 339면 이하 등.
3) 대판 1992. 11. 24, 92다31514.
4) 대판 1995. 2. 10, 94다2534.

재산분할의 경우에도 적용하여 "상속재산 협의분할로 부동산을 단독으로 상속한 자가 협의분할 이전에 공동상속인 중 1인이 그 부동산을 제3자에게 매도한 사실을 알면서도 상속재산 협의분할을 하였을 뿐 아니라, 그 매도인의 배임행위(또는 배신행위)를 유인, 교사하거나 이에 협력하는 등 적극적으로 가담한 경우에는 그 상속재산 협의분할 중 그 매도인의 법정상속분에 관한 부분은 민법 제103조의 반사회적 법률행위에 해당한다"는 입장을 취한다. 이에 따를 경우 공동상속인 甲, 丙이 乙의 丁에 대한 배임행위에 적극 가담하여 상속부동산 전부를 甲의 단독소유로 한 것은 丁이 매수한 X토지에 한하여서는 반사회적 법률행위로 무효라고 보아야 할 것이다.

4. 결 론

甲이 丁에 대하여 소구하는 양어장의 철거는 법원에 의하여 기각될 것이다.

제4절 상속의 승인과 포기

92. 상속개시 전의 상속포기

사 례 甲은 乙과 혼인 후 아이가 없자 미혼모가 낳은 丙을 데려와 두 사람의 친생자로 출생신고하였다. 그런데 5년이 지나 甲과 乙 사이에 丁이 태어났고, 乙은 그때부터 丙을 홀대하였고 甲도 그러한 乙의 행위에 별다른 간섭을 하지 않았다. 丁이 대학에 들어가고 성인이 되자 甲은 급격하게 건강 악화로 병원에 입원하게 되었다. 이때 乙과 丁은 丙을 달래어 상속을 포기하도록 설득하였고, 丙도 자신을 키워준 것만으로도 감사하다고 생각하여 상속포기각서를 작성하여 주었다. 그 후 甲은 X 부동산을 남기고 사망하였다. 乙과 丁은 X 부동산을 상속분에 따른 공동명의로 등기이전하였다.[1] 그 후 丙은 자신의 상속지분을 돌려받고 싶어 한다. 어떠한 권리를 주장할 수 있는가?

丙이 乙 및 丁에 대하여 민법 제999조를 근거로 상속회복을 주장할 수 있는지 여부

1. 문제의 제기

丙이 자신의 상속지분의 반환을 받으려고 하는 경우 생각할 수 있는 권리는 민법 제999조의 상속회복청구권이 있다. 그런데 문제는 丙이 乙과 丁에게 상속개시 이전에 상속포기각서를 작성하여 주었다

1) 대판 1998. 7. 24, 98다9021의 사안을 변형한 것임.

는 점이다. 상속의 포기는 상속인의 지위를 포기하는 것인데 이 각서에도 불구하고 丙이 여전히 상속인으로서의 지위를 보유하고 있는지가 쟁점이 된다.

2. 상속회복청구권행사의 요건

丙이 乙과 丁을 상대로 민법 제999조의 상속회복청구권을 행사하기 위하여는 丙이 진정한 상속인이어야 하고 乙과 丁이 丙의 상속권을 침해한 참칭상속인이어야 한다.

(1) 진정상속인의 요건

丙은 입양절차에 의하지 않고 甲과 乙에 의하여 허위의 친생자출생신고가 된 경우이지만 개정민법 이전의 판례는 이러한 경우에도 입양의 다른 실질적인 요건을 갖추고 있는 한 입양의 효력을 인정하였다.[2] 사안에서 甲과 乙은 혼인 후 丙을 자신들의 자녀로 삼을 의도로 친생자로 출생신고하였다. 입양의 요건이 충족되어 丙과 甲 및 乙 사이에는 양친자관계가 형성되었다(제772조). 이렇게 형성된 법정혈족관계는 甲과 乙 사이에 丁이 태어났다고 하여 달라지지 않는다. 따라서 丙은 甲의 사망 당시에 甲의 직계비속으로서 법정상속인의 지위를 갖게 되어 따라서 진정상속인의 요건은 충족된다.

그런데 丙은 상속이 개시되기 전에 상속을 포기한다는 각서를 乙과 丁에게 써 주었다. 이 각서가 효력이 있게 되면 상속권의 포기가 되어 丙은 진정상속인의 지위를 상실하게 된다. 그러나 이러한 각서는 아무런 효력도 갖지 못한다. 왜냐하면 상속의 포기는 상속이 개시된 후 일정한 기간 내에만 가능하며, 가정법원에 신고하는 등 그와 같은 절차와 방식에 따르지 아니하면 효력이 없기 때문이다. 따라서 상속 개시 이전에 이루어진 상속의 사전포기는 비록 그것이 서면에 의하여 이루어졌다고 하더라도 형식적인 요건이 충족되지 않아 법률적

---

2) 대판 1977. 7. 26, 77다492.

으로 아무런 효력이 발생하지 않는다.

나아가 판례는 사전에 상속포기를 한 자가 상속개시 후에 상속권을 주장하더라도 신의칙에 반하지 않는다는 입장을 취한다.[3)]

(2) 참칭상속인

상속회복청구권 행사의 두 번째 요건으로 乙과 丁이 참칭상속인이어야 한다. 대법원은 공동상속인의 경우에도 자신의 상속지분을 초과하여 상속을 원인으로 재산권을 이전받은 경우, 참칭상속인으로서 상속회복청구권의 상대방이 된다고 보고 있다.[4)] 사안에서 乙과 丁은 상속재산의 분할에 있어서 공동상속인인 丙을 제외하고 상속재산을 협의분할 하였다. 이러한 재산분할은 진정상속인의 상속권을 침해하는 것으로 참칭상속인으로의 요건을 충족한다.

3. 결　론

丙은 乙과 丁을 상대로 상속회복청구소송을 제기하여 자신의 상속지분을 반환받을 수 있다. 상속회복청구권은 그 침해를 안 날로부터 3년, 상속권의 침해행위가 있은 날로부터 10년이 경과하면 소멸한다(제999조 제2항).

3) 대판 1998. 7. 24, 98다9021.
4) 대판 1991. 12. 24, 90다5740.

93. 상속포기의 소급효

사 례 甲은 乙과의 사이에 낳은 미혼의 아들 丙을 태우고 2002. 2. 2. 자신의 승용차를 운전하여 가던 중 전방주시를 소홀히 하여 도로 노견의 가로등 원격점멸기를 충격하였다. 이 사고로 丙이 사망하였다. 당시 甲은 자신의 승용차를 피보험차량으로 하여 자동차손해배상보상법의 규정에 따른 책임보험계약을 X 보험회사와 체결한 상태였다. 甲은 2002. 3. 29. 가정법원에 상속포기신고를 하여 2002. 4. 1. 위 신고를 수리한다는 심판이 내려졌다. 2002. 4. 20. 乙은 X 보험회사에 丙의 사망에 따른 보험금 전부의 지급을 청구하는 소송을 제기하였다. X 보험회사는 丙에 대한 보험금 중 甲에게 상속된 1/2은 혼동으로 소멸하였으므로 乙에게 상속된 1/2의 보험금만 지급되어야 한다고 항변한다. 법원의 입장은?

1. 문제의 제기

丙이 교통사고로 사망하게 된 사안에서 그가 받게 되는 보험금은 상속재산이 된다. 따라서 자녀가 없고 미혼인 丙의 직계존속인 甲과 乙이 보험금채권을 상속하게 된다. 그런데 甲은 보험금채권의 발생원인인 보험사고를 유발한 자로 보험금의 전제가 되는 손해배상채무를 부담하는 자이다. 손해배상채권과 손해배상채무가 상속지분의 한도에서 동일인에게 귀속되게 되는데 이 경우 혼동이 일어나서 손해배상채권이 소멸하는지의 여부와 상속의 포기에도 불구하고 이러한 혼동이 발생하는지가 논점이 된다.

2. 혼 동

甲은 전방주시의무의 해태로 교통사고를 일으켜 동승한 丙을 사망케 하였다. 따라서 甲은 丙에 대해 사망으로 인하여 발생한 손해의 배상을 이행할 책임이 발생한다. 다만 甲은 자동차손해배상보장법(자배법)에 따라 X 보험회사와 책임보험계약을 체결하였고 따라서 丙은 X 보험회사에 대하여 직접 손해배상금의 지급을 청구할 권리가 발생한다. 그리고 이러한 丙의 X보험회사에 대한 손해배상금지급채권은 丙의 사망으로 甲과 乙에게 상속되었다. 결국 甲은 위 교통사고로 손해배상채무와 손해배상채권을 모두 갖게 되었다.

이렇게 채권과 채무가 동일인에게 귀속되는 경우에는 채권의 소멸사유인 혼동으로 채권과 채무는 소멸하는 것이 원칙이다(제507조 전문). 하지만 이렇게 채권채무가 혼동에 의해 소멸하도록 한 것은 논리필연적인 결과가 아니고 채권과 채무를 동일인에게 귀속시킬 필요가 없기 때문이다. 즉 채권에 대하여 제3자가 권리를 갖는 경우와 같이(제507조 후문) 채권과 채무가 동일인에게 귀속되더라도 여전히 병존하도록 할 필요가 있으면 혼동으로 인한 소멸의 결과를 인정할 이유가 없는 것이다. 대법원도 이러한 측면에서 "자배법 제9조 제1항에 의한 피해자의 보험자에 대한 직접청구권이 수반되는 경우에는 그 직접청구권의 전제가 되는 자배법 제3조에 의한 피해자의 운행자에 대한 손해배상청구권은 비록 위 손해배상청구권과 손해배상의무가 상속에 의하여 동일인에게 귀속되더라도 혼동에 의하여 소멸되지 않고 이러한 법리는 자배법 제3조에 의한 손해배상의무자가 피해자를 상속한 경우에도 동일하다"는 입장을 취하고 있다.

반면 대법원은 "예외적으로 가해자가 피해자의 상속인이 되는 등 특별한 경우에 한하여 손해배상청구권과 손해배상의무가 혼동으로 소멸하고 그 결과 피해자의 보험자에 대한 직접청구권도 소멸한다"고[1] 하고 있다. 이러한 대법원의 태도에 따를 경우 甲은 운전자로서 가해자의 지위에 있으므로 甲의 손해배상채무와 丙으로부터 상속받은 손해배상채권은 혼동으로 소멸하게 된다.

사실 보험회사와 책임보험계약을 체결하고 보험료를 납입하는

1) 대판 1995. 5. 12, 93다48373.

보험계약자의 입장에서 보면 보험계약자가 상속 등으로 손해배상채권자가 되었다고 하여 혼동으로 보험회사의 채무를 면책시켜 줄 이유는 존재하지 않는다. 그리고 이는 운전자가 고의로 교통사고를 유발하지 않은 한 손해배상채권자가 되는 경우에도 원칙적으로 타당하다고 보아야 한다. 이 점에서 판례의 태도는 다소 의문이 있다. 즉 고의로 인한 경우가 아닌 한 가해자가 피해자의 상속인이 되는 경우에도 손해배상청구권과 손해배상채무는 혼동으로 소멸하지 않는다고 보는 것이 타당하다. 사안에서 甲은 과실로 전방주시의무를 위반한 것이므로 甲의 상속에 의한 손해배상채권도 혼동에 의하여 소멸하지 않았다고 보는 것이 타당하다.

3. 상속포기의 소급효

그런데 자배법에 대한 판례의 태도를 의식한 듯 甲은 3개월의 기간 내에 유효하게 상속포기의 신고를 하였다. 이러한 상속포기의 효력은 상속포기수리의 심판이 고지된 때에 발생한다.[2] 그리고 상속의 포기는 상속이 개시된 때에 소급하여 그 효력이 있으므로(제1042조) 포기의 신고를 한 상속인은 처음부터 상속인이 아니었던 것처럼 된다. 즉 甲은 처음부터 손해배상채권자인 丙의 상속인이 아니었던 것이다. 따라서 자배법상의 손해배상채권과 손해배상채무가 甲에게 귀속되어 혼동이 발생할 여지는 전혀 없다. 甲은 손해배상채무를 부담하지만 丙의 손해배상채권은 단독상속인인 乙에게 모두 상속되었기 때문이다.

4. 결　론

乙은 X 보험회사에 대하여 보험금 전액의 지급을 청구할 수 있다.

---

2) 대판 2004. 6. 25, 2004다20401.

94. 포기한 상속분의 귀속

사 례 甲은 아내 乙과 4명의 자녀, 그리고 미성년인 손자녀 A · B를 남기고 2015. 4. 16. 사망하였다. 이후 甲에게 채무가 있었다는 사실을 알게 된 아내 乙은 상속한정승인 신고를 하여 2015. 8. 7. 수리심판을 받았고, 乙과 공동상속인인 4명의 자녀들은 모두 상속포기 신고를 하여 2015. 8. 3. 수리심판을 받았다.
한편, 주식회사 C는 甲을 상대로 구상금 청구의 소를 제기하여 2011년 승소 확정판결을 받아 이 판결에 기한 채권을 가지고 있었으나 甲의 사망으로 채권을 회수할 수 없게 되자 확정판결을 받은 甲의 채무가 乙과 A · B에게 공동상속되었다는 이유로 2020년에 위 확정판결에 대해 승계집행문 부여 신청을 하여 승계집행문을 부여받았다. 이에 A · B는 자신들은 甲의 상속인이 아니라고 주장하며 승계집행문 부여에 대한 이의를 신청하였다.[1] 이 이의신청은 받아들여질 것인가?

1. 문제의 제기

민법 제1043조는 "상속인이 수인인 경우에 어느 상속인이 상속을 포기한 때에는 그 상속분은 다른 상속인의 상속분의 비율로 그 상속인에게 귀속된다"고 정하고 있다. 그런데 위 사안에서처럼 피상속인의 배우자와 자녀들 중 배우자는 한정승인을 하고 자녀들은 모두 상속을 포기하였는데 피상속인에게 손자녀들이 있는 경우, 제1043조가 적용되어 배우자가 단독상속을 하는지 아니면 배우자가 차근친 직계비속인 손자녀들과 공동상속을 하는지가 문제 된다.

1) 대결(전) 2023. 3. 23, 2020그42의 사안을 변형한 것임.

2. 피상속인의 배우자와 자녀 중 자녀 전부가 상속을 포기한 경우의 상속인

민법 제1000조 제1항은 제1순위의 상속인으로 피상속인의 직계비속을 규정하고 있고, 제1호의 직계비속은 자녀와 손자녀 등을 가리킨다. 그리고 같은 직계비속이라도 제2항에 의해서 손자녀보다는 자녀가 선순위의 상속인이 된다. 한편 제1003조 제1항은 피상속인의 배우자는 직계비속 또는 직계존속이 상속인인 경우 그 상속인과 동순위로 공동상속인이 되고 그 상속인이 없는 때에는 단독상속인이 된다고 규정하고 있으므로, 선순위 직계비속인 자녀가 상속을 포기하면 손자녀에게 상속권이 있으며, 그 경우 자녀나 손자녀는 직계비속으로 배우자와 공동으로 상속인이 된다고 해석할 수 있다. 따라서 사안에서 甲의 선순위의 직계비속들이 모두 상속을 포기하였으므로, 후순위인 손자녀 A · B가 상속인이 되어 乙과 공동상속인이 된다. 지금까지 대법원도 "상속을 포기한 자는 상속개시된 때부터 상속인이 아니었던 것과 같은 지위에 놓이게 되므로, 피상속인의 배우자와 자녀 중 자녀 전부가 상속을 포기한 경우에는 배우자와 피상속인의 손자녀 또는 직계존속이 공동으로 상속인이 되고, 피상속인의 손자녀와 직계존속이 존재하지 아니하면 배우자가 단독으로 상속인이 된다"[2]는 입장을 유지해 왔다.

하지만 대법원은 최근 판례를 변경하여 "망인의 배우자와 자녀들 중 자녀 전부가 상속을 포기하면, 손자녀나 직계존속이 있더라도 배우자만 단독상속인이 된다"[3]고 판단하였다. 그 근거로 "민법 제1000조부터 제1043조까지 각각의 조문에서 규정하는 '상속인'은 모두 동일한 의미임이 명백하다. 따라서 민법 제1043조의 '상속인이 수인인 경우' 역시 민법 제1000조 제2항의 '상속인이 수인인 때'와 동일한 의미로서 같은 항의 '공동상속인이 되는' 경우에 해당하므로 그 공동상

2) 대판 2015. 5. 14, 2013다48852.

3) 대결(전) 2023. 3. 23, 2020그42.

속인에 배우자도 당연히 포함되며, 민법 제1043조에 따라 상속포기자의 상속분이 귀속되는 '다른 상속인'에도 배우자가 포함된다"는 것을 들고 있다.

이에 따라 "공동상속인인 배우자와 자녀들 중 자녀 일부만 상속을 포기한 경우에는 민법 제1043조에 따라 상속포기자인 자녀의 상속분이 배우자와 상속을 포기하지 않은 다른 자녀에게 귀속된다. 이와 동일하게 공동상속인인 배우자와 자녀들 중 자녀 전부가 상속을 포기한 경우 민법 제1043조에 따라 상속을 포기한 자녀의 상속분은 남아 있는 '다른 상속인'인 배우자에게 귀속되고, 따라서 배우자가 단독상속인이 된다."[4] 다만 "피상속인의 배우자와 자녀 모두 상속을 포기한 경우 민법 제1043조는 적용되지 않는다. 민법 제1043조는 공동상속인 중 일부가 상속을 포기한 경우만 규율하고 있음이 문언상 명백하기 때문이다."[5]

이러한 대법원의 태도는 체계적 해석의 측면은 물론 일반인의 법감정에 비추어 보더라도 타당한 것으로 여겨진다. 상속포기제도는 특히 피상속인의 상속재산 중 소극재산이 적극재산을 초과하였을 때 중요한 의미를 가지며, 포기의 의사표시를 하는 상속인은 그 의사표시를 통해 자신은 물론이고 자신의 자녀들도 상속채무에서 벗어나게 할 의사와 목적을 가졌다고 보는 것이 상당할 것이기 때문이다.

3. 결 론

A · B의 승계집행문 부여에 대한 이의신청은 인용될 것이다.

4) 대결(전) 2023. 3. 23, 2020그42.
5) 대결(전) 2023. 3. 23, 2020그42.

95. 고려기간과 상속개시 있음을 안 날

사 례 甲에게 채무가 있는 乙이 1997. 1. 4.에 사망하자 乙의 아내 A와 그 자녀 B는 乙이 적극재산을 훨씬 상회하는 채무를 지고 있음을 알고 1997. 2. 21. 상속포기의 신고를 하였다. 甲은 A와 B를 상대로 채무이행청구소송을 진행하는 과정에서 이들의 상속포기 사실을 알고 2002. 10. 4. B의 미성년 자녀인 丙과 丁을 피고로 하는 당사자표시정정신청을 하였다. 이러한 사실을 알게 된 丙과 丁의 부모 B는 2002. 11. 7. 부랴부랴 서울가정법원에 이들에 대한 상속포기신고를 하였다.[1] 甲의 丙과 丁에 대한 채무이행청구소송은 법원에 의하여 인용될 것인가?

甲이 乙에 대한 채권을 丙과 丁에 대하여 행사할 수 있는지 여부

1. 문제의 제기

사안에서 피상속인 乙은 많은 채무를 남기고 사망하였고 이러한 사실을 알고 있던 乙의 아내 A와 그 자녀 B는 乙이 사망하자 두 달이 채 지나지 않아 상속포기의 신고를 하였다. 이러한 상속포기는 상속개시 있음을 알게 된 날로부터 3개월 이전에 하여야 한다는 요건을 충족하므로(제1019조 제1항) A와 B의 상속포기는 유효하다.

그런데 상속포기가 있게 되면 상속이 개시된 때에 소급하여 그 효력이 발생하므로(제1042조) 상속을 포기한 A와 B는 상속개시된 때부터 상속인이 아니었던 것으로 된다. 따라서 그 다음 순위의 상속인이 민법 제1000조에 따라 본위상속을 하게 된다. 사안에서 乙은 손자녀로 미성년인 丙과 丁을 두고 있었으므로 결국 丙과 丁이 乙을 본위상속하게 되는 것이다. 그리고 이들은 상속이 개시된 때로부터 5년이

1) 대판 2005. 7. 22, 2003다43681의 사안을 변형한 것임.

넘게 지난 2002년 11월 7일이 되어서야 상속포기를 하였다. 이러한 경우에도 B가 상속개시 있음을 안 날로부터 3개월 내에 丙과 丁에 대한 상속포기를 한 것으로 볼 것인지가 문제의 핵심이 된다.

2. 상속포기신고와 고려기간의 기산점

상속포기가 유효하게 이루어지려면"상속개시 있음을 안 날"로부터 3개월 내에 상속포기신고가 있어야 한다(제1019조 제1항). 그리고 상속인이 제한능력자인 때에는 그 법정대리인이 상속개시 있음을 안 날로부터 3개월을 기산하도록 하고 있다(제1020조).

먼저 "상속개시 있음을 안 날"이 구체적으로 무엇을 의미하는가에 관하여 대법원은 "상속개시의 원인이 되는 사실의 발생을 앎으로써 자기가 상속인이 되었음을 안 날을 말하는 것이므로, 상속재산 또는 상속채무의 존재를 알아야만 위 고려기간이 진행되는 것은 아니라고"[2] 보고 있다. 따라서 상속개시 있음을 안 날은 상속개시의 사실과 자기가 상속인이 되었다는 사실을 모두 알게 된 때이다.

그런데 사안에서 A와 B는 乙이 채무초과상태라는 것을 알고 상속이 개시된 후 2개월이 되기도 전에 상속포기신고를 하였다. 이러한 상황에서 B는 자녀 丙과 丁이 상속인이 된다는 사실을 모르고 있었을 것이다. 만약 이를 알았다면 자신의 상속포기신고와 함께 丙과 丁의 상속포기신고도 함께 했을 것이기 때문이다. 사안에서 甲이 피고를 丙과 丁으로 변경을 하자 부랴부랴 丙과 丁에 대한 상속포기신고를 하였다는 점은 이를 반증한다. 丙과 丁이 상속인이 된다는 사실을 인식하지 못하다가 甲이 丙과 丁을 상대로 채무이행청구를 한다는 사실을 듣고 '아차'하는 마음에 사태를 수습하려는 의도에서 그들에 대한 상속포기신고를 한 것이라고 판단되기 때문이다.

대법원도 이러한 점을 고려하여 이와 유사한 사안에서 "선순위 상속인으로서 피상속인의 처와 자녀들이 모두 적법하게 상속을 포기

---

2) 대결 1991. 6. 11, 91스1.

한 경우에는 피상속인의 손(孫) 등 그 다음의 상속순위에 있는 사람이 상속인이 되는 것이나, 이러한 법리는 상속의 순위에 관한 민법 제1000조 제1항 제1호와 상속포기의 효과에 관한 민법 제1042조 내지 제1044조의 규정들을 모두 종합적으로 해석함으로써 비로소 도출되는 것이지 이에 관한 명시적 규정이 존재하는 것은 아니어서 일반인의 입장에서 피상속인의 처와 자녀가 상속을 포기한 경우 피상속인의 손자녀가 이로써 자신들이 상속인이 되었다는 사실까지 안다는 것은 오히려 이례에 속한다고 할 것이다. 따라서 이와 같은 과정에 의해 피고들이 상속인이 된 이 사건에 있어서는 상속인이 상속개시의 원인사실을 아는 것만으로 자신이 상속인이 된 사실을 알기 어려운 특별한 사정이 있다고 보는 것이 상당하다"[3]고 판시하였다.

결국 사안에서 丙과 丁의 부모인 B가 '상속개시 있음을 안 날'은 甲이 이들을 피고로 하여 당사자변경신청을 한 2002년 10월 4일로 봄이 타당하고 이들이 2002년 11월 7일에 상속포기신고를 한 것이므로 상속포기신고는 제척기간 내에 이루어진 적법한 것으로 효력이 있다.

3. 결 론

丙과 丁의 상속포기신고는 B에 의하여 적법한 제척기간 내에 이루어진 것으로 유효하다. 따라서 甲의 丙과 丁에 대한 채무이행의 청구는 법원에 의하여 기각될 것이다.

---

3) 대판 2005. 7. 22, 2003다43681.

96. 상속포기 후의 부정소비

사 례 A는 20년 동안 균등분할상환하기로 하고 농업기반공사로부터 X 토지를 매수하여 소유권이전등기를 경료받았다. 다만 매매대금채무를 담보하기 위하여 농업기반공사 앞으로 근저당권을 설정하여 주었다. 그 후 A는 분할매매대금 중 1회분만 납입한 채 사망하였고, A의 단독상속인 乙은 상속을 포기하였다. A는 사망 당시 甲에게도 상당한 채무를 지고 있었다. 그 후 농업기반공사는 해당 X 토지에 대한 임의경매를 신청하였다. 경매절차가 진행되던 중에 丙이 X 토지의 매수를 희망하자 농업기반공사의 제안에 따라 乙은 丙에게 X 토지에 대한 매매계약서를 작성하여 주었고, 丙은 A의 미지급 매매대금과 연체이자 및 경매신청비용을 합한 금액을 농업기반공사에 지급하였다. 그 후 X 토지는 상속을 원인으로 하여 乙 앞으로 이전등기되었고 다시 매매를 원인으로 丙에게 등기되었다. 甲은 이러한 사실을 알고 乙에게 채무의 이행을 청구하였다.[1] 법원의 입장은?

1. 문제의 제기

甲이 乙에게 채무의 이행을 청구하는 것은 乙의 상속포기의 신고가 효력이 없고, 따라서 상속이 유효하게 이루어진 것과 같이 되어 乙이 A의 채무를 이행하여야 한다는 것을 전제한다. 이는 제1026조의 법정단순승인사유에 해당하는 상속포기 후의 부정소비가 있었느냐의 문제이다.

2. 법정단순승인사유

민법 제1026조는 1. 상속인이 상속재산에 대한 처분행위를 한 때, 2. 상속인이 제1019조 제1항의 기간 내에 한정승인 또는 포기를

1) 대판 2004. 3. 12, 2003다63586의 사안을 변형한 것임.

하지 아니한 때, 3. 상속인이 한정승인 또는 포기를 한 후에 상속재산을 은닉하거나 부정소비하거나 고의로 재산목록에 기입하지 아니한 때에 상속인이 단순승인을 한 것으로 본다.

사안에서 乙은 A의 상속재산을 丙에게 매도하고 등기 이전하여 주었다. 이는 상속재산에 대한 처분행위에 해당한다. 하지만 민법 제1026조 제1호는 사안에 적용되지 않는다. 본호는 동조 제3호와의 관계에서 한정승인 또는 포기를 하기 이전의 처분에 관하여서만 적용되기 때문이다.[2] 상속의 포기가 있게 된 경우에는 민법 제1026조 제3호의 적용여부만이 문제된다.

그런데 제1026조 제3호가 적용되기 위하여서는 상속을 포기한 이후에 '상속재산을 은닉하거나 부정소비'하여야 한다.

여기서 은닉이란 쉽게 그 재산의 존재를 알 수 없게 만드는 것[3]을 의미하는데 부동산인 경우에 이를 은닉한다는 것은 실제에 있어서 어렵고, 공시방법과 관련하여서도 소유권의 이전이 모두 등기에 공시가 되기 때문에 X 토지를 丙에게 이전하였다고 하여 은닉한 것으로 볼 수는 없을 것이다.

따라서 사안의 경우 부정소비가 문제된다. 여기서 부정소비란 정당한 사유 없이 상속재산을 써서 없앰으로써 그 재산적 가치를 상실시키는 행위를 의미하는 것[4]을 말한다. 이러한 부정소비는 제1026조 제1호의 단순한 처분과 구별된다. 즉 처분행위는 상속재산을 매도하거나 담보로 제공하는 것, 상속재산을 분할하는 것이 포함되는 넓은 개념임에 반하여 부정소비는 단순한 처분행위를 넘어 상속인들이 행한 상속재산의 처분행위의 결과로 상속채권자의 이익이 침해되는 경우를 말한다.

그런데 상속재산인 X 토지에는 농업기반공사가 상환금채권을 담보하기 위하여 이미 근저당권을 설정해 놓은 상황이었다. 그리고 농업기반공사의 상환금채권액과 지연이자 등을 합친 금액은 임의경매

---

2) 김주수/김상용, 친족상속법(2009), 610면; 대판 2004. 3. 12, 2003다63586.

3) 대판 2010. 4. 29, 2009다84936.

4) 윤진수, 친족상속법(2018), 466면; 대판 2004. 3. 12, 2003다63586.

로 인하여 농업기반공사가 배당받게 되었을 금액보다 결코 적지 않아 보인다. A가 상환금 중 단지 1회만을 납부한 상황에서 농업기반공사에 반환하여야 할 원금 및 지연이자를 합친 예상 금액은 시가보다 낮을 경매가를 초과할 것으로 보이기 때문이다. 결국 乙의 상속포기가 효력이 있고 농업기반공사에 의하여 임의경매가 실행되었더라도 甲은 일반채권자로서 전혀 배당을 받지 못할 상황이었을 것이고 이러한 상황에서 乙이 X 토지를 팔았다고 하여 甲에게 어떤 불이익이 발생하지는 않는다.

따라서 乙의 행위는 상속재산에 대한 부정소비에 해당하지 않게 되고 乙의 상속포기는 유효하다.

3. 결　론

甲의 乙에 대한 채무이행청구소송은 법원에 의하여 기각될 것이다.

97. 한정승인과 재산의 분리

사 례 2002. 11. 7. A가 사망하자 A의 자녀들은 상속을 포기하였고, A의 처인 乙은 상속재산목록을 첨부하여 한정승인신고를 한 후 A의 X 부동산을 상속을 원인으로 등기이전 하였다. 2003. 5. 29. 乙은 상속 개시 전부터 자신에 대하여 채권을 가지고 있던 丙을 위하여 해당 부동산에 채권최고액 1억원의 근저당권을 설정하여 준다. 한편 A에게 5억원을 빌려 주었던 甲은 A의 사망 후 2004. 4. 27. 乙을 상대로 대여금청구의 소를 제기하여 "乙은 甲에게 5억원 및 이에 대한 지연손해금을 망인으로부터 상속받은 재산의 한도 내에서 지급하라"는 내용의 판결을 선고받고, 그 판결금 중 2억원을 청구채권으로 하여 2004. 9. 16. 강제경매신청을 하였다. 그런데 경매법원은 丙이 甲에 대하여 우선변제권을 주장할 수 있음을 전제로 하여 배당표를 작성하였고, 甲은 이에 대하여 이의를 신청하였다.[1] 甲의 배당에 대한 이의신청은 받아들여질 것인가?

1. 문제의 제기

한정승인이란 상속인이 상속으로 인하여 취득한 재산의 한도에서 피상속인의 채무와 유증을 변제하는 조건으로 상속을 승인하는 것을 말한다(제1028조). 한정승인의 경우 피상속인의 채권자는 자신의 채권 전액을 청구할 수 있지만 상속재산의 한도에서만 집행을 할 수 있게 된다. 따라서 한정승인이 이루어진 경우 상속채권자는 상속인의 일반재산에 대하여 집행을 할 수 없게 된다. 그런데 상속재산에 대하여 상속인의 고유채권자가 저당권을 설정받은 경우 고유채권자의 상속채권자에 대한 우선변제권이 인정되어야 하느냐의 문제가 발생한다.

1) 대판(전) 2010. 3. 18, 2007다77781의 사안을 변형한 것임.

2. 한정승인으로 인한 재산분리의 효과

(1) 원 칙

상속인에 의하여 한정승인이 이루어지면 상속인은 상속재산의 한도에서 피상속인의 채무와 유증을 변제하면 된다(제1028조). 즉 상속재산의 채권자는 상속인의 고유재산에 대하여 강제집행을 하지 못한다. 다만 한정승인은 책임의 범위만 제한하는 것이고 피상속인의 채무는 상속에 의하여 상속인에게 승계되는 것이므로 한정승인자가 임의로 상속채무를 변제한 경우 유효한 변제가 된다.

마찬가지로 한정승인에 있어서 상속인의 채권자도 상속채권자가 상속재산으로부터 채권의 만족을 받지 못한 상태에서는 상속재산에 대하여 강제집행을 하지 못한다.[2] 한정승인의 경우 상속재산에 대하여 상속채권자는 상속인의 고유채권자보다 우선변제력을 갖는 것이다.

(2) 고유채권자에 의하여 상속부동산에 담보권이 설정된 경우

한정승인으로 인한 상속채권자와 고유채권자의 원칙적 분리의 효과는 재산의 분리제도와 매우 유사하다. 실제로 일부 학설[3]은 한정승인으로 책임의 제한과 함께 상속재산의 분리의 효과도 함께 발생하는 것으로 이해하고 있다. 하지만 한정승인에 대한 등기절차가 마련되어 있지 않고 등기원인이 상속으로만 기재되는 우리 민법의 현실하에서 이를 관철할 경우 거래의 안전은 크게 위협을 받을 수 있다. 상속인이 한정승인을 하고 상속재산을 자신의 명의로 등기한 후에 상속부동산을 담보로 새로운 법률관계를 맺게 된 제3자는 상속채권자의 우선변제적 효력을 인정할 경우 불측의 손해를 입을 수 있는 것이다. 여기서 대법원은 "한정승인자로부터 상속재산에 관하여 저당권 등의 담보권을 취득한 사람과 상속채권자 사이의 우열관계는 민법상의 일

2) 대판 2016. 5. 24, 2015다250574.
3) 예를 들어 김주수/김상용, 친족상속법(2009), 619면.

반원칙에 따라야 하고, 상속채권자가 한정승인의 사유만으로 우선적 지위를 주장할 수는 없다"[4]는 입장을 취한다.

민법이 한정승인자가 상속재산을 은닉하거나 부정소비한 경우 법정단순승인으로 하는 것(제1026조 제3호) 외에는 상속재산의 처분행위 자체를 직접적으로 제한하는 규정을 두고 있지 않는 점에 비추어 한정승인자의 상속재산 처분행위가 당연히 제한된다고 할 수는 없다는 점, 재산분리 제도와 달리 한정승인이 이루어진 상속재산임을 등기하여 제3자에 대항할 수 있게 하는 규정이 마련되어 있지 않다는 점 등을 고려하면 판례의 태도는 타당한 것으로 여겨진다.

3. 결　론

甲의 배당에 대한 이의는 법원에 의해 인용되지 않을 것이다.

4) 대판(전) 2010. 3. 18, 2007다7778.

제5장 유언과 유류분

98. 자필증서에 의한 유언

사 례 상처한 A는 甲과 乙 및 丙의 자녀를 남기고 사망하였다. A의 사망 후 甲과 乙은 A의 짐을 정리하다가 안방 옷장에서 A의 유언서를 발견하였다. 유언서에는 자신의 재산의 절반을 공장에서 일하며 어렵게 생활하는 막내 丙에게 주도록 하는 내용이 자필로 기재되어 있었고, 1989. 3. 12.의 작성날짜와 서명 그리고 지장이 찍혀 있었다. 유서를 담은 봉투의 앞면에는 유서(遺書)라고 한자로 기재되어 있었고, 뒷면에는 주민등록상의 주소가 아니라 A가 생전에 거주했던 곳인 "암사동에서" 라고 적혀 있었다.
丙은 아버지가 자신에게 재산을 증여하는 내용의 유언서가 발견되었다는 소식을 듣고 甲과 乙을 상대로 유증의 이행을 구하는 소송을 제기하였다. 甲과 乙은 A의 날인이 없고, 주소도 유언서를 넣어 둔 봉투에 기재되어 있을 뿐만 아니라 지번이 없다는 점을 들어 유언이 효력이 없다고 항변한다.[1] 법원의 판단은?

1. 문제의 제기

민법은 유언에 대하여 엄격한 요식성을 요구하여 법률이 정하는

1) 대판 1998. 5. 29, 97다38503의 사안을 변형한 것임.

방식에 따르지 않은 유언의 효력을 인정하지 않고 있다. 이는 유언자의 진의를 명확히 하고 사망 이후에 발생하는 법적 분쟁과 혼란을 예방하기 위함이다.[2] 그런데 민법은 유언의 방식에 대하여 자필방식, 녹음, 공정증서, 비밀증서, 구수증서의 5가지를 규정하고 있다(제1065조). 여기서는 자필증서에 유언이 효력을 갖기 위한 요건을 갖추었는지가 논점이 된다.

2. 자필증서에 의한 유언

자필증서에 의한 유언은 유언자가 그 전문과 연월일, 주소, 성명을 자서하고 날인하여야 한다(제1066조 제1항).

먼저 유언자는 유언서의 모든 요소를 자필로 작성하여야 한다. 자서를 요구하는 것은 필적의 확인을 통하여 본인의 작성을 확인하고 위조나 변조를 방지하려는 취지이다. A는 유언서 전문, 주소, 연월일, 성명을 모두 자필로 작성하였으므로 이 요건은 충족된다.

다음으로 유언서에는 작성 연월일이 작성되어야 한다. 작성한 날짜를 통하여 작성한 날에 유언능력이 있었는지의 유무를 판단할 수 있도록 하고, 다른 유언증서와 사이에 유언성립의 선후를 결정할 수 있게 되므로 작성일을 특정할 수 있게 기재하여야 한다. 따라서 연, 월만 기재하고 일의 기재가 없는 유언증서는 무효이다.[3] A의 자필증서에는 1989. 3. 12.의 작성날짜가 있으므로 이 요건도 충족된다.

자필증서에 의한 유언에는 유언자의 서명과 날인이 있어야 한다. 서명은 작성자의 성명의 자서를 의미하고, 날인은 이름이나 호, 관직 등과 같이 작성자의 동일성을 나타내는 인장을 서류에 찍는 것을 의미한다. 대법원은 서명만 있고 날인이 없는 유언서는 유언의 요식성에 반한 것으로 무효라고 보고 있다.[4] 다만 날인은 실인(實印)이거나 인감증명서상의 인감(印鑑)일 필요는 없고 사안과 같이 무인(拇印)인

2) 대판 2006. 9. 8, 2006다25103, 25110.
3) 대판 2009. 5. 14, 2009다9768.
4) 대판 2006. 9. 8, 2006다25103, 25110.

경우에도 무방하다.[5]

유언자의 주소가 있어야 한다. 주민등록상의 주소일 필요는 없고 유언자가 현재 거주하는 주소를 적어도 무방하다. 하지만 유증의 대상이 되는 부동산의 지번이 기재되어 있고 유언자의 주소가 없는 경우에는 유언의 효력이 없다.[6] 주소가 반드시 유언증서의 내에 있어야 하는 것은 아니고 전문을 담은 봉투에 있는 것도 가능하다.[7]

그런데 사안에서 유언자의 주소가 단순히 '암사동'이라고만 되어 있고 구체적인 도로명 주소나 지번이 기재되어 있지 않았다. 이 경우에 유언자의 동일성을 인정할 수 있으므로 유효하다는 주장도 가능하나 통설[8]과 판례[9]는 유언의 효력을 부정한다. 유언행위의 엄격한 요식성에 비추어 통설과 판례에 찬성한다. 결국 특정한 주소를 요구하는 자필증서의 요건을 충족하지 못하여 A의 유언은 효력이 없다.

3. 결　론

A의 유증은 효력이 없고 따라서 丙의 유증에 대한 이행청구는 법원에 의하여 인용되지 않을 것이다.

---

5) 대판 2006. 9. 8, 2006다25103, 25110.
6) 대판 2014. 10. 6, 2012다29564.
7) 대판 1998. 5. 29, 97다38503.
8) 송덕수, 친족상속법(2018), 412면; 윤진수, 친족상속법(2018), 506면.
9) 대판 2014. 9. 26, 2012다71688.

99. 공정증서에 의한 유언

사 례 거동이 불편한 A는 '죽기 전에 재산관계를 정리해 두는 것이 좋겠다'는 생각으로 유언서를 작성하기로 결심하였다. A는 제사를 모시기로 약속한 큰아들 甲에게 논과 밭, 집터, 집을 유증하려고 하였다. A는 甲을 불러 이러한 뜻을 전하고, 사전에 법무법인에 찾아가 그에 합당한 유언서를 작성하여 오도록 하였다. 이에 甲은 법무법인에 찾아가 A가 말한 내용의 유언서를 작성하여 다음날 증인 2인 및 변호사와 함께 A의 집을 방문하였다. A의 집에 온 변호사는 유증할 대상자가 甲인지를 확인하고 유증할 재산을 묻자 "논, 밭, 집터와 집"이라고 대답하였고, 공증변호사들이 미리 작성하여 온 공정증서의 내용이 유증의사에 맞는지를 확인받았다. 그리고 A는 증서에 자필서명을 하였다. 그 후 A가 사망하였다. 그 후 甲은 유언서를 공개하며 유증에 따른 논, 밭, 집터, 집에 대한 소유권이전등기절차의 이행을 청구하였다.[1] 유증의 효력에 대한 법원의 입장은?

1. 문제의 제기

공정증서에 의한 유언이 유효하기 위하여는 유언자가 증인 2인이 참여한 공증인의 면전에서 유언의 취지를 구수하고 공증인이 이를 필기 낭독하여 유언자와 증인이 그 정확함을 승인한 후 각자 서명 또는 기명날인하여야 한다(제1068조). 그런데 사안에서는 유언자가 미리 유언서를 아들을 시켜 공증인으로 하여금 작성하여 오도록 하였는데 이렇게 작성된 유언서는 유언자에 의한 유언취지의 구수라는 요건에 반하는 것은 아닌지 문제된다.

1) 대판 2007. 10. 25, 2007다51550의 사안을 변형한 것임.

2. 공정증서에 의한 유언과 미리 작성된 유언서

공정증서에 의한 유언은 공증인의 면전에서 유언자가 유언의 취지를 구수하고 공증인이 이를 필기 낭독하여 확인을 받는 절차를 거쳐야 한다. 그런데 사안에서는 유언자가 유언서의 내용을 공증인이 미리 작성하여 오도록 하여 공증인이 유언자에게 유언의 취지를 묻고 유언자가 그에 대해 대답을 하는 방법이 사용되었다. 공증인의 면전에서 있어야 할 유언자의 유언취지 구수절차가 공증인에 의한 유언취지 확인절차의 방법으로 진행된 것이다. 이러한 방식에 대하여 대법원은 다소 엄격한 입장을 취한다. 예를 들어 "유언자가 의학상 소위 가면성(假眠性) 정신상태하에서 공증인이 유언내용의 취지를 유언자에게 말하여 주고 '그렇소?' 하고 묻자, 유언자는 말하지 않고 고개만 끄덕거린 상황에서, 공증인의 사무원이 그 내용을 필기하고 이를 공증인이 낭독하는 방법으로 유언서가 작성되었다면, 이는 유언자가 구수한 것이라고 할 수 없으므로 무효"[2]라고 하였고, 유사한 사안에서 "유언공정증서를 작성할 당시에 유언자가 반혼수상태였으며, 유언공정증서의 취지가 낭독된 후에도 그에 대하여 전혀 응답하는 말을 하지 아니한 채 고개만 끄덕였다면, 유언공정증서를 작성할 당시에 유언자에게는 의사능력이 없었으며 그 공정증서에 의한 유언은 유언자가 유언의 취지를 구수하고 이에 기하여 공정증서가 작성된 것으로 볼 수 없어서, 민법 제1068조가 정하는 공정증서에 의한 유언의 방식에 위배되어 무효"라고 판단한 원심판결을 수긍한 판결[3]도 보인다.

그런데 대법원이 무효라고 본 사안들은 유언자가 당시 의사능력이 완전하게 인정되기 어려운 상황에서 그것도 말이 아닌 거동에 의하여 의사를 표시하였다는 특색을 보인다. 즉 유언자인 자신이 유언을 직접 계획하여 적극적으로 유언의 의사를 표시하려고 했다기보다는 사망에 즈음하여 유증받기를 원하는 사람들이 공증인과 증인을 불

2) 대판 1980. 12. 23, 80므18.

3) 대판 1996. 4. 23, 95다34514.

러 놓고 유언자에게 유언과 관련한 질문을 하게 하고 유언자는 그 질문에 대답하도록 한 것에 불과한 것이고, 질문에 대한 대답도 의식이 극히 불완전한 상황에서 언어가 아닌 거동에 의하여 이루어졌다. 이러한 정황은 유언자의 진위가 처음부터 의심되는 경우라고 여겨지므로 이러한 절차에 의하여 이루어진 유언에 대하여 대법원이 그 효력을 인정하지 않은 것은 타당한 결론이다.

그러나 사례의 경우는 유언이 무효인 두 사안의 경우와 그 정황이 많이 다르다. 먼저 유언자는 비록 거동이 불편하였지만 스스로 유언을 할 결심을 하였고, 그 결심에 따라 甲에게 유언의 내용을 알려주고 법무법인에 가서 유언서를 작성하여 올 것을 주문하였다. 이는 공증인의 면전에서 이루어진 것은 아니지만 미리 유언서의 내용을 스스로 결정하고 작성하도록 한 것에 해당한다. 그리고 자신의 집에 방문하여 유언 내용에 대해 질문하는 변호사에게 자신이 결정한 유언내용이 맞다는 점을 구체적인 유증의 대상을 열거함으로써 인정하였다. 공증인 면전에서의 유언취지의 구수 및 작성이라는 순서를 온전히 따른 것은 아니지만 유언자의 의도에 따라 공증인으로 하여금 유언서를 작성하도록 하였고 그 이후 유언자의 유언취지에 부합하는지를 명확하게 확인하였다는 점에서 보면 '유언취지의 구수에 의하여 공증인이 이를 필기 낭독'하도록 한 것으로 볼 수 있다. 실제로 대법원은 이와 유사한 사안에서 공정증서에 의한 유언의 효력을 인정하였다.[4]

이렇게 작성된 공정증서의 방법에 의한 유언서에 유언자가 자필서명하였으므로 A의 유언은 공정증서에 의한 유언으로서의 요건을 모두 갖추었다.

3. 결 론

A의 유언은 공정증서에 의한 유언으로 효력이 있으므로 甲의 유증에 근거한 해당 부동산의 등기이전청구는 법원에 의하여 인용될 것이다.

---

4) 대판 2007. 10. 25, 2007다51550.

100. 특정유증의 효력과 유증이행청구권

사례 자녀 B와 C를 둔 A는 공정증서에 의한 유언을 통하여 "다른 재산은 자녀인 B와 C가 법정상속분에 따라 분배하되 평소에 자신에게 많은 도움을 준 甲에게 서초구의 X 아파트를 증여한다"는 내용의 유언을 하였다. 甲은 A의 상속인은 아니었고 A가 사업을 하는 데 헌신적으로 도움을 준 A의 절친이었다. 그런데 A가 甲에게 증여한 X 아파트는 상속개시 당시에 매매를 원인으로 하여 乙의 명의로 등기가 되어 있었다. A가 乙에게 그 아파트를 매도하여 등기를 먼저 할 수 있도록 허락해 주었으나 A가 나중에 대금을 지급하지 않아 적법한 절차에 의하여 계약을 해제하였기 때문이었다. 甲은 A와 乙의 매매계약에 실제로 개입한 자로 이러한 사실을 잘 알고 있었다. A의 사망 후 유언서가 공개되어 甲은 乙을 상대로 등기의 이전을 청구한다. 법원의 입장은?

甲이 乙에 대하여 민법 제213조를 근거로 등기이전을 청구할 수 있는지 여부

1. 문제의 제기

유언은 유언자가 사망한 때로부터 효력이 발생한다(제1073조 제1항). 따라서 특정유증의 효력도 유언자의 사망과 동시에 발생하게 된다. 그런데 그 구체적인 효력으로 수유증자가 유증의 목적물에 대한 소유권을 취득하는 것인지 혹은 법정상속인에 의하여 상속이 이루어진 후에 그 상속인에 대하여 유증재산의 이전을 청구할 수 있는지가 문제된다.

2. 甲의 乙에 대한 민법 제213조에 기한 소유물반환청구권

(1) 유증과 상속재산의 귀속

甲이 乙에 대하여 민법 제213조를 근거로 진정한 등기명의의 회복을 신청하기 위하여는 甲이 X 아파트의 소유자이어야 하고, 乙이 정당한 권원 없이 이를 지배하고 있어야 한다.

먼저 甲이 X 아파트의 소유자이어야 한다. 사안에서 A는 생전에 乙에게 그 아파트를 매도하여 등기를 먼저 할 수 있도록 허락해 주었으나 A가 나중에 대금을 지급하지 않아 적법한 절차에 의하여 계약을 해제하였다. 이 경우 X 아파트는 비록 乙의 명의로 등기가 되어 있다고 하더라도 그 등기는 무효의 등기로 X 아파트의 소유권자는 여전히 A이다(직접효과설). 이러한 상황에서 A는 사망하였는데 그는 유언을 통하여 X 아파트를 甲에게 증여하였다. 이렇게 유언을 통하여 이루어진 증여로 甲이 X 아파트의 소유권을 취득하게 되면 X 아파트의 소유권자라는 요건은 충족된다.

포괄유증의 효력과 관련하여 민법 제1078조는 "포괄적 유증을 받은 자는 상속인과 동일한 권리의무가 있다"고 규정하고 있다. 즉 포괄유증자는 상속인과 동일하게 상속의 개시와 동시에 상속재산에 대한 포괄적인 권리를 취득하게 된다. 따라서 사안에서 甲이 포괄유증을 받은 것이라면 X 아파트에 대하여 A의 법률상 지위 즉, 소유권자의 지위를 상속개시와 동시에 취득하게 된다. 반면 민법은 특정유증과 관련하여 유증의무자(제1077조, 제1080조 등), 유증의 이행을 청구할 수 있는 때(제1079조)라는 표현을 사용하여 특정유증된 목적물이 일단 상속인에게 귀속되고, 수증자는 상속인에 대하여 유증의 이행을 청구할 수 있다는 전제에 서 있다. 따라서 사안에서 A가 X 아파트에 대하여 유증을 한 것이 포괄유증에 해당하느냐 특별유증에 해당하느냐에 따라 甲이 X 아파트에 대한 소유권자인지의 여부가 결정되게 된다.

(2) 甲에게 이루어진 유증의 유형

포괄유증이란 적극재산과 소극재산을 포함한 상속재산 전체에 대한 일정한 비율에 해당하는 재산을 증여하는 방법을 말한다. 따라서 수유증자에게 귀속될 구체적인 상속재산을 확정하기 위하여서는 다른 상속인과 마찬가지로 상속재산분할에 참여하여야 한다. 이에 반하여 특정유증이란 상속재산 중에서 구체적인 재산을 지명하여 유증하는 경우이다. 이 경우에는 특정한 재산에 대한 유증이므로 상속재산분할의 문제는 발생하지 않는다.

통상 유증한 재산이 개별적으로 구별되는 특정한 재산인 경우에는 특정유증이 될 것이다. 하지만 그러한 사실만으로는 특정유증이라고 단정할 수는 없고 상속재산이 모두 얼마나 되는지를 심리하여 유증된 특정한 재산 이외에 다른 재산이 없다고 인정되는 경우에는 이를 포괄적 유증이라고 볼 수도 있다.[1)]

이 사안에서 A는 "다른 재산은 자녀인 B와 C가 법정상속분에 따라 분배하되 평소에 자신에게 많은 도움을 준 甲에게 서초구의 X 아파트를 증여한다"고 하고 있다. 이 의미는 다른 재산에 대하여는 법정상속분에 따라 상속인이 비율적으로 갖되 X 아파트만은 甲에게 증여한다고 유언을 한 것이다. 따라서 이러한 경우는 특정한 재산을 유증한 것으로 특정유증에 해당한다.

특정유증이 이루어진 경우 법률관계는 상속의 개시에 의하여 이 재산은 일단 상속인에게 귀속되고 수증자는 상속인에 대하여 이행청구권을 행사할 수 있을 뿐이다. 즉 A의 사망으로 X 아파트의 소유권은 甲이 아니라 A의 상속인인 B와 C에게 귀속되었다. 소유물반환청구권을 행사할 당시 甲은 X 아파트의 소유권자가 아니었다.

3. 결　론

甲의 乙에 대한 소유물반환청구권은 법원에 의하여 인용되지 않을 것이다.[2)]

---

1) 대판 1978. 12. 13, 78다1816.

2) 대판 2003. 5. 27, 2000다73445.

101. 사인증여와 유증

사 례 A는 시부모와 남편을 모두 여읜 후 1955년 1월 31일에 B로부터 X 토지를 매수하여 대금을 지급하고 소유권이전등기는 하지 않은 채 이를 경작해 오다가 나이가 들어 시숙의 아들인 C를 데려와 X 토지를 경작하게 하면서 함께 살았다. A는 C를 데려오면서 자신이 사망하면 자신의 재산은 모두 C가 갖는 것으로 C와 합의하였다. A는 1960년 9월경에 사망하였고 그 후 C도 1989년 12월경에 사망하였다. C가 사망한 후 C의 아내 甲과 자녀 乙이 X 토지를 계속 경작하였다. 한편 B가 사망하자 B의 아내 丙과 자녀 丁은 X 토지를 丙의 단독소유로 하기로 합의하고 협의분할에 의하여 丙 앞으로 소유권이전등기를 하였다. 甲과 乙은 丙에 대하여 매매를 원인으로 한 소유권이전등기청구의 소를 제기하였다.[1] 법원의 판단은?

甲과 乙의 丙에 대한 민법 제563조의 소유권이전등기청구

1. 문제의 제기

A와 C는 A가 죽게 되면 A의 모든 재산을 C가 갖는 것으로 합의하였다. 이는 사망을 원인으로 하여 포괄적 재산의 승계가 이루어지는 것을 내용으로 하는 포괄적 사인증여이다. 그런데 이러한 포괄적 사인증여에 대하여 민법은 구체적인 규정은 없고 민법 제562조는 단지 사인증여의 경우 "유증에 관한 규정을 준용한다"고만 규정하고 있다. 그리고 포괄적 유증과 관련하여 "포괄적 유증을 받는 자는 상속인과 동일한 권리의무가 있다"(제1078조)고 한다. 여기서 포괄적 사인증여와 포괄적 유증의 관계 및 포괄적 사인증여와 상속의 관계가 검토되어야 한다.

1) 대판 1996. 4. 12, 94다37714의 사안을 변형한 것임.

2. 유증에 대한 사인증여의 준용

甲과 乙이 丙에 대하여 민법 제563조에 기하여 소유권이전등기 청구를 하기 위하여는 두 사람 사이에 매매계약이 체결되어야 한다. 그러나 사안에서 甲과 乙은 丙과 X 토지에 대한 매매계약을 체결하지 않았다. 다만 甲과 乙이 C의 상속인이고 丙은 B의 상속인이므로 X 토지의 소유자였던 B와 C가 X 토지에 대하여 유효한 매매계약을 체결하였다면, 丙은 C의 소유권이전의무를 상속받아 그에 대응하는 소유권이전청구권을 이전받은 甲과 乙에 대하여 이행의무를 질 수 있다. 그러나 C도 B와 매매계약을 체결한 것은 아니다. B와 매매계약을 체결한 것은 A이며, 이미 매매대금도 지급을 한 상태에서 A가 C와 포괄적 사인증여계약을 체결한 후 사망한 것이다.

그런데 사인증여에 대하여서는 유증의 규정이 준용된다는 규정에 따라(제562조) 포괄적 사인증여의 경우 포괄적 유증의 규정이 준용되고 포괄적 유증을 받은 자에게 상속인과 같은 지위가 부여된다면 A의 토지매수인의 지위는 C에게 이전되고 C는 다시 甲과 乙에게 상속될 것이므로 甲과 乙은 매도인 B의 지위를 상속한 丙에 대하여 소유권이전청구권을 행사할 수 있게 된다. 여기서 민법 제562조의 구체적인 의미가 무엇인지, 준용의 범위와 관련하여 요건과 효과를 기준으로 다시 검토가 필요하다.

(1) 유증에 관한 요건규정의 준용 여부

사인증여에 대하여 유증에 관한 규정이 준용되는 경우라도 유증의 요건에 관한 내용이 준용되지 않는다. 만약 이를 인정하게 되면 낙성·불요식을 원칙으로 하는 증여계약에도 유언의 방식에 관하여 엄격한 요식주의를 채택하게 되는 결과를 낳기 때문이다. 학설[2)]과 판례[3)]도 마찬가지 입장이다. 특히 대법원은 “유증의 방식에 관한 민법

2) 이은영, 채권각론(2007), 285면.
3) 대판 1996. 4. 12, 94다37714, 37721.

제1065조 내지 제1072조는 그것이 단독행위임을 전제로 하는 것이어서 계약인 사인증여에는 적용되지 아니한다"[4]는 입장을 취하고 있다. 따라서 사인증여는 유증과 달리 당사자의 구두합의만에 의하여 유효하게 체결된다. 민법 제562조의 규정은 사인증여의 요건에 관하여서는 그 적용이 배제된다.

(2) 포괄적 유증에 관한 효력규정의 준용 여부

사인증여에 대하여 유증의 규정이 준용된다고 할 경우(제562조), 그 의미는 원칙적으로 유증의 효과에 관한 규정이 준용될 것이다. 문제는 "포괄적 유증을 받은 자는 상속인과 동일한 권리의무가 있다"는 민법 제1078조의 규정도 민법 제562조에 따라 포괄적 사인증여에 함께 준용되어야 하느냐이다. 이를 인정하게 되면 포괄적 사인증여계약을 체결하게 되면 수증자는 증여자의 사망과 동시에 상속인과 동일한 지위를 취득하게 된다.

판례는 이러한 결과를 낳는 포괄유증의 준용을 부정한다. 이를 인정하게 되면 "방식을 위배한 포괄적 유증은 대부분 포괄적 사인증여로 보여질 것인바, 포괄적 사인증여에 민법 제1078조가 준용된다면 양자의 효과는 같게 되므로, 결과적으로 포괄적 유증에 엄격한 방식을 요하는 요식행위로 규정한 조항들은 무의미하게 될 것이다"[5]라는 근거에서이다.

이러한 대법원의 태도는 법률의 규정에 의한 물권변동에 해당하는 상속의 효과에 비추어서도 정당하다. 즉 포괄적 사인증여가 있다고 하여 등기 없이도 소유권을 이전받게 되는 것은 채권행위만으로 물권변동의 효과가 발생하는 것이 되어 부당하기 때문이다.

(3) 기타의 논점

결국 A와 C가 체결한 포괄적 사인증여계약에 의해 C는 X토지의

---

4) 대판 1996. 4. 12, 94다37714, 37721.

5) 대판 1996. 4. 12, 94다37714.

소유권을 취득하는 것이 아니라 A에 대하여 X 토지에 대한 등기이전청구권만을 취득하게 되고, 이러한 청구권은 C의 사망으로 甲과 乙에게 이전하였다. 따라서 甲과 乙이 X 토지의 소유권을 취득하기 위하여는 A에 대한 등기이전청구권을 행사하는 수밖에 없다. 하지만 A는 이미 상속인이 없이 사망한 상태이므로 그 상태로는 A에 대한 이행청구가 불가능하다. 결국 甲과 乙은 민법 제1053조에 의하여 상속재산관리인의 선임을 법원에 청구하고, 민법 제1056조의 규정에 의한 청산과정에서 자신의 채권을 신고하여 丙에 대하여 소유권이전등기청구권을 행사하여야 한다.

추가적인 논점으로 C의 A에 대한 소유권이전등기청구권의 소멸시효가 문제될 수 있는데 목적물을 인도받아 점유하는 경우[6] 및 처분하고 점유를 인도하여 준 경우[7]에도 매수인의 등기청구권이 소멸시효에 걸리지 않게 되므로, X 토지를 C, 甲과 乙이 계속 경작해 온 사안의 경우 등기청구권의 소멸시효의 문제는 발생하지 않는다.

3. 결　론

甲과 乙의 丙에 대한 매매계약에 기한 등기이전청구는 법원에 의하여 인용되지 않을 것이다.

---

6) 대판(전) 1976. 11. 6, 76다148.

7) 대판(전) 1999. 3. 18, 98다32175.

102. 유류분 산정에 있어서 기여 상속인의 생전증여와 특별수익

사 례 甲은 생전에 5명의 자녀 중 자신을 부양한 둘째 딸 乙에게 토지 2필지를 증여하였다. 甲의 다른 자녀들은 전혀 교류가 없어 甲을 부양하지 않았던 반면, 乙은 甲이 72세부터 107세로 사망할 때까지 34년 동안 함께 동거하면서 생활비를 부담하였고, 甲이 뇌경색 등으로 305회에 걸쳐 입원 및 통원 치료를 받을 때마다 동행하였으며, 1억 2,000만원가량의 치료비도 직접 부담하였다. 또한 50여 년 전, 아버지의 부채로 인해 부모님의 갈등이 깊어지자 乙은 그 부채를 대신 변제하였다. 이에 甲은 乙이 대신 갚은 아버지의 채무를 돌려주지 못한 것이 평생 한이 되어, 그 빚 대신 토지를 주겠다는 의사를 밝혀 왔다. 甲이 사망한 후 乙이 토지를 증여받았다는 사실을 뒤늦게 알게 된 나머지 상속인 중 丙이 乙을 상대로 유류분반환청구소송을 제기하였다.[1] 법원의 판단은?

1. 문제의 제기

민법 제1008조는 "공동상속인 중에 피상속인으로부터 재산의 증여 또는 유증을 받은 자가 있는 경우에 그 수증재산이 자기의 상속분에 달하지 못한 때에는 그 부족한 부분의 한도에서 상속분이 있다"고 규정한다. 이 규정의 취지는 공동상속인 중에 피상속인에게서 재산의 증여 또는 유증을 받은 특별수익자가 있는 경우에 공동상속인들 사이의 공평을 기하기 위해 수증재산을 상속분의 선급으로 다루어 구체적인 상속분을 산정할 때 이를 참작하도록 하는 것이다. 그리고 이 규정은 유류분반환청구권의 경우에도 준용되고 있다(제1118조). 따라서 공동상속인인 丙의 유류분반환청구가 인정되기 위해서는 甲의 乙에 대한 토지증여행위가 유류분반환의 대상인 특별수익에 해당하여야

1) 대판 2022. 3. 17, 2021다230083의 사안을 변형한 것임.

한다.

2. 甲의 乙에 대한 생전증여행위가 특별수익인지 여부

특별수익으로 인정되는 생전증여를 어떤 범위에 한정할 것인지, 그 기준에 대하여 우리 민법은 명문의 규정을 두고 있지 않다. 이에 관하여 대법원은 "어떤 생전증여가 특별수익에 해당하는지는 피상속인의 생전의 자산 · 수입 · 생활수준 · 가정상황 등을 참작하고 공동상속인들 사이의 형평을 고려하여 당해 생전증여가 장차 상속인으로 될 자에게 돌아갈 상속재산 중 그의 몫의 일부를 미리 주는 것이라고 볼 수 있는지의 여부에 따라 결정하여야 할 것"[2)]이라고 한다.

한편 유류분 산정에 있어서 특별한 부양 또는 기여가 있는 상속인이 받은 생전증여를 특별수익에서 제외할 수 있는지에 관하여, 종래 대법원은 '배우자'의 경우 가능하다고 보았다. 즉, "생전증여를 받은 상속인이 배우자로서 일생 동안 피상속인의 반려가 되어 그와 함께 가정공동체를 형성하고 이를 토대로 서로 헌신하며 가족의 경제적 기반인 재산을 획득 · 유지하고 자녀들에 대한 양육과 지원을 계속해 온 경우, 그 생전증여에는 위와 같은 배우자의 기여나 노력에 대한 보상 내지 평가, 실질적 공동재산의 청산, 배우자의 여생에 대한 부양의무의 이행 등의 의미도 함께 담겨 있다고 봄이 상당하므로, 그러한 한도 내에서는 위 생전증여를 특별수익에서 제외하더라도 자녀인 공동상속인들과의 관계에서 공평을 해친다고 말할 수 없다"[3)]고 하였다. 이에 따르면 생전증여 받은 재산이 있다 하더라도 이것이 모두 유류분반환청구의 대상이 되는 특별수익이 되는 것은 아니고, 경우에 따라서는 특별한 기여나 부양에 대한 대가로서, 특별수익에 해당하지 않는 경우도 있다는 것이 된다.

---

2) 대결 1998. 12. 8, 97므513 · 520, 97스12; 대판 2011. 12. 8, 2010다66644; 대판 2022. 3. 17, 2021다230083.

3) 대판 2011. 12. 8, 2010다66644.

그렇다면, 상속인이 배우자가 아니라 사안에서와 같이 자녀인 경우에도 위와 같은 법리가 그대로 적용될 수 있을까. 위 판결을 사실상 특별수익의 결정에서 기여분을 고려한 것으로 본다면, 배우자뿐 아니라 피상속인을 위해 헌신한 자녀 등의 상속인도 같은 법리를 적용할 수 있을 것이다. 대법원도 "피상속인으로부터 생전 증여를 받은 상속인이 피상속인을 특별히 부양하였거나 피상속인의 재산의 유지 또는 증가에 특별히 기여하였고, 피상속인의 생전 증여에 상속인의 위와 같은 특별한 부양 내지 기여에 대한 대가의 의미가 포함되어 있는 경우와 같이 상속인이 증여받은 재산을 상속분의 선급으로 취급한다면 오히려 공동상속인들 사이의 실질적인 형평을 해치는 결과가 초래되는 경우에는 그러한 한도 내에서 생전 증여를 특별수익에서 제외할 수 있다"[4]고 한다. 그러면서 상속인의 생전증여를 특별수익에서 제외할지 여부를 판단함에 있어 고려할 요소를 구체적으로 제시하였는데, "당사자들의 의사를 우선적으로 고려하되, 당사자들의 의사가 명확하지 않은 경우에는 피상속인과 상속인 사이의 개인적 유대관계, 상속인의 특별한 부양 내지 기여의 구체적 내용과 정도, 생전 증여 목적물의 종류 및 가액과 상속재산에서 차지하는 비율, 생전 증여 당시의 피상속인과 상속인의 자산, 수입, 생활수준 등을 종합적으로 고려하여 형평의 이념에 맞도록 사회일반의 상식과 사회통념에 따라 판단하여야 한다"[5]고 하였다.

사안의 경우, 甲이 乙에게 토지를 증여한 것은 乙의 특별한 기여나 부양에 대한 대가의 의미로 봄이 타당하므로, 이를 특별수익으로 보기 어렵고 따라서 유류분반환청구의 대상이 아니다.

3. 결 론

丙의 乙에 대한 유류분반환청구는 법원에 의하여 기각될 것이다.

---

4) 대판 2022. 3. 17, 2021다230083.

5) 대판 2022. 3. 17, 2021다230083.

103. 유류분반환청구권

사 례 A는 甲, 乙, 丙의 세 자녀를 남기고 1987년 3월 12일에 사망하였다. 그런데 A는 1963년 5월경에 9천만원 상당의 X 토지를 甲에게, 1984년 8월경에는 乙에게 8천만원 상당의 Y 부동산을 증여하였고, 사망하기 6개월 전에는 자신과 사실혼 관계에 있는 丁에게 1억원 상당의 토지를 증여하였다. 사망 당시에 A는 3천만원의 예금채권을 가지고 있었다. A는 유언으로 이 3천만원은 사별한 전남편과의 사이에서 丁이 낳은 戊에게 주도록 유언하였다. 丙이 유류분반환청구권을 행사할 수 있는지의 여부 및 이를 인정할 경우 그 상대방 및 가액을 검토하라.

* 지가의 상승이나 이자 등은 고려함이 없이 금액만을 기준으로 산정하라.

丙의 민법 제1112조에 근거한 유류분반환청구권

1. 문제의 제기

민법은 사적 자치의 원칙의 일환으로 유증의 자유를 인정하고 있다. 이 원칙에 따라 피상속인은 자신이 생전에 모은 재산을 사후행위를 통하여 임의로 처분할 수 있다. 반면 민법은 유류분권을 인정하여 상속인이 피상속인의 재산 중 일정한 비율에 대하여 자신의 권리를 주장할 수 있도록 하여 준다. 이러한 유류분권이 침해된 경우 상속인은 유류분반환청구권을 행사하여 자신의 유류분을 회복할 수 있다. 사안에서는 이러한 유류분반환청구권이 발생하였는지의 여부와 발생하였다면 구체적으로 반환을 청구할 상대방이 누구이며 그 가액은 어떠한 방식으로 계산되는지 문제된다.

2. 丙의 상속재산에 대한 유류분

丙에게 유류분반환청구권이 발생하려면 A의 처분행위를 통하여 丙의 유류분이 침해되었어야 한다. 이를 위해서는 丙의 유류분이 얼마인지 확정하여야 한다.

민법 제1112조는 상속인의 유류분에 대하여 구체적으로 규정하고 있는데, 제1호는 피상속인의 직계비속은 법정상속분의 2분의 1이 유류분이라고 규정하고 있다. 따라서 A의 상속인으로서 자녀인 甲과 乙, 丙이 있는 상황에서 丙은 상속재산의 1/6[법정상속분(1/3)×1/2]에 대하여 유류분권을 갖는다. 여기서 丙이 구체적으로 얼마의 유류분액을 갖느냐를 결정하기 위하여 다시 유류분 산정의 기초가 되는 상속재산을 확정하여야 한다.

민법 제1113조 제1항은 유류분 산정의 방법에 대하여 피상속인의 상속개시 시에 가진 재산의 가액에 증여재산의 가액을 가산하고 채무의 전액을 공제하여 산정하도록 한다. 다만 제1114조는 모든 증여재산의 가액이 유류분산정의 기초재산으로 산정되는 것이 아니라, 상속개시 전의 1년간에 행한 것에 한하여 유류분산정의 기초재산에 산입하도록 하고 있다. 그리고 이 규정은 공동상속인 이외의 제3자에 대하여서만 유효한 것으로 공동상속인의 경우에는 모든 특별수익을 상속재산에 산입하게 된다(제1118조, 제1008조).

사안에서 유류분산정의 기초재산은 A가 남긴 3천만원에 생전에 자녀인 甲과 乙에게 증여한 1억 7천만원이 산입된다. 그리고 사실혼의 처인 丁에게 증여한 1억원은 A가 사망하기 6개월전에 증여한 것이므로 이 금액도 반환하여 유류분산정의 기초재산에 산입되어야 한다. 그리고 戊에게는 3천만원의 유증이 있는데 이 금액은 아직 상속재산중에 포함되어 있으므로 가산할 필요는 없다. 결국 유류분산정의 기초가 되는 재산은 3억원이 되고 丙은 그 중 1/6인 5천만원의 유류분이 있게 된다.

3. 유류분반환청구의 상대방 및 구체적 금액

유류분반환청구의 상대방이 한 명인 경우에는 그에게만 유류분의 반환을 청구하면 된다. 그런데 피상속인이 증여나 유증을 다수의 사람들에게 한 경우 유류분반환청구의 상대방이 다수가 될 수 있다.

민법은 먼저 반환의 순서와 관련하여 "증여에 대하여는 유증을 반환받은 후가 아니면 이것을 청구할 수 없다"(제1116조)고 하고 있다. 따라서 유증가액이 증여가액에 앞서서 반환되어야 한다. 丙은 유증을 받은 戊에 대하여 3천만원을 우선적으로 반환을 받을 수 있다.

그리고 나머지 2천만원에 대하여서는 증여를 받은 사람에게 반환청구를 하여야 한다. 이 경우 민법은 제1115조 제2항에서 "증여 및 유증을 받은 자가 수인인 때에는 각자가 얻은 유증가액의 비례로 반환하여야 한다"고 규정한다. 이 규정에 따를 경우 증여가액의 전부에 대하여 그 비율대로 반환청구할 수 있다고 해석될 여지가 있으나 이럴 경우 다른 공동상속인의 유류분이 침해될 수 있으므로 대법원은 "유류분권리자가 유류분반환청구를 함에 있어 증여 또는 유증을 받은 다른 공동상속인이 수인일 때에는 각자 증여 또는 유증을 받은 재산 등의 가액이 자기 고유의 유류분액을 초과하는 상속인에 대하여 그 유류분액을 초과한 가액의 비율에 따라서 반환을 청구할 수 있고, 공동상속인과 공동상속인 아닌 제3자가 있는 경우에는 그 제3자에게는 유류분이 없으므로 공동상속인에 대하여는 자기 고유의 유류분액을 초과한 가액을 기준으로 하여, 제3자에 대하여는 그 증여 또는 유증받은 재산의 가액을 기준으로 하여 그 각 가액의 비율에 따라 반환청구를 할 수 있다"는 입장을 취한다.

사안에서 甲과 乙은 丙과 함께 공동상속인이므로 이들의 반환가액은 각자의 유류분 5천만원을 초과하여 받은 액수를 기준으로 하고 丁은 수증액 전부를 기준으로 하게 된다. 따라서 甲과 乙은 유류분을 초과한 4천만원과 3천만원, 丁은 유류분이 없으므로 1억원 전부를 기준으로 비율에 따라 반환을 청구할 수 있다. 따라서 丙은 甲에 대하여는 (4/17×2천만원=) 약 470만원, 乙에 대하여는 (3/17×2천만원=)

약 353만원, 丁에 대하여는 (10/17×2천만원=) 약 1177만원의 유류분의 반환을 청구할 수 있다.

4. 결 론

丙은 자신의 5천만원에 대한 유류분을 갖는다. 그리고 이 유류분을 확보하기 위하여 甲에게 약 470만원, 乙에게 약 353만원, 丁에게 약 1177만원, 戊에게 3천만원의 유류분반환청구권을 행사할 수 있다. 유류분반환청구권은 상속의 개시와 반환하여야 할 증여 또는 유증을 한 사실을 안 때로부터 1년, 상속이 개시된 때로부터 10년 내에 행사하지 아니하면 시효로 소멸한다.[1)]

1) 대법원은 유류분반환청구권을 형성권으로 이해하면서도 이 기간을 소멸시효 기간으로 보고 있다(대판 1993. 4. 13, 92다3595).

104. 생명보험금 유류분반환청구

사 례 乙은 의사였던 남편 甲의 법률상 배우자이자 유일한 상속인이며, 丙은 甲의 내연녀로서 2011년경부터 甲이 사망할 당시인 2017. 1.경까지 내연관계에 있었다. 甲은 2012년에 乙을 상대로 이혼청구소송을 제기하였으나 유책배우자라는 이유로 청구가 기각되었다. 2013. 8.경 및 2015. 2.경 甲은 자신을 피보험자로 한 생명보험계약 5건의 보험수익자를 자신에서 내연녀인 丙으로 변경하였다. 그 후, 2017. 1. 甲은 사망하였고, 丙은 생명보험계약의 수익자로서 甲의 생명보험금 12억원을 수령하였다. 사망 당시 甲은 은행에 예금 2억원과 사망을 원인으로 하여 동업자들에 대한 사업지분환급금 10억원의 청구권이 있었다. 다만 甲은 사업지분환급금 10억원을 丙에게 직접 지급하도록 하였고, 丙은 그 금액을 자신에게 지급하도록 하는 내용의 소송을 제기하여 승소한 상황이었다. 그 외에 甲은 사망 당시 6억원의 채무가 있었다. 乙은 상속한정승인 신고를 하고, 丙을 상대로 사망보험금(12억원)이 "증여재산으로서 유류분 산정의 기초재산이 되어야 한다"고 주장하면서 유류분반환청구의 소를 제기하였다.[1] 법원의 판단은?

1. 문제의 제기

피상속인의 유증 또는 증여로 인하여 유류분권리자가 그 유류분에 미치지 못하는 상속재산을 받게 된 때에는 그 유증 또는 증여를 받은 사람에 대하여 그 부족한 한도에서 반환을 청구할 수 있다(제1115조 제1항). 유류분액은 피상속인의 증여나 유증이 없었더라면 유류분권리자가 상속을 통해 취득할 수 있었던 '가상적인 순이익'의 법정 최소한도이다. '유류분액'은 피상속인이 상속개시 시에 가진 재산의 가액에 증여재산의 가액을 가산하고 피상속인이 상속개시 시에 부담하고 있던 채무가 있다면 그 전액을 공제하여 유류분 산정의 기초가 되

1) 대판 2022. 8. 11, 2020다247428의 사안을 변형한 것임.

는 재산액을 확정한 다음, 거기에 제1112조에서 정한 유류분 비율을 곱하여 산정한다.[2)]

乙이 유류분반환청구를 하기 위해서는 '유류분 부족액'을 산정하여야 하는데, 유류분 부족액을 계산하는 방식은 아래와 같다.

■ 유류분 부족액= {유류분 산정의 기초가 되는 재산액(A) × 당해 유류분권자의 유류분의 비율(B)} − 당해 유류분권자의 특별수익액(C) − 당해 유류분권자의 순상속분액(D)

A = 적극적 상속재산액 + 증여액(① 공동상속인에 대하여는 증여 시점 무관하게 전부 포함, ② 제3자에 대하여는 상속개시 전 1년까지의 증여액만 포함. 단, 피상속인과 제3자가 상속인의 유류분침해에 관한 악의인 경우 1년 전 증여도 포함) − 상속채무액
B = 피상속인의 배우자나 직계비속은 그 법정상속분의 1/2
C = 당해 유류분권자의 수증액(수증 시점 무관) + 수유액
D = 당해 유류분권자가 상속에 의하여 얻는 재산액 − 상속채무 분담액

따라서 사안의 경우, 甲이 생명보험금의 수익자를 내연녀인 丙으로 변경한 행위가 유류분 산정의 기초가 되는 재산액(A)을 산정함에 있어 포함되는 증여에 해당하는지의 여부 및 포함될 수 있다면 당해 증여가 상속개시 1년 전에 한 것으로서 乙에게 손해를 가할 것을 알고 한 증여인지의 여부도 함께 다루어야 할 것이다. 또한 유류분 부족액 산정에 있어 순상속분액(D)의 처리 방법, 즉 유류분권리자의 구체적인 상속분보다 유류분권리자가 부담하는 상속채무가 더 많은 경우 한정승인을 하였다면 그 초과분을 유류분액에 가산하여야 하는지도 논점이 된다.

---

2) 대판 2022. 1. 27, 2017다265884 참조.

2. 丙이 수령한 생명보험금 및 사인 증여의 대상이 된 사업지분 환급금 채권이 유류분 산정의 기초재산에 포함되는 증여에 해당하는지 여부

(1) 생명보험금

생명보험금은 상속인이나 제3자를 수익자로 지정한 경우 원칙적으로 상속재산에 해당하지 않는다. 하지만 피상속인이 납부한 보험료에 대해 상속인도 일부에 대한 권리는 가진다고 보는 것이 상속의 형평성에 합당하다. 이와 관련하여 대법원은 "피상속인이 자신을 피보험자로 하고 공동상속인이 아닌 제3자를 보험수익자로 지정한 생명보험계약을 체결하거나 중간에 제3자로 보험수익자를 변경하고 보험회사에 보험료를 납입하다 사망하여 그 제3자가 생명보험금을 수령하는 경우, 피상속인은 보험수익자인 제3자에게 유류분 산정의 기초재산에 포함되는 증여를 하였다"[3]고 보았다. 따라서 생명보험금은 丙의 고유재산이지만, 甲이 丙에게 생명보험금을 주기 위해 납부한 보험료는 甲이 보험수익자인 丙에게 증여를 한 것으로 볼 수 있으므로, 乙은 丙을 상대로 甲이 납부한 보험료에 대해 유류분 반환을 청구할 권리가 있다.

하지만 모든 증여가 유류분 산정의 기초재산에 포함되는 것은 아니다. 사안의 경우, 증여는 공동상속인이 아닌 제3자(내연녀)에 대한 것이므로, 민법 제1114조에 따라 보험수익자를 그 제3자로 지정 또는 변경한 것이 상속개시 전의 1년간에 행하여졌거나 당사자 쌍방이 증여 당시에 유류분권리자에게 손해를 가할 것을 알고 한 증여, 즉 악의로 이루어진 증여여야 유류분 산정의 기초재산에 포함되는 증여가 있었다고 볼 수 있다. 그리고 이때 "제3자에 대한 증여가 유류분권리자에게 손해를 가할 것을 알고 행해진 것이라고 보기 위해서는, 당사자 쌍방이 증여 당시 증여재산의 가액이 증여하고 남은 재산의 가액을

3) 대판 2022. 8. 11, 2020다247428.

초과한다는 점을 알았던 사정뿐만 아니라, 장래 상속개시일에 이르기까지 피상속인의 재산이 증가하지 않으리라는 점까지 예견하고 증여를 행한 사정이 인정되어야 하고, 이러한 당사자 쌍방의 가해의 인식은 증여 당시를 기준으로 판단하여야 하는데, 그 증명책임은 유류분반환청구권을 행사하는 상속인에게 있다"[4]고 한다.

사안의 경우, 증여가 있었던 때, 즉 甲이 丙으로 보험수익자를 변경한 날이 甲이 사망하기 전 1년 내에 이루어진 것이 아니므로, 결국 증여가 상속인 乙에게 손해를 가할 것을 알고 한 것인지의 여부가 중요하다. 증여가 악의라면 丙이 수령한 보험금이 유류분 산정의 기초재산에 포함될 것이고, 악의가 아니라면 포함되지 않을 것이기 때문이다. 그런데 甲이 보험수익자를 丙으로 변경함으로써 증여하였을 당시 甲의 나이, 직업, 소득, 사망경위 등에 비추어 볼 때 甲이 유류분권리자인 乙의 유류분 침해가 있을 것을 알고 증여하였다고 단정하기 어렵고, 또한 甲이 자신 명의의 재산을 남겨 두지 않으려는 조치를 취하였다면 이는 당장 乙과의 이혼에 따른 재산분할에 대비한 것으로 볼 여지가 더 크다.

따라서 甲이 보험수익자를 丙으로 변경한 행위는 丙에 대한 증여행위로 보아야 할 것이나, 제3자에 대한 증여로서 상속개시 전 1년 내에 이루어졌거나 악의로 이루어진 것이 아니어서 두 조건을 모두 충족하지 못하므로, 유류분 산정의 기초재산에 산입할 것은 아니다.

(2) 사업지분환급금 채권

이에 반해 사업지분환급금 채권은 丙의 고유채권이 아니라 甲의 채권을 丙에게 사인 증여한 것이라고 볼 것이므로 유류분 산정의 기초재산에 산입하여야 한다. 참고로 대법원은 제3자에 대한 증여계약이 상속개시 1년 전에 체결되었다고 하더라도 아직 이행되지 아니한 증여재산은 당연히 피상속인의 상속개시 시에 있어서 가진 재산에 포

4) 대판 2022. 8. 11, 2020다247428.

함되는 것이므로 모든 유류분 산정의 기초가 되는 재산을 구성한다는 입장이다.[5)]

3. 한정승인의 경우 순상속액(D)의 산정 방법

유류분권리자가 반환 청구할 수 있는 유류분 부족액은 유류분액에서 유류분권리자가 받은 특별수익액과 순상속분액을 공제하는 방법으로 산정하는데, 유류분액에서 공제할 순상속분액은 특별수익을 고려한 구체적인 상속분에서 유류분권리자가 부담하는 상속채무를 공제하여 산정한다.[6)] 이처럼 유류분액에서 순상속분액을 공제하는 것은 유류분권리자가 상속개시에 따라 받은 이익을 공제하지 않으면 유류분권리자가 이중의 이득을 얻게 되기 때문이다.

문제는, 사안에서와 같이 유류분권리자의 구체적인 상속분보다 유류분권리자가 부담하는 상속채무가 더 많은 경우, 즉 순상속분액이 음수인 경우에는 어떻게 되는가 하는 점이다. 이에 관해 대법원은 "유류분권리자의 구체적인 상속분보다 부담하는 상속채무가 더 많다면, 즉 순상속분액이 음수인 경우에는 그 초과분을 유류분액에 가산하여 유류분 부족액을 산정해야 한다"[7)]고 하면서도, 다만 이러한 법리는 한정승인을 한 경우에는 적용될 수 없다고 하고 있는바, "유류분권리자가 한정승인을 한 경우에는, 그 채무초과분(마이너스)을 유류분액에 가산해서는 안 되고 순상속분액을 0으로 보아 유류분 부족액을 산정해야 한다"[8)]고 하였다. 이와 같은 판단은, 乙이 한정승인으로 사망한 甲의 채무를 떠안지 않았음에도 유류분 부족액을 산정할 때 이를 산입하여 결과적으로 丙에게 채무의 일부를 부담하게 한다면 이는 공평하지 않다는 것이다.

---

5) 대판 1996. 8. 20, 96다13682.
6) 대판 2021. 8. 19, 2017다235791.
7) 대판 2022. 1. 27, 2017다265884.
8) 대판 2022. 8. 11, 2020다247428.

4. 구체적인 유류분액의 산정

먼저 유류분 산정의 기초가 되는 재산에 甲의 보험금은 해당하지 않는다. 따라서 적극재산 甲의 예금채권 2억원과 사업지분환급금 10억원에서 소극재산 6억원을 제하면 6억원이 유류분 산정의 기초가 되는 재산이 된다. 여기서 乙은 甲의 배우자로서 해당 재산의 1/2에 대하여 유류분권이 인정되므로 3억원을 유류분으로 받아야 한다. 그런데 乙이 실제로 받은 재산은 甲의 예금채권 2억원에 채무 6억원을 합하면 4억원의 소극재산을 상속받게 되므로 유류분 3억원을 확보하기 위해서는 丙에 대하여 7억원을 반환 청구할 수 있을 것이다.

하지만 乙은 한정승인을 한 상태이므로 채무 초과분을 유류분액에 가산해서는 안 되고 순상속분을 0으로 보아야 한다. 따라서 丙에 대하여 3억원을 반환 청구할 수 있다.

5. 결　론

乙은 丙에 대하여 3억원의 유류분반환청구를 할 수 있다.

찾 아 보 기

박희호

한국외국어대학교 법과대학 졸업
한국외국어대학교 법과대학 석사
독일 튀빙엔대학교 법학박사
성균관대학교 BK21 연구원
현 한국외국어대학교 교수

박진아

한국외국어대학교 법학석사
한국외국어대학교 법학박사
현 한국외국어대학교 법학연구소 책임연구원
현 한국외국어대학교 강사

제3판
민법사례연습 V [친족상속법]

2011년 12월 5일 초 판 발행
2023년 8월 10일 제3판 발행

저 자 박희호 · 박진아
발행인 이방원
발행처 세창출판사
서울시 서대문구 경기대로 58 경기빌딩 602호
전화 02 - 723 - 8660 팩스 02 - 720 - 4579
E-mail: edit@sechangpub.co.kr Homepage: www.sechangpub.co.kr
신고번호 제1990 - 000013호

ISBN 979-11-6684-226-9 93360